VIII CONGRESSO NACIONAL DE DIREITO DO TRABALHO

COM O ALTO PATROCÍNIO
DE SUA EXCELÊNCIA
O SENHOR PRESIDENTE DA REPÚBLICA

VIII JORNADAS CONGRESSO NACIONAL
DE DIREITO DE TRABALHO

COORDENADOR
ANTÓNIO MOREIRA

EDITOR
EDIÇÕES ALMEDINA, SA
Rua da Estrela, n.º 6
3000-161 Coimbra
Tel.: 239 851 904
Fax: 239 851 901
www.almedina.net
editora@almedina.net

EXECUÇÃO GRÁFICA
G.C. – GRÁFICA DE COIMBRA, LDA.
Palheira – Assafarge
3001-453 Coimbra
producao@graficadecoimbra.pt

Janeiro, 2006

DEPÓSITO LEGAL
218696/04

Toda a reprodução desta obra, por fotocópia ou outro qualquer processo,
sem prévia autorização escrita do Editor,
é ilícita e passível de procedimento judicial contra o infractor.

VIII CONGRESSO NACIONAL DE DIREITO DO TRABALHO

MEMÓRIAS

Coordenação
PROF. DOUTOR ANTÓNIO MOREIRA

Colaboração
MESTRE TERESA COELHO MOREIRA

ALMEDINA

NOTA PRÉVIA

O VIII Congresso Nacional de Direito do Trabalho decorreu nos dias 4 e 5 de Novembro de 2004 no Hotel Altis, em Lisboa. Nele reflectiu-se, em particular, a nova disciplina jurídica das relações laborais emergente do Código do Trabalho e da Lei Regulamentar. A nebulosidade perpassa por várias das suas normas e os contributos dados por muitos dos mais insignes cultores do Direito do Trabalho permitiram desfazer alguns equívocos e levantar problemas novos.

Através da leitura das Memórias é possível ficar-se com uma ideia da profunda riqueza do VIII Congresso. Muitos textos não surgiram. Continuo, no entanto, a alimentar a esperança de que, a continuarem estes pontos de encontro da família juslaborista, um dia chegará em que as Memórias reproduzirão, in totum, as plúrimas intervenções feitas.

E, não traduzindo qualquer ideia de esmorecimento, embora o tempo esteja carregado e o Outono não perdoe, anuncio o IX Congresso Nacional para os próximos dias 10 e 11 de Novembro, a ter lugar, também, no Hotel Altis.

Canelas, 28 de Outubro de 2005

António Moreira

COMISSÃO DE HONRA

Presidente da República
Presidente da Assembleia da República
Presidente do Supremo Tribunal de Justiça
Ministro da Segurança Social e do Trabalho
Provedor de Justiça
Secretário de Estado do Trabalho
Vice-Presidente do Supremo Tribunal de Justiça
Bastonário da Ordem dos Advogados
Presidente da CITE
Inspector-Geral do Trabalho
Director-Geral do Emprego e das Condições de Trabalho
Prof. Doutor Inocêncio Galvão Telles
Prof. Doutor Mário Pinto

DIA 4 DE NOVEMBRO DE 2004

9h 30m

SESSÃO SOLENE DE ABERTURA

Presidência
Dr. Luís Pais Antunes
Secretário de Estado do Trabalho

Mesa de Honra
Conselheiro Dr. José António Mesquita, Vice-Presidente do S.T.J.
Professor António Monteiro Fernandes
Professora Maria do Rosário Ramalho
Prof. Doutor António Moreira

AS RAZÕES DO CONGRESSO

António Moreira

Vice-Presidente do Conselho de Administração
da Fundação Minerva – Cultura – Ensino e Investigação Científica
Vice-Chanceler das Universidades Lusíada
Professor Catedrático das Universidades Lusíada
Director do Instituto Lusíada do Direito do Trabalho
Coordenador do Congresso

AS RAZÕES DO CONGRESSO

António Moreira

*Vice-Presidente do Conselho
de Administração da Fundação Minerva
– Cultura – Ensino
e Investigação Científica
Vice-Chanceler das Universidades Lusíada
Professor Catedrático das Universidades
Lusíada
Director do Instituto Lusíada do Direito
do Trabalho
Coordenador do Congresso*

Em nome do Senhor Secretário do Estado do Trabalho, Dr. Luís Pais Antunes, declaro aberto o VIII Congresso Nacional de Direito do Trabalho

Excelências:

As primeiras palavras são, naturalmente, de agradecimento a todas as individualidades que se disponibilizaram a integrar esta Mesa. Com afazeres profissionais muito relevantes, a vossa presença, prestigiando este evento, é um incentivo a todos quantos dedicam as suas vidas profissionais ao estudo, aplicação e desenvolvimento do Direito do Trabalho.

Também à Comissão de Honra deste VIII Congresso é devida uma palavra de reconhecimento pelo apoio dado à iniciativa. A sua certificação fica assim autenticada. Oito anos seguidos de realizações dos Congressos Nacionais vão sendo facto novo e meritório na vida jurídica nacional. Sem os apoios recebidos seria difícil trilhar o caminho. Mas a dificuldade seria inultrapassável se não houvesse a dedicação, o carinho e o entusiasmo de parte significativa da comunidade juslaboral portuguesa. A todos os que aqui estão, trazendo o seu saber, as suas dúvidas e as suas inquietações, fica o meu preito de homenagem. Tive o privilégio de contar com a vossa confiança, neste espaço neutro e plural. Muito obrigado.

Neste VIII Congresso vão participar vinte e seis conferencistas e oradores, havendo nove entidades oficiais a presidir às diversas sessões. Com perto de duzentos congressistas, onde as mulheres assumem ligeira maioria, anuncio-vos dois dias de trabalhos árduos.

Os temas seleccionados são actuais, densos e polémicos, correspondendo a uma época de reformas profundas. Debater o Código do Trabalho e a legislação regulamentar, contribuir para clarificar o conteúdo das normas, é missão de todos os estudiosos, académicos e práticos, e actividade fundamental para todos os que têm por missão aplicar o Direito do Trabalho. E este, antropologicamente amigo dos trabalhadores, capaz de potenciar a competitividade empresarial, carece de ser visto mais profundamente. Este Congresso é mais uma oportunidade. E embora o seu futuro seja incerto, deve, novamente, questionar-se a sua razão de ser, aprofundar-se as causas da sua existência.

Com a convicção de que o Código do Trabalho é um factor positivo para o aprimoramento do Direito do Trabalho português, vamos, então, dar a palavra a quem sabe, agradecendo aos senhores congressistas a presença massiça neste VIII Congresso Nacional.

DIA 4 DE NOVEMBRO DE 2004

TEMA DE ABERTURA

OS NOVOS HORIZONTES DO DIREITO DO TRABALHO OU A MOBILIDADE DAS SUAS FRONTEIRAS

Presidência
Conselheiro Dr. José António Mesquita
Vice-Presidente do Supremo Tribunal de Justiça

Prelectores
Professor António Monteiro Fernandes
Universidade Lusíada do Porto, ISCTE, Gestor
Prof.ª Doutora Maria do Rosário Ramalho
Faculdade de Direito da Universidade Clássica de Lisboa

OS NOVOS HORIZONTES DO DIREITO DO TRABALHO OU A MOBILIDADE DAS SUAS FRONTEIRAS
(Algumas reflexões introdutórias)

António Monteiro Fernandes

Universidade Lusíada do Porto,
ISCTE,
Gestor

OS NOVOS HORIZONTES DO DIREITO DO TRABALHO OU A MOBILIDADE DAS SUAS FRONTEIRAS
(Algumas reflexões introdutórias)

ANTÓNIO MONTEIRO FERNANDES

Universidade Lusíada do Porto,
ISCTE,
Gestor

A única certeza que existe acerca do futuro do direito do trabalho é a de que, rodeado hoje de incertezas, não poderá permanecer amanhã confinado às fronteiras de há um século. A crise de identidade que hoje atravessa este ramo de direito – e que, nomeadamente, abriu largas superfícies de sobreposição com outras disciplinas jurídicas – pode ser encarada sobretudo como uma oportunidade de renovação. Apesar de todas as evidências sociológicas e técnicas, não partilho o catastrofismo daqueles que auguram a desaparição da razão de ser de um direito do trabalho assente sobre o facto da *dependência pessoal.*

O trabalho executado no quadro de uma relação de poder, com as suas implicações na liberdade psicológica do trabalhador, continua a ser – apesar do que se tem dito acerca da imparável disseminação de outras formas de organização do trabalho – a modalidade predominante no território muito diversificado do chamado trabalho por conta de outrem, e este mantém-se como o modelo largamente dominante no mercado de trabalho.

A sofisticação da subordinação, que cria por vezes a ilusão da sua inexistência, não basta para apagar o essencial, isto é, o facto de que, através de um contrato, alguém transmite a outrem a possibilidade de dispor da sua força de trabalho com finalidades objectivas que são alheias aos seus interesses. E o fenómeno da alienação do trabalho pessoal implica sempre, no mínimo, a regulação necessária para prevenir a sua deriva para a servidão.

Mas, se é verdade que a razão de ser de um direito do trabalho com identidade própria subsiste intacta – apesar das transformações económicas, sociais e organizacionais que não param de se produzir –, é também certo que, no interior do processo de desenvolvimento deste ramo de direito, se têm produzido inflexões lógicas com efeitos transformadores. O direito do trabalho – para além da aparência de estabilidade que nos oferece a legislação – está hoje muito longe de ser o que era na década de sessenta do século passado.

As estratégias de flexibilização, por exemplo, implicam, no longo prazo, uma discreta, gradual mas muito eficaz metamorfose do direito do trabalho. Os grandes quadros conceituais, os institutos, as conexões lógicas, as escolhas linguísticas, que definem a arquitectura deste ramo de direito, vão-se mantendo, mas mudam subtilmente de sentido. O direito do trabalho, outrora expressão de um certo tipo de intervenção social, isto é, configurado como instrumento de actuações marginais e compensatórias relativamente aos resultados da "mão invisível" da economia – vê-se agora irresistivelmente atraído para a nebulosa das políticas económicas (terreno de excelência para a psicologia aplicada, a semiologia e a chamada "comunicação constitutiva") e abre as portas à tendência para a sua instrumentalização económica, tanto no plano da macroeconomia como no da fisiologia das empresas.

Esta transformação lenta, mas expressiva, é encarada como um progresso. Trata-se de "funcionalizar" o direito do trabalho à eficiência económica, sob a inspiração de um postulado encantadoramente simples e convincente: o direito do trabalho é o direito dos empregados, é o crescimento económico que cria emprego – portanto, o direito do trabalho deve ser configurado de modo que facilite as actividades económicas e favoreça a criação de postos de trabalho.

Como se pode contestar afirmação tão evidente? Quem o tenta, usando argumentos por vezes muito sérios e impressivos, baseados em evidências empíricas que, justamente, faltam às teses da moda, vê-se rodeado de sorrisos cépticos – ou, simplesmente, nem sequer é ouvido.

De resto, o desejo que criar flexibilidade assume hoje muitos significados e pode corporizar-se em soluções com larga aceitação. Ninguém ousará negar, por exemplo, que a flexibilidade é necessária como condição de efectividade das normas. É preciso que elas sejam "flexíveis" no sentido de que, perante a mobilidade e a plasticidade das condições económicas, sociais e culturais, admitam soluções jurídicas concretas que não choquem, em razão da sua fixidez, com essa dinâmica social e económica, e se não tornem, por isso, inaplicáveis.

Esta flexibilidade parece ser, de resto, inteiramente compatível com a realização dos valores matriciais do direito do trabalho.

Mas, como bem se sabe, as estratégias modernas de flexibilização situam-se numa perspectiva bem diversa. Elas visam outros resultados – a *desregulamentação*, a *re-regulamentação*, a *deslegalização*. Trata-se de alinhamentos estratégicos que têm um denominador comum: o aligeiramento, a rarefacção da regulação imperativa, tendo em vista a reabertura de largos espaços à negociação individual das condições de trabalho.

A flexibilidade verdadeiramente visada consiste no recuo da lei e da regulação colectiva, no afastamento do sindicato – em suma no retorno pleno ao mercado.

Numa perspectiva diversa, é preciso considerar também as concepções relativamente recentes que partem da inadequação funcional do direito do trabalho "industrial" para a apologia de um "direito das actividades" englobando todas as modalidades da vida profissional.

Os benefícios de uma tal consideração global ou continuativa das diferentes situações contratuais por onde um profissional pode passar ao longo da sua vida são ultrapassados pelo facto de que as necessidades de protecção e de compensação ficam, nessa perspectiva, quase inteiramente neutralizadas no plano da política legislativa.

Convém retomar, de tempos a tempos, o contacto com a razão de ser de um direito do trabalho autonomizado, quanto mais não seja para verificar se ela continua a existir. O direito do trabalho não se justifica simplesmente como um "direito privado especial", isto é, como um conjunto de normas com objecto específico, mas fundado no mesmo quadro de valores e princípios que o direito privado comum. O direito do trabalho só merece reconhecimento enquanto ramo de direito na medida em que se apresenta como um sistema normativo autónomo sob o ponto de vista dogmático – isto é, estruturado sobre valores e princípios que não encontram acolhimento prático nem instrumentação própria no direito privado comum.

De qualquer modo, é indubitável que a evolução das formas de organização económica e das modalidades da vida profissional tendem a pôr em causa o modelo de referência do direito do trabalho dito "clássico".

Mas isso não significa que as necessidades de protecção e de compensação em muitas situações de trabalho se tenham tornado obsoletas. Essas necessidades continuam muito actuais, ainda que sob outras formas e modalidades.

O "assédio psicológico", fenómeno cujos contornos estão longe de alcançar nitidez condizente com a importância das consequências jurídicas que lhe são ligadas, oferece-nos um exemplo das novas noções – chave destinadas a permitir a penetração dos valores sociais e dos direitos da pessoa nas modernas configurações das situações de trabalho. O perfil crítico e resistente deste direito do trabalho dito clássico – e cuja construção foi um dos sucessos civilizacionais do século XX – não está obsoleto. Impõe, simplesmente, o ajustamento da mira em função de novos alvos e novas trajectórias.

O "trabalho obediente", desprovido de toda a autonomia, submetido à direcção minuciosa de um "patrão", pertence ao passado industrial e está longe de prevalecer, pelo menos na Europa.

Mas o facto central para o DT não é o "trabalho obediente" – é o "trabalho dependente", aquele que é executado não apenas sob dependência económica (do ponto de vista da subsistência do trabalhador e da sua família), mas também e sobretudo sob dependência organizacional e funcional, quer dizer no quadro de um processo produtivo concebido, dirigido e controlado por outrem.

Ora a verdade é que as diversas modalidades da descentralização produtiva – que implicaram a fragmentação da empresa tradicional – não significam perda de controle ou de poder de direcção por parte do empresário principal.

Por outro lado, a descentralização produtiva não acarreta (longe disso) um grau mais acentuado de conhecimento ou de participação na direcção do processo produtivo, por parte daqueles que, em diferentes contextos organizacionais, fornecem a força do trabalho em cada um dos distintos segmentos ou fracções do processo global.

Isto significa que, seja qual for o tipo de sofisticação organizacional utilizado, o fenómeno central que interessa ao direito do trabalho permanece sempre perceptível e determinável: a hetero-organização do trabalho.

É destas realidades complexas que se torna necessário reaproximar o DT de modo a que nelas se realizem os valores fundamentais que o inspiram.

Os Novos Horizontes do Direito do Trabalho ou a Mobilidade das suas Fronteiras   27

Creio que qualquer lei do trabalho que, à entrada do século XXI, mantenha a referência exclusiva à noção de "subordinação jurídica" – concebida como uma relação de autoridade e de direcção imediatas entre um empregador e um trabalhador – padece, no mínimo, de anacronismo potencial.

A publicação de uma lei do trabalho nova, cuja chave de aplicação seja esta mesma noção de subordinação jurídica, pode, mesmo, ser interpretada como uma diligência ideológica destinada a abrir espaço à desregulação. Com efeito, a desregulação pode ser levada a cabo através do uso de técnicas diversas e uma delas consiste na não-cobertura, pelos regimes jurídicos instituídos, de novas modalidades sob as quais o objecto de regulação pode apresentar-se.

É óbvio que estou a referir-me também, e em particular, ao interessante exemplo oferecido pelo nosso Código do Trabalho. Como se sabe, ele adopta como chave aplicativa a mesma configuração das situações de trabalho – incluindo a expressão verbal utilizada – que se tomava em conta na lei antiga, de 1969!

É ainda a "subordinação jurídica", traduzida pela referência à "autoridade e direcção" do empregador directo, que desencadeia a aplicação das normas deste Código publicado em 2003. Para ser inteiramente rigoroso, creio dever assinalar-se uma diferença – a menção à nebulosa hipótese de "pluralidade de empregadores" – , mas julgo que ela não afecta o essencial da comparação.

Por outro lado, a detecção do "contrato de trabalho" – isto é, mais exactamente, das situações de trabalho juridicamente subordinado – é, no Código, servida por uma admirável "presunção", a do art. 12.º, que não é, de resto, uma verdadeira presunção mas tem, ao menos, dois efeitos úteis: primeiro, o de compendiar, num irreprimível rasgo manualístico, os principais índices de subordinação que a jurisprudência tem utilizado no nevoeiro das modernas situações de trabalho; segundo, o de refinar, se possível, ainda mais o nexo estrito, exclusivo e excludente, entre lei do trabalho e subordinação jurídica.

Ora a política legislativa que, em globo, o Código procura concretizar pode resumir-se em três proposições paralelas:

a) consolidação e mesmo desenvolvimento dos direitos e garantias individuais dos trabalhadores, incluindo um conjunto de normas inovadoras sobre os "direitos de personalidade", a sua protecção e o seu condicionamento no quadro do contrato de trabalho;

b) eliminação das convenções colectivas anteriores ao Código, mediante vários dispositivos que tendem a "forçar" a negociação e a conclusão de convenções novas, sob a ameaça de vazio convencional;

c) eliminação do princípio, muito tradicional mesmo antes de 1974, segundo o qual a convenção colectiva não podia dispor senão *in melius* em relação á lei.

Através da folhagem cerrada dos seus 689 artigos – aos quais se juntaram, meses depois, os 499 da lei regulamentar –, é possível descortinar, não direi uma intenção politico-jurídica definida e determinada, mas uma instrumentalidade objectiva (o adjectivo está na moda) particularmente ajustável a um eventual processo de des-regulação. As peças estão lá e ajustam-se bem: lei largamente derrogável, contratação colectiva instável, sindicatos sob pressão, numerosas possibilidades de regulação por acordos directos e individuais entre empregador e trabalhador.

É hoje indiscutível – e digo "hoje" porque, no passado, muitos, entre os quais eu próprio, manifestavam opinião bem distinta – que a publicação do Código do Trabalho constitui um importante contributo positivo para a evolução deste ramo de direito entre nós, sob dois pontos de vista: o do reforço da afirmação autónoma do direito do trabalho, e o da acessibilidade das suas normas para os destinatários.

Mas, por tudo o que se observou, não pode reconhecer-se ao Código um papel identicamente positivo no processo de modernização do direito do trabalho português.

Entendamo-nos: esta modernização comporta dois sentidos.

Um é o da *cobertura das novas formas* em que o trabalho subordinado se apresenta. O Código revela um esforço nessa direcção, por exemplo no que toca ao teletrabalho, mas o resultado tem que se considerar modesto; a descentralização produtiva, a complexa fenomenologia das empresas em rede, as múltiplas formas de centrifugação de funções empresariais ou de operações produtivas, são despachadas de forma muito nebulosa e problemática através de um único artigo que contém o regime da "pluralidade de empregadores" (o art. 92.º).

Mas há também que falar de modernização num outro sentido: o da *acomodação funcional* que se torna necessária para que possam garantir-se os valores e os direitos da pessoa nos novos quadros de dependência em que o trabalho se exprime, quadros esses que ultrapassam os contornos da empresa e, portanto, do nexo de subordinação jurídica que estamos habituados a considerar. É, de novo, a vitalidade – e, por conseguinte, a validade social – do direito do trabalho que está aqui em jogo.

Não nos iludamos, porém. A procura de novos paradigmas laborais não é trabalho exclusivo de juristas. Só uma aproximação pluridisciplinar às realidades complexas que a economia em andamento hoje nos oferece pode ajudar a iluminar esse problema.

E quando for possível jogar com novos paradigmas, encontraremos decerto mais dificuldades e menor grau de definição dos resultados do que até agora existia. A subordinação jurídica tem, na verdade, a vantagem da precisão conceptual e da ainda relativa nitidez da sua presença na realidade do trabalho; mas essas facilidades têm um preço, e esse preço estão já a pagá-lo muitas pessoas que vivem do seu trabalho.

DIA 4 DE NOVEMBRO DE 2004

11h 30m

TEMA I

RESERVA DA INIMIDADE DA VIDA PRIVADA DO TRABALHADOR, PATRIMÓNIO GENÉTICO, PROTECÇÃO DE DADOS PESSOAIS, A INTERNET NO LOCAL DE TRABALHO E DIREITOS FUNDAMENTAIS

Presidência
Dr.ª Maria de Belém
Deputada e Responsável na 3ª Comissão Parlamentar,
pela Protecção de Dados

Prelectores
Prof. Doutor A. Garcia Pereira
ISEG e Advogado
Mestre Guilherme Machado Dray
Faculdade de Direito da Universidade Clássica de Lisboa e Advogado
Prof. Doutor José João Abrantes
Faculdade de Direito da Universidade Nova de Lisboa e Consultor Jurídico
Mestre Pedro Ortins de Bettencourt
Universidade Lusíada de Lisboa e Advogado

A INTERNET NO LOCAL DE TRABALHO

Pedro Ortins de Bettencourt

Mestre em Direito
Universidade Lusíada de Lisboa
Advogado

A INTERNET NO LOCAL DE TRABALHO

PEDRO ORTINS DE BETTENCOURT

Mestre em Direito
Universidade Lusíada de Lisboa
Advogado

As minhas primeiras palavras vão para o Doutor António José Moreira, Coordenador do Congresso, para, mais uma vez, agradecer a presente iniciativa que já vai na sua VIII edição e que nos permite a todos um fórum privilegiado para discutir os mais diversas questões juslaborais. Aproveito a ocasião para, também mais uma vez, agradecer o amável convite para estar presente e apresentar uma comunicação.

Não obstante me encontrar inserido no painel que trata da temática do *"Código do Trabalho e Justiça Laboral"*, a verdade é que a minha comunicação se encontra «off-topic» porquanto irá incidir sobre a Internet no local de trabalho. Não terei assim oportunidade de referir algumas das muitas "trapalhadas" resultantes de termos um direito adjectivo que não se encontra minimamente adequado ao substantivo, mas em qualquer caso não consigo resistir a colocar-me algumas questões, como a de saber o que acontece se o empregador decidir corrigir os vícios de um processo disciplinar? suspende-se a instância? deverá o trabalhador apresentar uma nova petição inicial aproveitando-se a data de entrega da primeira? Qual a data do despedimento? Qual a regra referente às retribuições se o vício for sanado? E quanto a custas e procuradoria? Algumas dessas questões parece terem respostas óbvias, mas algumas delas deveriam ser dadas pelo direito substantivo, pelo Código do Trabalho e não pelo direito processual. Não resisto a perguntar-me qual será o mecanismo probatório para a oposição à reintegração em caso de opção pela mesma efectuada imediatamente antes do encerramento da matéria de facto. E, mesmo coisas mais prosaicas como a dedução do valor do subsídio de desemprego, como é que opera? Em liquidação de sentença? Deverá ser requerido à segurança social indicação dos montantes pagos para efeitos da dedução? Como é que a segurança social é ressarcida se não lhe for dado conhecimento da decisão condenatória?

Será que o mecanismo da resolução pelo trabalhador não trará um aumento do número de acções intentadas, apenas com o fim de fixar o montante da indemnização? Será que o Código do Trabalho ao obrigar o empregador a impugnar a resolução que considere ilícita não é uma norma direccionada para criar situações de litispendência? Se o empregador não reconvencionar a sua posição não estará condenada à partida?

Mas, como disse, a minha intervenção encontra-se destinada a ser «off-topic», visto que o tema que me foi distribuído recai sobre a Internet no local de trabalho.

Os computadores entraram na ordem do dia, modificando o mundo, as formas de comunicar e de trabalhar. Hoje, dezenas de termos informáticos entraram na linguagem comum, a estrutura dos sectores de actividade modificou-se, e não só surgiram muitas novas profissões, como se alterou a forma de prestação de trabalho em muitas outras.

O computador está presente no dia a dia de milhões de portugueses, quer de forma visível, quer ocultados pelas instituições com que temos de contactar e de que necessitamos na vida em sociedade, tendo-se tantas vezes tornado no bode expiatório preferido para as falhas de pessoas e organizações.

Ao isolamento inicial a que cada computador estava sujeito sucedeu a comunicação entre as várias máquinas, ou, através delas, entre os seus operadores. As redes começaram por servir as necessidades de comunicação intra-empresa, permitindo a transferência rápida de dados entre os seus utilizadores e a possibilidade de múltiplas pessoas poderem aceder simultaneamente aos mesmos ficheiros. A *Internet* alargou essas possibilidades de comunicação a níveis nunca antes vistos, a rede interna passou a ser quase universal, a ligação perdeu o seu carácter interno para se tornar no elo que une a aldeia global em que cada vez mais nos transformamos. Mas não há bela sem senão…

A *intranet*, a rede interna, implica a capacidade técnica de a partir de um computador se poder visualizar o que se passa noutras máquinas, criando assim múltiplos problemas de privacidade e permitindo um controlo de produtividade que, fora de algumas limitadas situações, nos podemos limitar a qualificar como ilícito.

Em qualquer caso, e contrariamente ao Doutor Garcia Pereira, retirámos as objecções que tínhamos ao artigo 20.º n.º 2 do Código do Trabalho, no respeitante à possibilidade de generalização da utilização de meios de vigilância à distância ao abrigo da sua admissibilidade *"quando particulares exigências inerentes à natureza da actividade o justifiquem"*. É que, o artigo 28.º da Regulamentação do Código de Trabalho torna clara a sua sujeição a autorização da Comissão Nacional de Protecção de Dados (CNPD), a qual *"só pode ser concedida se a utilização dos meios for necessária, adequada e proporcional aos objectivos a atingir"*. A actuação restritiva da CNPD, nestas matérias, dá-nos algumas garantias de que não assistiremos a um alargamento injustificado dos casos de utilização legítima de meios de vigilância à distância (mais reticências nos colocam a regulamentação da obrigação de informação sobre os meios de vigilância à distância, matéria que as ideias curtas do legislador perspectivam como susceptível de ser feita exclusivamente através de *"circuito fechado de televisão"*[1]).

A vulgarização da utilização de meios informáticos e o desenvolvimento da *Internet* aumentou significativamente as quebras de produtividade resultantes do carácter tantas vezes lúdico da navegação, agravadas muitas vezes pelo apelo dos jogos *on-line* e das múltiplas ferramentas de comunicação, nomeadamente dos programas de *IRC* e de *E-mail*.

Para muitas empresas se uma página na *World Wide Web* permite uma forma barata de publicidade que pode chegar a milhões de pessoas, o fornecimento de um serviço de acesso à *Internet* pode ser vital para conseguir e transferir informação, e um endereço de caixa de correio electrónica transforma-se muitas vezes em algo tão ou mais importante do que um número de telefone ou de que um endereço físico. Assim, as vantagens da utilização de tal tipo de meios são inquestionáveis para muitos empregadores.

Navegar é preciso, lá dizia o poema, e muitas vezes damos por nós a navegar na Internet, displicentemente, esquecendo a pesquisa ou o trabalho que aí nos conduziu. De instrumento privilegiado de trabalho, de motor de produtividade, a *Internet* transforma-se muitas vezes num passatempo, numa forma de distracção. Em consequência, é natural que o empregador considere essencial a existência de formas de controlo de produtividade e a limitação das páginas acedidas pelos seus trabalhadores, nomeadamente no respeitante a determinados tipos de conteúdos.

---

[1] Cfr. art. 29.º RCT.

Na nossa perspectiva, esta preocupação patronal é absolutamente legítima e nada obsta a que o empregador limite, nomeadamente através de *software*, o acesso dos seus funcionários a determinados tipos de páginas. Em bom rigor, este tipo de limitação nada traz de novo quando comparada com a actuação do empregador que impede as chamadas internacionais ou para redes móveis aos seus trabalhadores.

Utilize-se ou não, o recurso a estas formas de limitar os acessos, existem sempre questões jurídicas relevantes ligadas ao registo das páginas a que o trabalhador acedeu ou quis aceder. Com efeito, são várias as formas de registo automático deste tipo de informações quer através do histórico de páginas visitadas, dos *cookies* ou dos *Temporary Internet Files*. Os vários sites por onde passamos vão ficando registados não só no computador que utilizamos e nos *servers* da empresa, deixando um traço indelével por toda a rede. Tais registos, quando internos à rede do empregador, não são o resultado de uma qualquer política deliberada do empregador, mas de uma predefinição dos computadores tantas vezes direccionada para uma maior velocidade no carregamento das páginas. Para além daqueles registos internos há todo um conjunto de rastos que inconscientemente deixamos espalhados por todas a rede em consequência da lógica em que assenta a Internet, sendo possível a um bom *hacker*, sem aceder aos computadores da empresa, descobrir muitos dos *sites* a que aquela esteve ligada e interceptar parte significativa das mensagens a partir dela enviadas e recebidas.

O problema não está obviamente na existência de registos, a qual é desconhecida de muitos empregadores, mas na sua utilização. Com efeito, não nos parece que os empregadores tenham uma obrigação de instalação de *net washers* e outro *software* direccionado para eliminar dos computadores da empresa as marcas das viagens dos seus trabalhadores. Mais, não só não nos parece que o empregador esteja obrigado a instalar aquele tipo de *software*, como consideramos licita a proibição de instalação de *software*, dirigida pelo empregador aos seus trabalhadores. Cremos, no entanto, ser necessário fazer uma ressalva: se é de admitir uma proibição genérica de instalação de *software* adicional, efectuada pelo titular do equipamento, até porque tal impede a instalação de programas de carácter lúdico e reduz a possibilidade de introdução de *trojans* e vírus, consideramos já não ser admissível uma proibição exclusivamente direccionada à instalação de *software* de privacidade. É que, este último tipo de proibição tornaria clara, pelo tipo de interesses em causa, uma intenção de invasão da privacidade do trabalhador.

A Internet no Local de Trabalho 39

Não existindo proibição prévia, cremos que nenhum juízo de censura poderá ser feito a um trabalhador que instale *software* de privacidade, no computador que utiliza no seu dia-a-dia.

Se o computador é cada vez mais um instrumento individual de trabalho, importa não esquecer que este muitas vezes tem natureza colectiva. E, mesmo quando tenha sido atribuído a um único trabalhador, poderá acontecer ser utilizado ou utilizável por outros trabalhadores, nomeadamente quando este se encontre prolongadamente ausente.

Tal possibilidade, deve ser dada a conhecer ao trabalhador e implica que os ditos registos de navegação poderão, eles próprios, ser comuns; não sendo certamente ilícita a utilização do histórico do browser por qualquer um dos utilizadores do computador (embora já se possam levantar algumas questões de privacidade no respeitante aos *Temporary Internet files* porquanto, encontrando-se ocultos numa pasta do sistema podem conter informação que os restantes utilizadores tendem a desconhecer, mas que está presente e poderá mais facilmente conter elementos privados).

Na realidade, a utilização colectiva de computadores não é incompatível com a privacidade de cada um dos seus utilizadores, quer através de pastas próprias para os seus documentos privados (protegidas muitas vezes, pela lógica da rede, da utilização indevida), quer pela utilização de programas individuais de gestão de correio electrónico. No entanto, a devassa da privacidade poderá não ter uma origem patronal, mas ser proveniente de colegas de trabalho.

Em caso de invasão da privacidade do trabalhador por parte de um colega de trabalho, parece que duas atitudes se impõem ao empregador: quer o dever de sancionar o prevaricador, quer ainda reforçar o nível de privacidade dos ficheiros pessoais do trabalhador.

O primeiro destes deveres não nos parece poder ser questionado, não só porque os poderes do empregador incluem a aplicação de sanções a trabalhadores que violem os direitos de colegas de trabalho (e neste caso estão em causa direitos fundamentais), como a ausência de actuação patronal é censurável e pode implicar a sua penalização da mesma forma que, por exemplo, o empregador que permite o assédio entre trabalhadores ao seu serviço pode e deve ver a sua passividade punida.

O segundo destes deveres tem de levar em consideração o facto de o empregador ter ou não previamente estabelecido regras de utilização dos meios informáticos. A prévia fixação dessas regras é desejável, esse é um facto unanimemente reconhecido, como de resto é reconhecido no

Parecer (de 29 de Outubro de 2002) da *Comissão Nacional de Protecção de Dados* referente aos "Princípios sobre a privacidade no local de trabalho".

Tratando-se de instrumentos de trabalho do empregador, nada impede que este determine regras sobre a sua utilização. De facto, nem é necessária a invocação da titularidade do equipamento para tanto concluir, basta pensar que compete ao empregador determinar a forma como o trabalho deve ser prestado. Em qualquer caso, é desejável, até por razões de clareza, a prévia fixação das regras de utilização quer estas sejam consistentes na total interdição de utilização do computador para fins pessoais, no seu condicionamento, ou ainda uma mera autorização genérica de uso.

O referido parecer da CNPD considerou *"ilógico, irrealista e contraproducente que, no contexto da relação de trabalho, se proíba – de forma absoluta – a utilização do correio electrónico e o acesso à Internet para fins que não sejam estritamente profissionais"*. Não podemos subscrever tal afirmação, que nos parece *absurda* (utilizando o tipo de linguagem da CNPD).

Não só a grande maioria do nosso tecido produtivo não se encontra informatizado, muito menos dispõe de banda larga nos seus acessos (muitas vezes assente em *modems* analógicos com elevados custos de utilização), ou existe um computador por trabalhador. Mais, invocar princípios de liberdade de expressão e informação para defender uma espécie de direito dos trabalhadores ao acesso à *Internet* com utilização das estruturas patronais, é o mesmo que defender que os empregadores deverão adquirir jornais diários e semanários (senão mesmo computadores) para permitir assegurar o direito dos seus trabalhadores à informação. Não obstante, reconhecemos que na regulação dos acessos à *Internet* por parte dos trabalhadores, não só se deve ter em conta os *"princípios da adequação, da proporcionalidade, da mútua colaboração e da confiança recíproca"*, como se considera desejável que *"os trabalhadores utilizem, com moderação e razoabilidade, os meios ... à sua disposição"*.

Em qualquer caso, podem ser atribuídas a cada trabalhador directorias individualizadas (protegidas pela configuração da rede), ou ainda contas de correio electrónico para usos exclusivamente pessoais distintas das usadas profissionalmente. Tal não impede que cada um proteja os seus ficheiros pessoais através de palavras de passe; ou que, em vez de fazer o *download* das mensagens pessoais para o computador da empresa, utilize o *webmail*, impedindo assim que estranhos acedam aos seus dados. Na realidade, parece-nos essencial não esquecer que cada um deve ser o primeiro interessado em proteger os seus próprios dados privados.

Ao afirmarmos o auto-interesse do trabalhador, não pretendemos com isso desculpabilizar aquele que viola os direitos fundamentais de outrem. Tal seria o mesmo que desculpabilizar o "ladrão" que entra em casa de alguém pelo simples facto de o dono da casa não ter fechado a porta à chave, ou ter deixado a janela aberta. Mas, como diz o velho ditado: *a ocasião faz o ladrão...*

Ainda que o empregador proíba a utilização dos computadores da empresa para fins pessoais, ainda aí a privacidade do trabalhador impõe um grau de protecção, ainda que distinto do exigível quando aquela é permitida.

Cremos que a prévia interdição de utilização da Internet ou da utilização das contas de correio electrónico da empresa para fins pessoais legitima, em princípio, a entidade empregadora a consultar de forma livre a correspondência profissional. Em princípio, porquanto se o empregador ou superior hierárquico, ainda que tenha proibido a utilização das contas de correio electrónico da empresa para fins pessoais, detectar, por exemplo, pelo remetente ou assunto, que se tratam de mensagens de carácter pessoal, estará necessariamente impedido de consultar o seu conteúdo sem o expresso consentimento do trabalhador.

Importa não esquecer que o correio electrónico enviado pelo trabalhador através de uma conta de correio do empregador poderá vincular este último relativamente a terceiros, pelo que existe um interesse legítimo no acesso às informações profissionais, e não parece que na ausência do trabalhador o empregador possa ficar no desconhecimento de compromissos comerciais de que pode ser civilmente responsável. Em qualquer caso, cremos que o trabalhador deverá ser alertado para a possibilidade de o empregador aceder ao E-Mail do trabalhador, aviso esse que, reafirma-se, não legitima a abertura ou a leitura de correspondência privada do trabalhador, dado o princípio da inviolabilidade da correspondência.

DIA 4 DE NOVEMBRO DE 2004

15 horas

TEMA II

A ORGANIZAÇÃO DO TEMPO DE TRABALHO, FALTAS POR MOTIVO DE DOENÇA, FÉRIAS E INCUMPRIMENTO DA OBRIGAÇÃO RETRIBUTIVA

Presidência
Dr. José Miguel Júdice
Bastonário da Ordem dos Advogados

Prelectores
Mestre Albino Mendes Baptista
Universidade Lusíada de Lisboa
Mestre António Nunes de Carvalho
Universidade Católica de Lisboa
Mestre Isabel Ribeiro Pereira
Faculdade de Direito da Universidade Clássica de Lisboa
Prof. Doutor João Leal Amado
Faculdade de Direito da Universidade de Coimbra

AS FALTAS AO TRABALHO POR MOTIVO DE DOENÇA (NÃO PROFISSIONAL) DO TRABALHADOR

Albino Mendes Baptista

Mestre em Direito
Assistente da Faculdade de Direito
Universidade Lusíada – Lisboa

AS FALTAS AO TRABALHO POR MOTIVO DE DOENÇA (NÃO PROFISSIONAL) DO TRABALHADOR[1]

ALBINO MENDES BAPTISTA

Mestre em Direito
Assistente da Faculdade de Direito
Universidade Lusíada – Lisboa

Em primeiro lugar, gostaria de agradecer ao Professor António José Moreira o convite que me dirigiu para participar neste evento, felicitando-o por persistir em levar a cabo esta importante iniciativa.

1. Os interesses em presença

As faltas ao trabalho por motivo de doença (não profissional) do trabalhador obrigam à ponderação de três tipos de interesses.

Em primeiro lugar, deve ser consentido ao trabalhador a possibilidade de uma recuperação física ou/e psicológica adequada. Como se determina no n.º 1 do art.º 64.º da Constituição, todos têm direito à saúde e o dever de a defender e promover. O direito à protecção da saúde comporta uma vertente negativa, "que consiste no direito de exigir do Estado (ou de terceiros) que se abstenham de qualquer acto que preju-

---

[1] Corresponde à intervenção feita no **VIII Congresso Nacional de Direito do Trabalho**, que teve lugar em Lisboa, nos dias 4 e 5 de Novembro de 2004. Embora incluindo notas, trata-se, sobretudo, de um texto preparado para servir de base a uma intervenção oral, o que explica parte das suas insuficiências.

dique a saúde (...). (...) está-se no domínio dos direitos de defesa tradicionais, compartilhando das correspondentes características e regime jurídico"[2].

Ora, a correcta protecção da saúde pressupõe que em caso de doença o trabalhador mantenha, em princípio, o direito ao posto de trabalho.

De resto, como decorre do art.º 6.º, n.º 1, da Convenção n.º 158 da Organização Internacional do Trabalho (Convenção sobre o Despedimento – 1982)[3], a ausência temporária do trabalhador por motivo de doença não deverá constituir uma regra válida de despedimento.

Deve, a propósito, sublinhar-se a nova sensibilidade expressa em instrumentos internacionais, nomeadamente comunitários, relativamente não já apenas à saúde física do trabalhador mas também à sua saúde mental, o que representa o abandono da visão tradicional do trabalho humano[4].

Importa, por exemplo, atentar na crescente relevância que é dada ao assédio moral e na fundada ligação que se estabelece entre esta nova categoria jurídica e as questões da saúde[5].

Mas, interessa também atender ao interesse da empresa, que, não se pode ignorar, goza igualmente de tutela constitucional (art.º 61.º da CRP).

A doença do trabalhador tem natural incidência nas estruturas organizacionais. Importa não obnubilar que o interesse da empresa pode ficar seriamente afectado com ausências intermitentes ou reiteradas do trabalhador, isto para já não aludir a ausências prolongadas. Figuras como o *ius variandi*, a contratação a termo resolutivo ou o trabalho temporário, podem não oferecer as soluções adequadas para essas ausências.

A lei portuguesa deu claramente menos relevância ao interesse da empresa, já que, em regra, o empregador não pode promover a extinção do contrato com fundamento na desorganização do processo produtivo provocada por aqueles tipos de ausência. E julga-se que se o tivesse feito

---

[2] J. Gomes Canotilho e Vital Moreira, *Constituição da República Portuguesa Anotada*, 3.ª ed., Coimbra, 1993, p. 342.

[3] Aprovada para ratificação pela Resolução da AR n.º 55/94, de 14.4.94. (DR, I série A, de 27.8.94.).

[4] Vd., a propósito, o excelente texto de Nicole Maggi-Germain, "Travail et santé: le point de vue d'une juriste", *Droit Social*, 2002, n.º 5, pp. 485 e ss.

[5] Nicole Maggi-Germain, "Travail et santé: le point de vue d'une juriste", *cit.*, pp. 488 e ss.

não haveria necessariamente desconformidade constitucional, desde que a extinção do vínculo assentasse não na doença do trabalhador mas nas respectivas repercussões no funcionamento da empresa, à semelhança do que sucede, por exemplo, no direito francês ou no direito alemão. Naturalmente que sempre se teria de exigir a seriedade e a gravidade dessas repercussões, e de dotar o sistema de defesas contra atitudes persecutórias por parte dos empregadores.

Por exemplo, em Espanha, reunidos determinados pressupostos, as faltas intermitentes constituem fundamento de extinção do contrato por causa objectiva. Por outro lado, no país vizinho, dá-se relevância à percentagem de absentismo na empresa para efeitos de promoção da extinção do contrato[6].

Finalmente, importa aludir a um "interesse público"[7]. Traga-se a este propósito o preâmbulo do Decreto-Lei n.º 874/76, de 28 de Dezembro, que continha o regime das férias, feriados e faltas, onde se dizia: "é criado um novo regime de faltas, que surge na sequência dos propósitos, já afirmados repetidamente pelo Governo, de estímulo à produção e combate ao absentismo, visando a reconstrução da economia nacional".

Na verdade, o absentismo não só comporta custos para a economia nacional como compromete a eficácia do sistema público de segurança social.

"O problema do absentismo extravasa, por tudo isto, o âmbito estreito dos círculos particulares em presença: trata-se de uma questão de interesse público"[8].

Relativamente à imperatividade do regime das faltas[9], escreve António Monteiro Fernandes: "Tal atitude da lei dificilmente se explica por razões emergentes de uma ponderação dos interesses particulares dos sujeitos da relação laboral – interesses que, em termos abstractos, apontariam, como se disse, no sentido de uma maior flexibilidade do dispo-

---

[6] Vd., *infra*, ponto 8.

[7] Júlio Gomes alude apenas aos interesses do trabalhador e do empregador, não destacando o "interesse público" ("Algumas reflexões sobre as faltas justificadas por doença (não profissional) do trabalhador", *Estudos em Homenagem ao Prof. Doutor Raúl Ventura*, vol. II, Faculdade de Direito da Universidade de Lisboa, Coimbra, 2003, p. 717).

[8] António Menezes Cordeiro, *Manual de Direito do Trabalho*, Coimbra, 1991, p. 834.

[9] A imperatividade refere-se aos tipos de faltas e duração, como, *infra*, se verá (ponto 3.1.).

50 VIII Congresso Nacional de Direito do Trabalho

sitivo da justificação das faltas. É a outras luzes que deve entender-se a posição do legislador: por um lado, a preocupação de combater o absentismo; por outro (e, decerto, em conexão com esse desidério), o da travagem das concessões que, no domínio da aceitação e justificação das faltas, constituíram, muitas vezes, moeda de troca na contratação colectiva." [10].

Daí que o Código do Trabalho, no sentido de assegurar um efectivo combate a situações fraudulentas, tenha instituído a possibilidade de o empregador, em caso de faltas por doença, promover a fiscalização da situação invocada pelo trabalhador.

O Decreto-Lei n.º 28/2004, de 4 de Fevereiro, que estabelece o novo regime jurídico de protecção social na eventualidade doença, no âmbito do subsistema previdencial de segurança social, visa "prevenir e reforçar os mecanismos efectivos de combate à fraude na obtenção do subsídio de doença".

2. A doença como causa justificativa da ausência do trabalhador

A falta é a ausência do trabalhador no local de trabalho e durante o período em que devia desempenhar a actividade a que está adstrito (art.º 224.º, n.º 1, do Código do Trabalho[11]).

Nas palavras de ANTÓNIO MENEZES CORDEIRO, a falta "em si é meramente descritiva, traduzindo a pura e simples ausência do trabalhador. Sobre ela incidem, depois, as valorações do Direito."[12]

Como se sabe, são consideradas faltas justificadas, entre outras, as motivadas por impossibilidade de prestar trabalho devido a facto que não seja imputável ao trabalhador, nomeadamente doença[13] [14].

---

[10] ANTÓNIO MONTEIRO FERNANDES, *Direito do Trabalho*, 12.ª ed., Coimbra, 2004, pp. 383-384.

[11] O Código do Trabalho foi aprovado pela Lei n.º 99/2003, de 27 de Agosto.
Todas as referências legais que se fizerem sem indicação do respectivo diploma devem considerar-se relativas ao Código do Trabalho.

[12] ANTÓNIO MENEZES CORDEIRO, *Manual de Direito do Trabalho*, cit., p. 711.

[13] Art.º 225.º, n.º 2, alínea *d*).

[14] Sobre o sistema legal em matéria de tipos de faltas, vd., entre outros, JORGE LEITE, "As faltas ao trabalho no Direito do Trabalho português", *Revista de Direito e Economia*, 1978, n.º 2, pp. 423-424, que alude a "sistema híbrido"; ANTÓNIO MENEZES CORDEIRO, *Manual de Direito do Trabalho*, cit., p. 711, para quem "o legislador optou por

É considerada doença toda a **situação mórbida**, evolutiva, não decorrente de causa profissional ou de acto da responsabilidade de terceiro pelo qual seja devida indemnização, **que determine incapacidade temporária para o trabalho** (art.º 2.º do Decreto-Lei n.º 28/2004, de 4 de Fevereiro[15]).

Isto equivale a dizer que pode não haver conformidade entre a situação de doença para efeitos médicos e a situação de doença para efeitos de regime de protecção social, uma vez que há estados mórbidos que não geram incapacidade para o trabalho[16].

Há até doenças para cuja cura pode ser aconselhável a prestação de trabalho.

O juízo de imputabilidade "envolve aqui a inobservância de deveres particularmente virados para a tutela da situação jurídica laboral e não de deveres absolutos ou globais"[17].

Por isso, não são imputáveis ao trabalhador faltas por doença em situações como as que se passam a enunciar: se, por inobservância culposa do Código da Estrada, o trabalhador sofre um acidente[18]; se, por inadvertência, o trabalhador é vítima de insolação numa ida à praia[19] ou cai fazendo ski; ou se contrai uma grave doença em consequência do abuso do tabaco[20] ou do consumo de bebidas alcoólicas; ou se distraida-

---

enumerar taxativamente as faltas justificadas"; António Monteiro Fernandes, *Direito do Trabalho*, 12.ª ed., cit., p. 383, que se refere a "elenco taxativo"; e Pedro Romano Martinez, *Direito do Trabalho*, Coimbra, 2004, pp. 510-511, que fala em "forma taxativa" e em "tipicidade aberta".

[15] Diploma que estabelece o novo regime jurídico de protecção social na eventualidade doença, no âmbito do subsistema previdencial de segurança social.

[16] Para Bernardo Lobo Xavier, o conceito de saúde não é totalmente científico ou médico, tendo influência de carácter sociológico ("Atestado médico e controlo patronal das faltas por doença", *Revista de Direito e de Estudos Sociais*, Abril-Junho – 1987, p. 226). Júlio Gomes sugere que o juízo sobre a doença não deveria ser estritamente clínico, mas clínico-legal ("Algumas reflexões sobre as faltas justificadas por doença (não profissional) do trabalhador", *cit.*, p. 720).

[17] António Menezes Cordeiro, *Manual de Direito do Trabalho*, cit., p. 769.

[18] Exemplo colhido em António Menezes Cordeiro, *Manual de Direito do Trabalho*, cit., p. 769.

[19] Exemplo colhido em António Menezes Cordeiro, *Direito do Trabalho*, 12.ª ed., cit., p. 497.

[20] Exemplo igualmente colhido em António Monteiro Fernandes, *Direito do Trabalho*, 12.ª ed., cit., p. 497.

mente vai contra um poste enquanto caminha; ou, ainda, se resolve fazer habilidades de bicicleta e sofre uma queda grave[21] [22].

São também justificadas outras ausências relacionadas com o estado de saúde, como consultas ou exames médicos, que não são ausências por motivo de doença[23]. Nestes casos, entendemos que o trabalhador deve diligenciar no sentido da respectiva realização em horário que cause a menor perturbação possível no funcionamento da empresa.

Julgamos que numa situação de pluriemprego, prévia à situação de doença, o trabalhador pode não executar um contrato e executar o outro. Pense-se em doenças que exigem tratamento incompatível com essa situação, ou em doenças do foro psiquiátrico.

3. A falta justificada

3.1. *Comunicação*

As faltas justificadas, **quando previsíveis**, são obrigatoriamente comunicadas ao empregador com a **antecedência mínima de cinco dias**[24].

Quando imprevisíveis, as faltas justificadas são obrigatoriamente comunicadas ao empregador logo que possível[25].

Se o trabalhador sabe que vai ser submetido a uma intervenção cirúrgica, marcada com bastante antecedência, deverá comunicar a falta com a antecedência mínima de cinco dias.

---

[21] JÚLIO GOMES fala a este propósito em interpretação "generosa da não imputabilidade ("Algumas reflexões sobre as faltas justificadas por doença (não profissional) do trabalhador", *cit.*, p. 749).

[22] Vd., a propósito de igual entendimento da imputabilidade, ALBINO MENDES BAPTISTA, "Faltas por motivo de prisão", *Questões Laborais*, n.º 11, 1998, pp. 47 e ss..

[23] ISABEL RIBEIRO PARREIRA, "O absentismo antes e depois do Código do Trabalho: o reforço de armas na luta do empregador contra as ausências ao trabalho", *Estudos de Direito do Trabalho em Homenagem ao Professor Manuel Alonso Olea*, Coimbra, 2004, p. 288, n. 49.

[24] Art.º 228.º, n.º 1.

[25] Art.º 228.º, n.º 2.

As Faltas ao Trabalho por Motivo de Doença (Não Profissionais) do Trabalhador   53

Como a lei não fornece quaisquer elementos que permitam definir o que se deve entender por "logo que possível" é ao julgador que, face às circunstâncias concretas do caso, compete avaliar da tempestividade da comunicação. Assim, o facto de o trabalhador, em dado momento, por razão da sua vida familiar, ter ficado afectado temporariamente de doença do foro psiquiátrico que não lhe permitiu agir com consciência, justifica que não tenha logo efectuado a devida comunicação das suas faltas, que foi feita mais tarde, pelo que aquelas faltas devem ser consideradas justificadas[26].

A exigência da comunicação da falta visa permitir ao empregador fazer face à ausência daquele trabalhador, procedendo, em tempo útil, aos necessários ajustes organizativos, o que implica dizer que a ausência de comunicação ou comunicação extemporânea será tanto mais grave quanto maior for a importância do trabalhador na estrutura da empresa e quanto mais relevante for a função por ele desempenhada.

A comunicação tem de ser **reiterada** para as faltas justificadas imediatamente subsequentes[27].

Em caso de incumprimento destas obrigações, as faltas são consideradas injustificadas[28].

Nos termos do art.º 799.º, n.º 1, do Código Civil[29], incumbe ao devedor provar que a falta de cumprimento ou o cumprimento defeituoso da obrigação não procede de culpa sua.

Assim, o empregador prova a falta (art.º 342.º do CC), cabendo ao trabalhador provar a sua justificação (arts.º 342.º, n.º 2 e 799.º do CC)[30].

"Os factos que, porventura, justificam uma falta são questões-de-facto; a justificação em si é, porém, uma questão de direito."[31]

É igualmente ao trabalhador que cumpre provar a previsibilidade ou imprevisibilidade da comunicação das faltas ao trabalho[32].

A lei não impõe forma especial para a comunicação, que pode, por isso, ser efectuada por via oral, por telefone, por *mail*, ou através de

---

[26] Neste sentido, STJ, 18.6.97. (CJ, acs. do STJ, 1997, II, 293).

[27] Art.º 228.º, n.º 3. Vd., *infra*, o ponto 7.

[28] Art.º 229.º, n.º 6.

[29] Doravante CC.

[30] Neste sentido, STJ, 14.5.97. (AD, 432, 1997, 1523). Na doutrina, vd. ANTÓNIO MENEZES CORDEIRO, *Manual de Direito do Trabalho*, cit., p. 835.

[31] ANTÓNIO MENEZES CORDEIRO, *Manual de Direito do Trabalho*, cit., p. 714.

[32] Assim, RL, 15.5.96. (CJ, 1996, III, 159).

familiar, colega de trabalho, etc. Como escreve Júlio Gomes, "Não pode também excluir-se que a comunicação seja feita de maneira tácita ou que se dê relevância à circunstância de que a falta, por outro meio, chegue ao conhecimento do empregador."[33]

Se o empregador conhecia a doença do trabalhador, porque este lha contou, julgo que se cumpre o dever de comunicação[34].

Por convenção colectiva pode ser imposto determinado formalismo para a justificação das faltas dadas por doença, uma vez que a imperatividade do regime das faltas apenas abrange os **tipos de faltas** e a sua **duração**[35].

Em todo o caso, a imperatividade do regime merece-me objecções e parece-me contrária ao propósito do Código do Trabalho de dinamizar a contratação colectiva. Não descortino razões válidas que obstem a que a matéria das faltas pudesse constituir "moeda de troca" na negociação colectiva.

3.2. *Prova*

O empregador **pode**, nos **15 dias seguintes à comunicação** da falta, **exigir** ao trabalhador **prova** dos factos invocados para a justificação[36].

Trata-se de uma faculdade que o empregador pode não querer utilizar, circunstância em que não subsiste para o trabalhador qualquer outra obrigação além da comunicação da falta. Do mesmo modo, passados os aludidos 15 dias sem que o empregador tenha exigido ao trabalhador a prova dos factos invocados para a justificação, não mais o pode fazer.

Nestes termos a doutrina do acórdão do Tribunal da Relação de Coimbra, de 5.1.95.[37], segundo a qual a apresentação da justificação da doença depois do trabalhador ter recebido a nota de culpa com vista ao seu despedimento, que era inteiramente correcta, uma vez que a comuni-

---

[33] Júlio Gomes, "Algumas reflexões sobre as faltas justificadas por doença (não profissional) do trabalhador", *cit.*, p. 728.

[34] RP, 7.1.02. (CJ, 2002, I, 240).

[35] Art.º 226.º.

[36] Art.º 229.º, n.º 1.

[37] *Trabalho e Segurança Social*, 1995, n.º 7, pp. 30 e ss..

cação da falta havia sido feita e não lhe havia sido exigida prova da situação de doença, deve agora ser lida em conformidade com a nova determinação legal.

A prova da situação de doença é feita por estabelecimento hospitalar, por declaração do centro de saúde ou por atestado médico[38].

Merecia-nos objecção jurisprudência como a firmada no acórdão da Relação do Porto, de 7.5.2001.[39], segundo a qual o facto do trabalhador durante o "período de baixa" ter frequentado aulas e realizado exames na Universidade não significa que ele não estivesse doente (o que se aceita); se o podia fazer ou não é outra questão que diz respeito à Segurança Social (o que já parece pouco razoável).

Agora a doença pode ser fiscalizada por médico, mediante requerimento do empregador dirigido à segurança social[40].

No caso de a segurança social não indicar o médico no prazo de **vinte e quatro horas**, o empregador designa o médico para efectuar a fiscalização, **não podendo este ter qualquer vínculo contratual anterior ao empregador**[41].

Naturalmente que o objectivo da lei é que o médico que efectua a fiscalização não tenha qualquer constrangimento em virtude da existência de vínculo contratual com o empregador, mesmo a título de prestação de serviços. Procura-se, assim, dar ao trabalhador garantias de objectividade e independência.

O vínculo contratual anterior "é apenas o que se mantenha à data em que aquela fiscalização se torna necessária."[42]

Em caso de desacordo entre os pareceres médicos, pode ser requerida a intervenção de junta médica[43].

Se o trabalhador não fizer a prova, nos termos legais, dos factos invocados para a justificação, bem como a oposição, sem motivo atendível, à fiscalização por médico, gera a injustificação das faltas[44].

---

[38] Art.º 229.º, n.º 2.

[39] CJ, 2001, III, 248.

[40] Art.º 229.º, n.º 3.

[41] Art.º 229.º, n.º 4.

[42] Luís Miguel Monteiro, em P. Romano Martinez, L. Miguel Monteiro, Joana Vasconcelos, P. Madeira de Brito, Guilherme Dray e L. Gonçalves Da Silva, *Código do Trabalho, Anotado*, 2.ª ed., Coimbra, 2004, p. 362.

[43] Art.º 229.º, n.º 5.

[44] Art.º 229.º, n.º 6.

3.3. Efeitos

As faltas justificadas não determinam, em princípio, a perda ou prejuízo de quaisquer direitos do trabalhador. Determinam, todavia, a perda de retribuição as faltas justificadas por motivo de doença, **desde que** o trabalhador beneficie de um regime de segurança social de protecção na doença[45].

Caso o trabalhador beneficie do regime de segurança social de protecção na doença, como é a situação mais frequente, o empregador fica desonerado de qualquer pagamento.

O início do pagamento do subsídio de doença dos trabalhadores por conta de outrem está sujeito a um período de espera de três dias, sendo devido a partir do 4.º dia de incapacidade temporária para o trabalho[46].

No entanto, como nos diz ANTÓNIO MONTEIRO FERNANDES, "uma consistente orientação da contratação colectiva vem, desde há longos anos, e mesmo contra certas dificuldades legais, a consagrar o direito à complementação do subsídio de doença, a cargo do empregador."[47].

O subsídio de doença é concedido pelo período máximo de 1095 dias[48].

Nas situações de incapacidade temporária que atinjam 365 dias, as instituições podem promover, oficiosamente, a verificação da eventual incapacidade permanente do beneficiário[49] [50].

Ao contrário de muitos ordenamentos europeus (por exemplo, França e Itália), no nosso sistema não se põe a cargo do empregador o pagamento de uma quantia substitutiva da retribuição[51]. Desta constatação, retira JÚLIO GOMES consequências no que concerne à inexistência de um dever do trabalhador de não agravar a sua situação de doença[52].

---

[45] Art.º 230.º.

[46] Art.º 21.º, n.º 1, do Decreto-Lei n.º 28/2004, de 4 de Fevereiro.

[47] ANTÓNIO MONTEIRO FERNANDES, *Direito do Trabalho*, 12.ª ed., cit., p. 386.

[48] Art.º 23.º, n.º 1, do Decreto-Lei n.º 28/2004, de 4 de Fevereiro.

[49] Art.º 37.º do Decreto-Lei n.º 28/2004, de 4 de Fevereiro.

[50] O Decreto-Lei n.º 360/97, de 17 de Dezembro, procede à definição do sistema de verificação de incapacidades (SVI), no âmbito da segurança social.

[51] Assim, JÚLIO GOMES, "Algumas reflexões sobre as faltas justificadas por doença (não profissional) do trabalhador", *cit.*, p. 718.

[52] JÚLIO GOMES, "Algumas reflexões sobre as faltas justificadas por doença (não profissional) do trabalhador", *cit.*, p. 718.

Julgo, no entanto, que o trabalhador doente deve esforçar-se para não agravar o seu estado, pois está a beneficiar de uma situação que implica custos para a **organização empresarial**, que aguarda, por imperativo legal, o seu regresso ao serviço. Trata-se de um dever que julgo ser de filiar no princípio da boa fé, não sendo absolutamente determinante para o efeito a entidade que paga a quantia substitutiva da retribuição.

Não se subscreve, por isso, as considerações de JÚLIO GOMES para quem no sistema português "não há praticamente consequências patrimoniais negativas para o empregador, mas tão-só os custos inerentes à conservação do posto de trabalho."[53]. E isto porque pode haver consequências patrimoniais negativas para o empregador, como uma equipa que tem dificuldades em funcionar na sequência de ausências repetidas e intermitentes de certo(s) trabalhador(es), ou da microempresa que tem dificuldades em exercer a sua actividade com a ausência igualmente repetida e intermitente de determinado(s) trabalhador(es). Nestes casos não se trata "tão-só os custos inerentes à conservação do posto de trabalho", mas, com o devido respeito, de muito mais do que isso.

Deve, todavia, aceitar-se que a prática, por exemplo, de futebol, *box* ou parapente, não colide, em princípio, com essa obrigação a não ser que a recuperação da doença exija a abstenção dessas práticas.

Importa também estar atento a situações em que a determinação da verificação da situação de doença tenha como escopo desgastar o trabalhador, dada a existência de circunstâncias pré-disciplinares, e sem que o empregador disponha de qualquer elemento que lhe permita suspeitar de comportamento fraudulento, punindo-se os abusos que ocorrerem. O direito do empregador é, como todos os outros direitos, para ser exercido correctamente e segundo os parâmetros da boa fé.

Julgo que as faltas podem ter implicações na retribuição, como sucede com a não atribuição do prémio assiduidade.

Julgo não ser de questionar a respectiva conformidade constitucional, pois encontram-se razões objectivas para a não atribuição desse prémio[54].

---

[53] JÚLIO GOMES, "Algumas reflexões sobre as faltas justificadas por doença (não profissional) do trabalhador", *cit.*, p. 749.

[54] Em sentido diferente, ISABEL RIBEIRO PARREIRA, "O absentismo antes e depois do Código do Trabalho: o reforço de armas na luta do empregador contra as ausências ao trabalho", *cit.*, p. 312.

58   *VIII Congresso Nacional de Direito do Trabalho*

Os dias de faltas, **ainda que justificadas**, de licença e de dispensa, bem como de suspensão do contrato, não são tidos em conta para efeitos da contagem do período experimental[55].

4. Enfoque: a fiscalização da doença

Como se dispõe no n.º 8 do art.º 229.º, a fiscalização de doença é objecto de regulamentação em legislação especial.

Pois bem, esta legislação especial foi criada pela Lei n.º 35/2004, de 29 de Julho (Regulamentação do Código do Trabalho[56]).

Na vigência da lei anterior, BERNARDO LOBO XAVIER defendia que era lícito à empresa promover os exames necessários para aferir da situação de doença (arts.º 346.º e 389.º do CC); por maioria de razão, a contraprova se justificava quando se assumisse o encargo do pagamento do salário, devendo aplicar-se por analogia as regras quanto ao controlo de doença da função pública[57] e da segurança social[58]; se o trabalhador se recusasse a submeter-se a exame cometeria uma infracção disciplinar, que faria presumir a inexistência de doença como motivo justificativo da falta (arts.º 344.º e 346.º do CC), deixando de poder fazer valer o seu crédito ao salário[59].

Diferentemente para JÚLIO GOMES não existia "qualquer fundamento legal para a exigibilidade de tal controlo"[60].

Seja como for, a questão ficou agora resolvida.

Atendendo à sua tramitação, parece inquestionável que o sistema de fiscalização da doença será mais eficaz em ausências prolongadas.

Isto equivale a dizer que a lei não resolve os problemas das ausências curtas, repetidas e intermitentes, que são susceptíveis de

---

[55] Art.º 106.º, n.º 2.

[56] Doravante RCT.

[57] Vd. o Decreto-Lei n.º 100/99, de 31 de Março, onde se prevê a verificação domiciliária da doença (art.º 33.º a 35.º) e a intervenção de junta (art.º 36.º a 42.º).

[58] Vd. o Decreto-Lei n.º 360/97, de 17 de Dezembro (verificação de incapacidades no âmbito da segurança social).

[59] BERNARDO LOBO XAVIER, "Atestado médico e controlo patronal das faltas por doença", *cit.*, pp. 222 e ss..

[60] JÚLIO GOMES excepcionava, todavia, as situações previdenciais complementares ("Algumas reflexões sobre as faltas justificadas por doença (não profissional) do trabalhador", *cit.*, p. 731).

provocar graves lesões na estrutura produtiva. Pense-se no professor que falta semana sim, semana não, no Director de Recursos Humanos cuja presença na empresa é sempre uma incógnita ou no operador de sistema informático, sem a qual a empresa não funciona, e que de forma reiterada e intercalada falta ao trabalho. Basta perceber minimamente o que é uma empresa para se entender que, porventura, estas faltas intermitentes e repetidas desorganizam mais o sistema produtivo do que as ausências prolongadas.

Para efeitos de verificação da situação de doença do trabalhador, o empregador **deve requerer** a designação de médico aos serviços de segurança social[61].

Os serviços de segurança social devem, no prazo de **vinte e quatro horas** a contar da recepção do requerimento, convocar o trabalhador para o exame médico, indicando o local, dia e hora da sua realização, **que deve ocorrer nas setenta e duas horas seguintes**[62].

A entidade que proceder à convocação do trabalhador para o exame médico deve informá-lo de que a sua não comparência, sem motivo atendível, tem como consequência **a não justificação das faltas dadas por doença**[63].

Os serviços de segurança social, caso não possam realizar a verificação, devem, dentro do mesmo prazo, comunicar essa impossibilidade ao empregador[64]. Trata-se de um mera comunicação que não tem de ser acompanhada de fundamentação.

O empregador **pode então** designar um médico para efectuar a verificação da situação de doença do trabalhador[65].

Admite-se, atendendo às características dos serviços de segurança social, que a designação pelo empregador de um médico para efectuar a verificação da situação de doença do trabalhador, que na economia do diploma deveria constituir a excepção, se venha a transformar em regra.

Em caso de desacordo entre os pareceres médicos, a avaliação da situação de doença do trabalhador é feita por intervenção de comissão de reavaliação dos serviços da segurança social[66].

---

[61] Art.º 191.º da RCT.
[62] Art.º 192.º, n.º 1, da RCT.
[63] Art.º 206.º, n.º 2, da RCT.
[64] Art.º 192.º, n.º 2, da RCT.
[65] Art.º 193.º, n.º 1, da RCT.
[66] Art.º 194.º, n.º 1, da RCT.

60 VIII Congresso Nacional de Direito do Trabalho

Admite-se também que a Segurança Social venha a ser sobrecarregada com pedidos de constituição de comissões de avaliação, o que em si não envolve qualquer juízo negativo.

A comissão de reavaliação é constituída por três médicos, **um designado pelos serviços da segurança social**, que preside com o respectivo voto de qualidade, **um indicado pelo trabalhador e outro pelo empregador**[67].

A comissão de reavaliação poderá, todavia, deixar de ter uma composição tripartida, nas situações previstas no n.º 3 do art.º 194.º[68], o que é susceptível de afectar o desejável equilíbrio.

O empregador não pode fundamentar qualquer decisão desfavorável para o trabalhador no resultado da verificação da sua situação de doença[69], enquanto decorrer o prazo para requerer a intervenção da comissão de reavaliação, nem até à decisão final, se esta for requerida[70].

O médico que proceda à verificação da situação de doença só pode comunicar ao empregador se o trabalhador está ou não apto para desempenhar a actividade, **salvo autorização deste**[71].

Refira-se que, nos termos do n.º 3 do art.º 19.º, o médico responsável pelos testes e exames médicos só pode comunicar ao empregador se o trabalhador está ou não apto para desempenhar a actividade, **salvo autorização escrita deste**[72].

Julgo que a exigência de forma escrita naquele caso diminuiria, pelo menos, os factores potenciadores de vícios de vontade do trabalhador e asseguraria uma menor exposição à violação do direito à reserva da intimidade da vida privada.

Não podemos, mesmo, deixar de ir mais longe.

Não nos parece boa ideia esta possibilidade de "autorização escrita" do trabalhador (e muito menos a simples "autorização") para efeitos de

---

[67] Art.º 194.º, n.º 2, da RCT.

[68] Cujo conteúdo é o seguinte:

A comissão de reavaliação é constituída por apenas dois médicos no caso de:

a) O trabalhador **ou** empregador não ter procedido à respectiva designação;

b) O trabalhador e empregador não terem procedido à respectiva designação, cabendo aos serviços da segurança social a designação de outro médico.

[69] Efectuada nos termos dos artigos 192.º ou 193.º.

[70] Art.º 200.º da RCT.

[71] Art.º 198.º, n.º 1, da RCT.

[72] Vd., também, o art.º 17.º, n.º 3.

As Faltas ao Trabalho por Motivo de Doença (Não Profissionais) do Trabalhador 61

comunicação ao empregador dos resultados dos testes e exames médicos. Por um lado, porque o trabalhador pode vir a saber de uma realidade clínica cujo conhecimento o médico entenda inconveniente para a sua própria saúde. Depois não se entende que valores se pretende tutelar com a referida possibilidade.

Propendemos, por isso, para considerar aquele segmento da norma inconstitucional por violação do direito à reserva da intimidade da vida privada e do princípio da proporcionalidade.

5. As faltas injustificadas

5.1. *Breve delimitação*

As faltas podem ser injustificadas quanto ao tipo[73], quanto à não comunicação ao empregador, quanto à não apresentação da prova para a justificação e em caso de oposição, sem motivo atendível, à fiscalização por médico[74].

5.2. *Efeitos*

As faltas injustificadas constituem violação do dever de assiduidade e determinam perda da retribuição correspondente ao período de ausência, o qual será descontado na antiguidade do trabalhador[75].

A falta injustificada é ilícita e culposa[76], e, por essa circunstância ganha relevância disciplinar[77].

Entendimento diferente tem JORGE LEITE para quem "a lei não considera a falta injustificada, no mínimo, como um caso de *inadimplemento não imputável*, ou seja não a considera, necessariamente, como um caso

---

[73] Art.º 225.º, n.º 2 e 3.

[74] Art.º 229.º, n.º 6.

[75] Art.º 231.º, n.º 1.

[76] ANTÓNIO MENEZES CORDEIRO, *Manual de Direito do Trabalho*, cit., p. 714.

[77] Assim, também, JÚLIO GOMES, "Algumas reflexões sobre as faltas justificadas por doença (não profissional) do trabalhador", *cit.*, p. 729.

de *inadimplemento culposo* e, muito menos, como um acto de **infracção disciplinar.**"[78], opinião que não posso partilhar.

Como escreve António Menezes Cordeiro, as consequências do incumprimento da violação do contrato "não se quedam, porém, apenas pela quebra na assiduidade correspondente ao valor do tempo de serviço omitido. Todo o programa empresarial de produção pode ser posto em causa por faltas injustificadas."; a falta injustificada "é ainda uma *quebra de lealdade* e uma *desobediência* ao empregador."[79]

Tratando-se de faltas injustificadas a um ou meio período normal de trabalho diário, imediatamente anteriores ou posteriores aos dias ou meios dias de descanso ou feriados, considera-se que o trabalhador praticou uma infracção grave[80]. Como se sabe, o objectivo da lei é penalizar as "pontes" ilícitas, mas a qualificação automática como infracção grave merece ser criticada, porquanto uma infracção deve ser, por natureza, objecto de concreta apreciação valorativa.

Lembre-se que para efeitos da contagem do período experimental não são tidos em conta os dias de faltas, mesmo que injustificadas[81].

5.3. *O problema da justa causa*

Constituem, nomeadamente, justa causa de despedimento, as faltas não justificadas ao trabalho que determinem directamente prejuízos ou riscos graves para a empresa ou, independentemente de qualquer prejuízo ou risco, quando o número de faltas injustificadas atingir, em cada ano civil, 5 seguidas ou 10 interpoladas[82].

Nestes termos, uma única falta injustificada pode constituir justa causa de despedimento, desde que determine prejuízo grave para a empresa e impossibilite a manutenção da relação laboral.

Mais controverso é o sentido a atribuir ao segundo segmento da norma, a saber se ainda nesta situação temos de recorrer à noção base de justa causa[83].

---

[78] Jorge Leite, "As faltas ao trabalho no Direito do Trabalho português", *cit.*, p. 432.

[79] António Menezes Cordeiro, *Manual de Direito do Trabalho*, cit., p. 834.

[80] Art.º 231.º, n.º 2.

[81] Art.º 106.º, n.º 2.

[82] Art.º 396.º, n.º 3, alínea *g)*.

[83] O conceito de justa causa consta do art.º 396.º, n.º 1.

BERNARDO LOBO XAVIER entende ser de dispensar o recurso à cláusula geral, porque o legislador, nesta situação, "se preocupa apenas com a expressão numérica das faltas", só fazendo sentido estabelecer um critério quantitativo, se ao mesmo não se sobrepuser um critério qualitativo[84] [85].

Por sua vez, JORGE LEITE sustenta que o legislador não quis dispensar "em absoluto" a justa causa "como poderia levar a pensar uma interpretação puramente literal"[86].

A jurisprudência tem afirmado, de forma maioritária, a necessidade de provar que as faltas injustificadas tornam impossível a subsistência da relação de trabalho[87].

Já se decidiu, por exemplo, que:

– não constitui justa causa o facto de o trabalhador ter faltado 6 dias consecutivos, quando as faltas não traduzam um comportamento culposo do trabalhador, principalmente se foram dadas para acompanhar um familiar, por motivo de acidente muito grave que vitimou a sua sobrinha[88];

– não constitui justa causa de despedimento se se prova que as faltas, embora injustificadas, foram motivadas por doença do foro psíquico[89].

Como escreve, com inteiro acerto, JÚLIO GOMES, 5 faltas injustificadas seguidas ou 10 interpoladas, ainda que porventura ilícitas, podem não ser acompanhadas de culpa grave, não acarretando automaticamente justa causa de despedimento: "assim, por exemplo, quando o trabalhador

---

[84] BERNARDO LOBO XAVIER, *Direito da Greve*, Lisboa, 1984, p. 274.

[85] Na jurisprudência já se defenderam posições, pelo menos, muito próximas da sustentada por BERNARDO LOBO XAVIER. Veja-se, por exemplo, o acórdão da RC, de 11.3.86. (CJ, 1986, II, 83), bem como a *ponderação* que é feita relativamente às faltas por motivo de prisão (a este propósito, remete-se novamente paro nosso texto "Faltas por motivo de prisão", *cit.*, pp. 47 e ss.).

[86] JORGE LEITE, "As faltas ao trabalho no direito do trabalho português", *cit.*, p. 442.

[87] Entre outros: RC, 3.1.89. (CJ, 1989, IV, 285); STJ, 13.1.89. (BMJ, 383, 1989, 4621); STJ, 29.5.91. (AD, 358, 1991, 1161); RC, 6.6.91. (CJ, 1991, III, 124); STJ, 9.2.93. (AD, 379, 1993, 836); RC, 7.7.94. (CJ, 1994, IV, 63); RL, 21.9.94. (CJ, 1994, IV, 155); RC, 11.5.95. (CJ, 1995, III, 79); STJ, 25.9.96. (AD, 420, 1996, 1468); RL, 12.12.96. (CJ, 1996, V, 181); STJ, 2.7.97. (AD, 434, 1998, 243); e RL, 24.6.98. (CJ, 1998, II, 292).

[88] RE, 3.1.89. (CJ, 1989, IV, 285).

[89] RC, 6.6.89. (CJ, 1989, III, 118).

falta injustificadamente, mas na sequência da criação pelo empregador de uma situação vexatória no local de trabalho, com a violação do dever de ocupação efectiva, tendo esvaziado as funções do trabalhador que já foi, na prática, e como é do conhecimento dos colegas, substituído por outro."[90]

A matéria mereceria um desenvolvimento que não se compadece com a natureza desta intervenção, mas podemos assentar que o recurso à noção base de justa causa é tanto mais necessário quanto mais indeterminada for a situação. Ora entre os comportamentos previstos nas várias alíneas do n.º 3 do art.º 396.º, o da segunda parte da alínea *g)* é o mais concreto de todos. Tal considerando aponta para que a exigência da prova, por parte do empregador, da impossibilidade da subsistência da relação laboral, seja muito menos intensa[91]. Mas ainda assim, em minha opinião, é necessário demonstrar o preenchimento do conceito de justa causa.

Podem também constituir justa causa de despedimento, as falsas declarações relativas à justificação de faltas[92].

Quanto a esta matéria, dir-se-á estarmos, em regra, perante uma culpa grave[93], constituindo violação particularmente censurável do dever de lealdade, pelo que é grande a sua apetência para constituir justa causa de despedimento, embora se entenda que também aqui não há preenchimento automático do tipo.

A apresentação ao empregador de declaração médica com intuito fraudulento constitui **falsa declaração para efeitos de justa causa de despedimento**[94] [95].

---

[90] JÚLIO GOMES, "Algumas reflexões sobre as faltas justificadas por doença (não profissional) do trabalhador", *cit.*, p. 727.

[91] Sobre o assunto, remete-se para ANTÓNIO MENEZES CORDEIRO, *Manual de Direito do Trabalho*, cit., pp. 833 e ss.

[92] Art.º 396.º, n.º 3, alínea *f)*.

[93] Para HELENA TAPP RAPOSO as falsas declarações nem sempre pressupõem dolo ("Justa causa por violação do dever de assiduidade; faltas não justificadas ao trabalho e falsas declarações relativas às justificações das faltas – Uma abordagem do caso das falsas declarações para justificação de faltas em especial", *Estudos do Instituto de Direito do Trabalho*, vol. II, Coimbra, 2001, pp. 189 e ss.), o que, justificadamente, se "afigura duvidoso" a JÚLIO GOMES, "Algumas reflexões sobre as faltas justificadas por doença (não profissional) do trabalhador", *cit.*, p. 727.

[94] Art.º 229.º, n.º 7.

[95] Refira-se algo sobre a punição penal do atestado médico falso. Nos termos do n.º 1 do art.º 260.º do Código Penal, o médico que passe atestado que sabe não corres-

6. As repercussões da doença no direito e na duração das férias

6.1. *Efeitos no direito a férias*

As faltas não têm efeito sobre o direito a férias do trabalhador. Nos casos em que as faltas determinem perda de retribuição, as ausências podem ser substituídas, se o trabalhador expressamente assim o preferir, por dias de férias, na proporção de 1 dia de férias por cada dia de falta, desde que seja salvaguardado o gozo efectivo de 20 dias úteis de férias ou da correspondente proporção, se se tratar de férias no ano de admissão[96].

6.2. *Efeitos na duração do período de férias*

A duração do período de férias é aumentada no caso de o trabalhador não ter faltado ou na eventualidade de ter apenas faltas justificadas, no ano a que as férias se reportam, nos seguintes termos[97]:

a) Três dias de férias até ao máximo de uma falta ou dois meios dias;

b) Dois dias de férias até ao máximo de duas faltas ou quatro meios dias;

c) Um dia de férias até ao máximo de três faltas ou seis meios dias.

Para este efeito, são equiparadas às faltas os dias de suspensão do contrato de trabalho por facto respeitante ao trabalhador[98].

---

ponder à verdade, sobre o estado da saúde física ou mental, destinado a fazer fé perante autoridade pública ou a prejudicar interesses de outra pessoa, é punido com pena de prisão até 2 anos ou com pena de multa até 240 dias.

O bem jurídico-criminal é a segurança e a credibilidade no tráfico jurídico-probatório (HELENA MONIZ, *Comentário Conimbricense do Código Penal*, dir. por FIGUEIREDO DIAS, tomo II, Coimbra, 1999, p. 721).

O agente é punido logo que falsifica o atestado, independentemente da sua utilização, constituindo, por isso, um crime de perigo (HELENA MONIZ, *Comentário Conimbricense do Código Penal*, cit., p. 721).

Quem fizer uso de atestado falso, com o fim enganar autoridade pública ou a prejudicar interesses de outra pessoa, é punido com pena de prisão até 1 ano ou com pena de multa até 120 dias (art.º 260.º, n.º 4, do Código Penal).

[96] Art.º 232.º. Vd., também, o art.º 212.º, n.º 2.

[97] Art.º 213.º, n.º 3.

[98] Art.º 213.º, n.º 4.

Assim, um trabalhador que tenha faltado injustificadamente uma única vez perde o direito a qualquer aumento.

Nas palavras de Luís Miguel Monteiro, esta norma "trata não de prejudicar a duração das férias por causa da falta de assiduidade, mas de premiar em dias de férias grau elevado de assiduidade."[99].

Estou convencido de que com o preceito em análise o legislador pensou sobretudo nas faltas por doença e enquadrou a nova solução normativa como uma das formas de combater o absentismo (o mesmo espírito de combate ao absentismo é verificável na possibilidade de o empregador fiscalizar por médico a doença do trabalhador, e mesmo na imperatividade do regime quanto aos tipos de faltas e sua duração).

Aceita-se que o combate ao absentismo é absolutamente necessário. A defesa da economia nacional aconselha a definição de uma disciplina jurídica adequada a este desiderato.

Efectivamente, as faltas ao trabalho quando atingem certa expressão desestruturam o sistema produtivo e prejudicam a saúde e a vitalidade das empresas.

Só que a "arma" utilizada pelo legislador de fazer repercutir essa preocupação na duração das férias, "dispara" em tantas direcções que acaba por atingir "inocentes".

Vejamos, a título enunciativo, alguns "tiros" que erraram o alvo: licença de maternidade e de paternidade (vd., no entanto, o posterior art.º 97.º, n.º 1 da RCT), dispensas para consultas pré-natais, exercício do direito à greve, crédito de horas de que beneficiam os trabalhadores eleitos para as estruturas de representação colectiva, faltas por falecimento, etc.[100]

Acresce que o legislador poderia ter ponderado outros critérios de *majoração* como a antiguidade ou/e a idade do trabalhador que, porventura, seriam bem adequados.

Discorda-se da afirmação de Isabel Ribeiro Parreira segundo a qual "a ponderação da assiduidade em períodos inferiores a doze meses

---

[99] Luís Miguel Monteiro, em P. Romano Martinez, L. Miguel Monteiro, Joana Vasconcelos, P. Madeira de Brito, Guilherme Dray e L. Gonçalves da Silva, *Código do Trabalho, Anotado*, 2.ª ed., cit., p. 354.

[100] **Retomamos esta matéria posteriormente, e de forma mais amadurecida, em "Breves observações sobre o aumento da duração do período de férias em função da assiduidade do trabalhador",** *Minerva – Revista de Estudos Laborais*, **n.º 6, 2005, pp. 23 e ss., para o qual se remete.**

arrisca a ofensa ao princípio da igualdade e a anulação do objectivo da norma"[101], por entendermos que o cômputo anual constitui um critério razoável, embora a medida de tempo adequada pudesse ser outra. O debate, na minha óptica, não é, neste ponto em concreto, jurídico-constitucional, mas político-legislativo.

6.3. *Doença no período de férias*

No caso de o trabalhador adoecer durante o período de férias, são as mesmas suspensas desde que o empregador seja do facto informado, prosseguindo, logo após a alta, o gozo dos dias de férias compreendidos ainda naquele período, cabendo ao empregador, na falta de acordo, a marcação dos dias de férias não gozados[102].

7. A suspensão do contrato de trabalho

Como se sabe, determina a suspensão do contrato de trabalho o impedimento temporário por facto não imputável ao trabalhador **que se prolongue por mais de um mês**, nomeadamente doença[103].

O carácter temporário ou definitivo da impossibilidade "há-de decorrer da aplicação de um critério de ponderação dos interesses em vista dos quais as partes se vincularam – ou seja, antes do mais, tendo em vista a conservação ou a perda da *utilidade* das prestações contratuais após a cessação do impedimento."[104]

---

[101] ISABEL RIBEIRO PARREIRA, "O absentismo antes e depois do Código do Trabalho: o reforço de armas na luta do empregador contra as ausências ao trabalho", *cit.*, pp. 313-314, e pp. 317-318 (nota 123).

[102] Sem sujeição ao disposto no n.º 3 do artigo 217.º, nos termos do art.º 219.º, n.º 1. Quanto ao restante regime sobre a doença no período de férias, vd. os n.º 1 a 9 do art.º 219.º, que, de resto, apresenta grandes similitudes com o disposto no art.º 229.º (Prova da falta justificada), pelo que se remete para o que *supra* se disse a este propósito (ponto 3.2.). Vd., ainda, o art.º 190.º e ss. da RCT.

[103] Art.º 230.º, n.º 3, e art.º 333.º, n.º 1.

O contrato considera-se suspenso, mesmo antes de decorrido o prazo de um mês, a partir do momento em que seja previsível que o impedimento vai ter duração superior àquele prazo (art.º 333.º, n.º 2).

[104] ANTÓNIO MONTEIRO FERNANDES, *Direito do Trabalho*, 12.ª ed., cit., p. 496.

No dia imediato ao da cessação do impedimento, o trabalhador deve apresentar-se ao empregador, para retomar a actividade, sob pena de incorrer em faltas injustificadas[105].

No domínio da vigência da lei anterior, a jurisprudência entendia que o trabalhador com baixa por doença prolongada não necessitava de justificar as faltas para além dos primeiros trinta dias, findos os quais a relação laboral se suspendia; assim, a falta de justificação das faltas para além do 31.º dia, não dava lugar à aplicação de qualquer sanção disciplinar[106].

Tive a oportunidade de manifestar a minha oposição a esta jurisprudência[107]. Entendia que deveres acessórios de conduta, derivados do princípio geral de boa fé, impunham a comunicação atempada do período previsível da continuação da ausência ao serviço, sob pena de as faltas serem consideradas injustificadas.

Com efeito, é importante para a empresa saber se a situação de baixa do trabalhador se vai ou não manter.

Como se sabe, a organização de uma empresa é uma tarefa exigente e complexa. Assim, se ao fim de 30 dias a situação de baixa médica se mantiver, o empregador devia ser informado da duração previsível da prorrogação, para decidir, por exemplo, se deve proceder a ajustamentos internos ou até a reestruturações dos serviços, ou se tem mesmo de recorrer a soluções externas, nomeadamente à contratação de trabalhador substituto.

Informação que, no plano do confronto de interesses, se apresenta para o trabalhador como uma obrigação que se situa num plano de exigibilidade reduzida.

Nesta medida, causava-nos enorme perplexidade a afirmação feita pelo Tribunal da Relação do Porto, em aresto de 18.6.90.[108], de que se o

---

[105] Art.º 334.º.

[106] RL, 20.3.91. (CJ, 1991, II, 218). O acórdão encontra-se também publicado na nossa *Jurisprudência do Trabalho Anotada*, 3.ª ed. – reimpressão, Lisboa, 2000, pp. 531 e ss.. No mesmo sentido daquele aresto, entre outros: RP, 18.6.90. (CJ, 1990, III, 256), RP, 17.6.91. (CJ, 1991, III, 283), e RC, 11.5.95. (CJ, 1995, III, 82).

[107] ALBINO MENDES BAPTISTA, *Jurisprudência do Trabalho Anotada*, 3.ª ed. – reimpressão, cit., pp. 537-538. Discordando igualmente da orientação dos tribunais, vd. JOÃO REIS, "Suspensão do contrato – dever de comunicação do impedimento", *Questões Laborais*, n.º 2, 1994, pp. 80 e ss..

[108] CJ, 1990, III, 256.

As Faltas ao Trabalho por Motivo de Doença (Não Profissionais) do Trabalhador   69

trabalhador continuou a comunicar e comprovar a situação de doença ou baixa médica, para além dos 30 dias de impedimento, "**excedeu-se até nos seus deveres**".

O legislador do Código do Trabalho parece não ter sido sensível a esta argumentação, pois do n.º 3 do art.º 228.º parece resultar não ser exigível ao trabalhador cujo contrato se encontra suspenso a reiteração da comunicação[109].

O legislador do Código do Trabalho parece não gostar da norma que, no âmbito da relação jurídica de emprego público, determina que se a situação de doença se mantiver para além do período previsto pelo médico, **deve ser entregue novo atestado ou declaração**[110] [111].

Durante a suspensão mantêm-se os deveres de lealdade, de cooperação e de não concorrência. Por exemplo, o trabalhador está obrigado no período de suspensão a fornecer ao empregador, podendo fazê-lo, informações que são necessárias à prossecução da actividade empresarial[112].

8. A impossibilidade superveniente, absoluta e definitiva de o trabalhador prestar o seu trabalho

8.1. *No direito português*

O contrato de trabalho caduca nos termos gerais, nomeadamente em caso de impossibilidade superveniente, absoluta e definitiva de o trabalhador prestar o seu trabalho[113].

---

[109] Assim Luís Miguel Monteiro, para quem o dever de comunicação apenas subsiste enquanto a ausência do trabalhador for havida como falta; havendo suspensão do contrato o trabalhador "já não se encontra em regime de faltas justificadas e não tem, por conseguinte, de as comunicar." (P. Romano Martinez, L. Miguel Monteiro, Joana Vasconcelos, P. Madeira de Brito, Guilherme Dray e L. Gonçalves da Silva, *Código do Trabalho, Anotado,* 2.ª ed., cit., p. 371). No mesmo sentido, Isabel Ribeiro Parreira, "O absentismo antes e depois do Código do Trabalho: o reforço de armas na luta do empregador contra as ausências ao trabalho", *cit.*, p. 292.

[110] Art.º 31.º, n.º 5, do Decreto-Lei n.º 100/99, de 31 de Março.

[111] Em França, por exemplo, exige-se a renovação do atestado sempre que se prolongue a suspensão (Júlio Gomes, "Algumas reflexões sobre as faltas justificadas por doença (não profissional) do trabalhador", *cit.*, p. 734).

[112] Assim em França, *Cour de Cassation,* 18.3.2003. (*Droit Social,* n.º 7/8, 2003, p. 770).

[113] Art.º 387.º, alínea *a).*

A jurisprudência tem entendido que não basta a simples dificuldade, a onerosidade excessiva para qualquer das partes para que a impossibilidade seja absoluta[114]. E, por vezes, têm-no feito, no nosso modo de ver, de modo absolutamente exagerado[115], o que aliado à igual exigência que faz a propósito do carácter definitivo do impedimento, tem gerado um escasso interesse prático da figura.

Por esta, e por razões que se enunciarão, a impossibilidade superveniente, absoluta e definitiva como figura extintiva deveria ter merecido atenção por parte do legislador do Código do Trabalho.

Pensamos que ao não revelar sensibilidade ou interesse pela matéria (ou acomodando-se na não pronúncia), e conhecendo a orientação jurisprudencial sobre a mesma, o legislador pode ter potenciado o bloqueamento da figura.

Seja como for, mantém-se inteiramente válida a afirmação de que o carácter absoluto e definitivo da impossibilidade não deve ser entendido em termos naturalísticos, mas jurídicos. Como escreve BERNARDO LOBO XAVIER: "devem equiparar-se aos casos de impossibilidade absoluta aqueles que afectam de tal modo o programa da prestação que não será exigível à entidade empregadora recebê-la", exemplificando com o trabalhador que se encontra doente há vários anos[116].

---

[114] Assim, entre outros, STJ, 2.2.88. (AD, 318, 1988, 821); STJ, 29.5.91. (AD, 358, 1191, 1154); STJ, 26.6.91. (BMJ, 408, 1991, 388); STJ, 5.5.93. (CJ, acs. do STJ, 1993, II, 274); RL, 13.10.93. (CJ, 1993, IV, 171); RE, 8.3.94. (CJ, 1994, II, 281); RL, 23.11.94. (CJ, 1994, V, 188); STJ, 28.6.95. (CJ, acs. do STJ, 1995, II, 310); RC, 18.1.96. (CJ, 1996, I, 55); RC, 3.3.98. (CJ, 1998, II, 68); e RP, 23.3.98. (CJ, 1998, II, 261).

[115] Merece nota de destaque o acórdão da Relação de Évora, de 2.8.87. (CJ, 1987, IV, 308, também publicado na nossa *Jurisprudência do Trabalho Anotada*, 3.ª ed. – reimpressão, cit., pp. 569 e ss.), onde se entendeu que não se justifica a cessação do contrato de trabalho com fundamento em impossibilidade superveniente, absoluta e definitiva, se o trabalhador não se encontra absolutamente impossibilitado para o trabalho, **mas apenas diminuído**, podendo desempenhar funções que não impliquem "esforço físico da mão direita". E o tribunal chega mesmo a afirmar: "servir de guia a visitantes, atender de viva voz ou pelo telefone quem solicitasse informações, etc., etc., **mesmo que dentro da empresa não exista a função de guia ou de telefonista**" (sublinhado nosso).

Tudo isto depois de o tribunal dar por assente que mesmo nas tarefas mais leves da linha de montagem, o trabalhador não conseguia desempenhar as funções correspondentes e que o empregador não dispunha de serviços que não necessitassem de esforço físico e onde pudesse colocar o trabalhador. Mais: depois de reconhecer que a situação da empresa era deficitária e que se vinha agravando.

[116] BERNARDO LOBO XAVIER, "A Extinção do Contrato de Trabalho", *Revista de Direito e de Estudos Sociais*, Julho-Dezembro – 1989, p. 416. O mesmo autor alude à

As Faltas ao Trabalho por Motivo de Doença (Não Profissionais) do Trabalhador 71

Também para PEDRO ROMANO MARTINEZ, o trabalhador doente há vários anos pode gerar uma impossibilidade definitiva[117].

Mas, o legislador talvez pudesse, por exemplo, esboçar um critério para o apuramento da natureza definitiva do impedimento.

Tenha-se presente que já hoje no contrato de serviço doméstico se **considera definitivo** o impedimento cuja duração seja superior a seis meses **ou**, antes de expirado este prazo, quando haja a certeza ou se preveja com segurança que o impedimento terá duração superior[118].

Aceita-se que este prazo possa ser reputado de curto para a generalidade das relações de trabalho, embora haja ordenamentos jurídicos que operam com esse período de tempo[119], mas é possível configurar prazos mais longos ainda que sob a forma, por exemplo, de presunções ilidíveis. Em todo o caso, para as microempresas justificar-se-ia sempre adoptar prazos mais curtos, pois é sabido que ausências prolongadas em empresas deste tipo podem ter consequências particularmente gravosas não só para o seu funcionamento como para a sua sobrevivência.

Seria até, porventura, de equacionar a criação de uma causa autónoma de cessação, fora do domínio da caducidade, equiparável aos motivos económicos, em situações de doença prolongada, ou mesmo de ausências intermitentes ou reiteradas, que se prolongassem no tempo, desde que o empregador provasse a grave e irreversível lesão dos interesses da organização produtiva, com a consequente observância de regras procedimentais e da atribuição de direitos aos trabalhadores.

---

impossibilidade superveniente, pela inexigibilidade, de acordo com a boa fé, da permanência do vínculo ("Prescrição da Infracção Disciplinar (art. 27/3 da LCT)", *Revista de Direito e de Estudos Sociais*, Janeiro-Dezembro – 1990, p. 242-243).

Parece, escreve ainda BERNARDO LOBO XAVIER, que se incluem na caducidade situações "que porventura não integram uma impossibilidade absoluta e definitiva do trabalhador, mas desvalorizam a prestação do trabalho em tais termos que não se poderá pretender que a empresa a deva receber". ("Prescrição da Infracção Disciplinar (art. 27/3 da LCT)", *cit.*, p. 259).

[117] PEDRO ROMANO MARTINEZ, "Caducidade do Contrato de Trabalho", *Estudos em Homenagem ao Prof. Doutor Raúl Ventura*, vol. II, Faculdade de Direito da Universidade de Lisboa, Coimbra, 2003, p. 706.

[118] Art.º 28.º, n.º 2, do Decreto-Lei n.º 235/92, de 24 de Outubro, diploma que estabelece o regime jurídico do serviço doméstico.

[119] Na Bélgica, a suspensão do contrato por mais de 6 meses legitima o empregador a fazer cessar o contrato.

72 VIII Congresso Nacional de Direito do Trabalho

De facto, como escreve Júlio Gomes, não é aceitável que a caducidade se possa "converter numa fácil, expedita (porque não procedimentalizada) e económica alternativa ao despedimento com justa causa."[120]

Em todo o caso, seria sempre de associar a esta forma de caducidade o pagamento de uma "compensação de antiguidade", pois também não é aceitável que a impossibilidade superveniente, absoluta e definitiva possa constituir um meio alternativo de o empregador se furtar ao pagamento dessa compensação.

8.2. *Em especial: a obrigação de modificação contratual*

O importante e sintomático problema da modificação contratual como condição prévia à extinção do vínculo contratual, que o legislador conhecia bem, também não lhe mereceu qualquer atenção, o que se reputa de absolutamente lamentável.

Defendemos já que existe uma obrigação de modificar o contrato a cargo do empregador[121]. Melhor diríamos de apresentar ao trabalhador uma proposta modificativa do contrato de trabalho.

Importa ter presente que, quer em matéria de despedimento colectivo, quer de extinção de posto de trabalho, o legislador manifestou **preocupação pela conservação do posto de trabalho**, por via de uma *proposta* de alteração do contrato.

A lei refere-se expressamente à *proposta* de reconversão e reclassificação profissional, que o trabalhador pode recusar (art.º 420.º), ou

---

[120] Júlio Gomes, "Algumas reflexões sobre as faltas justificadas por doença (não profissional) do trabalhador", *cit.*, p. 718.

[121] Albino Mendes Baptista, *Jurisprudência do Trabalho Anotada*, 3.ª ed. – reimpressão, cit., pp. 574 e ss..

No mesmo sentido, Júlio Gomes, nos seguintes termos. "não se poderá afirmar que o princípio da boa fé numa matéria tão importante como a da cessação do contrato de trabalho e, demais a mais, estando em jogo uma caducidade sem qualquer indemnização ou compensação, impõe que o empregador, antes de invocar a caducidade, se certifique de que não existe outro posto de trabalho em que possa "aproveitar" o trabalhador?" ("Algumas reflexões sobre as faltas justificadas por doença (não profissional) do trabalhador", *cit.*, p. 747).

Em sentido diferente, entre outros, P. Romano Martinez, para quem "não há dever genérico de o empregador modificar o objecto negocial em função das limitações do trabalhador" (*Direito do Trabalho*, cit., p. 824, e "Caducidade do Contrato de Trabalho", *cit.*, p. 708).

então exige como pressuposto do despedimento a inexistência de posto de trabalho compatível com a categoria do trabalhador (art.º 403.º, n.º 3). Traga-se ainda à colação o disposto no art.º 407.º, n.º 1, alínea *d)*, onde se exige como um dos requisitos do despedimento por inadaptação do trabalhador que não exista na empresa outro posto de trabalho disponível e compatível com a qualificação profissional do trabalhador.

Face a este cenário legislativo, porque não fazer apelo ao **sistema** que impõe a procura de soluções alternativas ao despedimento?

Porque não aplicar o princípio da proporcionalidade, exigindo que o empregador procure os meios menos onerosos para os trabalhadores e que a medida não seja excessiva em relação ao fim pretendido?

Nestes termos, a cessação do vínculo laboral deve ser configurada como *ultima ratio*[122].

Referindo-se ao despedimento no ordenamento jurídico alemão, escreve ROLF BIRK: "Mesmo que existam necessidades urgentes e primárias, deve investigar-se primeiro, para satisfazer o *princípio da proporcionalidade*, se o despedimento pelo empregador é realmente o meio extremo de enfrentar a situação, ou se não bastará transferir o trabalhador para outro posto de trabalho no mesmo estabelecimento ou para outro estabelecimento da mesma empresa"[123].

Este é um desafio que, apesar da omissão legislativa, continua a apresentar-se à jurisprudência. E talvez tenha sido isso mesmo o que pretendeu o legislador... Falta apurar se por comodidade ou/e se por falta de ousadia...

---

[122] A jurisprudência francesa tem sustentado que o empregador tem o dever de adaptação e de reclassificação do trabalhador, recorrendo à mobilidade, antes de proceder ao despedimento por motivos económicos, **considerando tal dever imposto pela boa fé contratual** (ISABELLE DAUGAREILH, "Le Contrat de Travail à l'Épreuve des Mobilités", *Droit Social*, 1996, n.º 2, p. 129 e 131 ; vd., também, KIBALO ADOM, "La Modification du Contrat de Travail du Fait de L'État de Santé du Salarié", *Droit Social*, 1995, n.º 5, pp. 461 e ss.).

Em situações de necessidades objectivas da empresa, a jurisprudência alemã, por sua vez, tem defendido a apresentação de uma proposta de modificação das condições contratuais, como procedimento prévio à extinção do contrato (J. GARCÍA MURCIA, "La Ley de Contrato de Trabajo en Alemania: una tarea aún pendiente. A propósito de la "Diskussionsentwurf" del "ArbeitsKreis" para la Unificación del Derecho del Trabajo Alemán", *Revista Española de Derecho del Trabajo*, n.º 65, 1994, p. 398).

[123] ROLF BIRK, *Bases e Princípios do Direito do Despedimento em Geral e do Direito de Protecção contra os Despedimentos na República Federal da Alemanha*, *Revista de Direito e de Estudos Sociais*, Julho-Dezembro – 1989, p. 337.

74   *VIII Congresso Nacional de Direito do Trabalho*

8.3. *Breves notas de direito comparado*

Em Espanha, considera-se motivo de extinção por causa objectiva as faltas ao trabalho, ainda que justificadas, mas intermitentes, que perfaçam 20% dos dias úteis em 2 meses consecutivos, ou 25% em 4 meses descontínuos, no período de 12 meses, desde que o índice de absentismo do pessoal do estabelecimento supere 5% nos mesmos períodos de tempo[124].

Não se consideram como intermitentes as baixas quando sejam provocadas por um processo crónico que precise de tratamento prolongado[125].

A extinção do contrato com aquele fundamento está sujeita a comunicação escrita e a pré-aviso[126], dando lugar a indemnização[127].

Em **França**, embora se afirme que a doença não pode constituir justa causa de despedimento, aceita-se a sua relevância para efeitos de desvinculação contratual pelas suas consequências no funcionamento da empresa.

Como nos diz ANTOINE MAZAUD, um despedimento não tem necessariamente natureza disciplinar. Pode haver despedimento devido a ausências prolongadas ou frequentes e repetidas, **que provoquem a desorganização do processo definitivo** e que obriguem à substituição definitiva do trabalhador[128]. O despedimento com este fundamento não é discriminatório, pois não assenta no estado de saúde mas na **situação objectiva da empresa**[129].

O mesmo é válido para o despedimento por inaptidão física constatada pelo médico do trabalho[130].

A necessidade de substituição definitiva "é controlada pelo juiz que irá atender à natureza do emprego ocupado, à facilidade de recurso à rotação de pessoal e ao trabalho temporário, sendo mais fácil afirmar a necessidade de substituição numa pequena empresa."[131].

---

[124] Art.º 52.º, alínea *d)*, do Estatuto dos Trabalhadores.

[125] TOMÁS SALA FRANCO (dir.), *Derecho del Trabajo*, 11.ª ed., Valência, 1997, p. 713.

[126] TOMÁS SALA FRANCO (dir.), *Derecho del Trabajo*, 11.ª ed., cit., p. 713.

[127] TOMÁS SALA FRANCO (dir.), *Derecho del Trabajo*, 11.ª ed., cit., p. 715.

[128] ANTOINE MAZAUD, *Droit du Travail*, 3.ª ed., Paris, 2002, p. 332.

[129] ANTOINE MAZAUD, *Droit du Travail*, 3.ª ed., cit., p. 341.

[130] ANTOINE MAZAUD, *Droit du Travail*, 3.ª ed., cit., p. 332.

[131] JÚLIO GOMES, "Algumas reflexões sobre as faltas justificadas por doença (não profissional) do trabalhador", *cit.*, p. 736.

O empregador deve assumir a responsabilidade, observando o processo de despedimento, bem como as regras de fundo, **e pagando a indemnização** legal ou convencional fixada[132]. Mas, como escreve ANTOINE MAZAUD, a história jurisprudencial depõe no sentido da redução do domínio de aplicação da "força maior" a favor do despedimento[133].

Esta forma de despedimento só é lícita havendo impossibilidade de reclassificação do trabalhador de acordo com o seu estado de saúde, e nos termos medicamente prescritos[134]. A jurisprudência foi mesmo ao ponto de recusar a ruptura por comum acordo que tenha como objectivo contornar esta obrigação do empregador[135].

A reclassificação obriga o empregador se necessário a recorrer a todos os meios de que dispõe na empresa, se necessário recorrendo a medidas "tais como, transformação dos postos de trabalho ou adaptação do tempo de trabalho", "o que pode implicar "reorganização interna da empresa"[136].

A obrigação do empregador deve ser proporcional aos meios de que dispõe a sua empresa[137], não tendo o dever de criar novos postos de trabalho que não tenham interesse para a empresa[138].

O ónus de provar a impossibilidade de reclassificação do trabalhador cabe ao empregador[139].

Na **Bélgica**, a suspensão do contrato por mais de 6 meses legitima o empregador a fazer cessar o contrato[140].

---

[132] ANTOINE MAZAUD, *Droit du Travail*, 3.ª ed., cit., p. 383.

[133] ANTOINE MAZAUD, *Droit du Travail*, 3.ª ed., cit., p. 388.

[134] ANTOINE MAZAUD, *Droit du Travail*, 3.ª ed., cit., p. 385.

[135] ANTOINE MAZAUD, *Droit du Travail*, 3.ª ed., cit., p. 385.

[136] KIBALO ADOM, "La modification du contrat de travail du fait l'état de santé du salarié", *Droit Social*, 1995, n.º 5, p. 466.

[137] KIBALO ADOM, "La modification du contrat de travail du fait l'état de santé du salarié", *cit.*, p. 467.

[138] KIBALO ADOM, "La modification du contrat de travail du fait l'état de santé du salarié", *cit.*, p. 468. O autor escreve: "Pode-se encarar aqui a transposição da solução em matéria de despedimento por motivo económico segundo a qual a procura das possibilidades de reclassificação deve ser estendida às outras empresas pertencentes ao mesmo grupo" (p. 469).

[139] ANTOINE MAZAUD, *Droit du Travail*, 3.ª ed., cit., p. 386, e KIBALO ADOM, "La modification du contrat de travail du fait l'état de santé du salarié", *cit.*, p. 466.

[140] VIVIANE VANNES, *Le Contrat de Travail: Aspects Theóriques et Pratiques*, 2.ª ed., Bruxelas, 2003, p. 561.

Na **Alemanha**, é necessário reunir "condições severas" para justificar socialmente um despedimento em situações de doença[141].

Em 1.º lugar tem de se tratar de uma doença de longa duração ou de uma doença frequente. Depois é preciso que seja de esperar para o futuro uma sobrecarga insuportável ou uma perturbação do funcionamento da empresa que o empregador não possa impedir adoptando medidas adequadas. Finalmente, há que proceder a uma adequada ponderação de interesses[142].

9. O abandono de trabalho como figura autónoma

Como se sabe, considera-se abandono do trabalho a ausência do trabalhador ao serviço acompanhada de factos que, com toda a probabilidade, revelem a intenção de o não retomar[143] [144].

Um trabalhador que, por exemplo, esvazia a secretária ou um cacifo, ou se despede dos seus colegas, pratica factos concludentes da sua intenção de não retomar o serviço.

Mas, já não deverá ser assim entendido a situação de ausência ao trabalho motivada por baixa médica do conhecimento do empregador[145], uma vez que não temos neste caso factos concludentes da intenção do trabalhador de não retomar o serviço.

A este último propósito merece nota de destaque o acórdão do Tribunal da Relação de Lisboa, proferido em 23 de Maio de 2001[146], onde se pode ler:

"Só por má fé, com o intuito de "se livrar" do trabalhador, é que a R. podia aproveitar-se da presunção do abandono do trabalho fazendo tábua rasa de tudo aquilo que sabia sobre a natureza e a gravidade da doença incapacitante e justificativa da ausência do A. ao trabalho. (...) Perante a situação de grave doença psiquiátrica, que já se tinha manifestado anteriormente, seria curial, que em vez de tentativa de contacto telefónico, fosse estabelecido com o A. contacto pessoal, tendo em conta a natureza da doença e o facto de o A. viver sozinho.

---

[141] WOLFGANG DÄUBLER, *Derecho del Trabajo* (tradução castelhana de *Das Arbeitsreecht*), Madrid, 1994, p. 684.

[142] WOLFGANG DÄUBLER, *Derecho del Trabajo*, cit., p. 685.

[143] Art.º 450.º, n.º 1.

[144] Sobre a figura, vd. ALBINO MENDES BAPTISTA, *Estudos sobre o Código do Trabalho*, Coimbra, 2004, pp. 55 e ss..

Esse contacto pessoal com o A., ou no caso de falhar, eventualmente com os vizinhos deste, com as autoridades assistenciais ou policiais da área da residência do A., certamente esclareceriam o R. e dissipar-lhe-iam as eventuais dúvidas, sobre a razão da ausência do A. ao serviço.

Não tinha a R., face à excepcionalidade da situação em que o A. se encontrava e que o R. conhecia ou devia conhecer, o direito de se aproveitar da figura da presunção de abandono."

Como dissemos em estudo anterior[147], com decisões deste género e com fundamentações deste teor prestam-se inestimáveis serviços ao Direito...

Presume-se abandono do trabalho a ausência do trabalhador ao serviço durante, pelo menos, dez dias úteis seguidos, sem que o empregador tenha recebido comunicação do motivo da ausência[148].

Trata-se de uma presunção *juris tantum*, como resulta expressamente da lei[149]. Esta presunção pode ser ilidida pelo trabalhador mediante prova da ocorrência de motivo de força maior impeditivo da comunicação da ausência.

Não chega, portanto, justificar a ausência por motivo de doença, apresentando, por exemplo, o respectivo atestado médico, **exigindo-se a prova da existência de um caso de força maior que impossibilitou a própria comunicação da ausência**, o que é manifestamente muito mais.

Muito obrigado pela atenção que me quiseram dispensar.

Novembro de 2005

---

[145] STJ, 13.12.95. (CJ, acs. do STJ, 1995, III, 306).
[146] CJ, 2001, III, 168. O acórdão foi relatado pelo desembargador SIMÕES QUELHAS.
[147] ALBINO MENDES BAPTISTA, *Estudos sobre o Código do Trabalho*, cit., p. 57.
[148] Art.º 450.º, n.º 2.
[149] Art.º 450.º, n.º 3.

BREVES CONSIDERAÇÕES
SOBRE ALGUNS ASPECTOS
DO REGIME DO DIREITO DE FÉRIAS
(arts. 219.º; 212.º, n.º 4, e 215.º; 213.º, n.º 3, do Código do Trabalho)

Isabel Ribeiro Parreira

Mestre em Direito
Assistente da Faculdade de Direito da Universidade de Lisboa
Membro fundadora do Instituto de Direito do Trabalho
da Faculdade de Direito da Universidade de Lisboa
Advogada

BREVES CONSIDERAÇÕES
SOBRE ALGUNS ASPECTOS
DO REGIME DO DIREITO DE FÉRIAS
(arts. 219.º; 212.º, n.º 4, e 215.º; 213.º, n.º 3, do Código do Trabalho)

ISABEL RIBEIRO PARREIRA

Mestre em Direito
Assistente da Faculdade de Direito da
Universidade de Lisboa
Membro fundadora do Instituto de Direito
do Trabalho
da Faculdade de Direito da Universidade de
Lisboa
Advogada

SUMÁRIO:[1] 1. Justificações de faltas (art. 225.º) e suspensão do gozo de férias (art. 219.º). 2. A não violação do limite dos 30 dias (art. 212.º, n.º 4) através da legítima cumulação de férias (art. 215.º). 3. O direito à majoração de férias e os "meios dias" referidos no art. 213.º, n.º 3. 3.1. Breve definição da regra geral. 3.2. Ponderação da assiduidade intermédia e da assiduidade equiparada. 3.3. As questões em aberto relativas à definição dos "meios dias". 3.4. Noção técnica de falta e soma das ausências parciais, justificadas e injustificadas. 3.5. Meios dias como justificadas ausências parciais seguidas e não somadas. 3.6. Aplicação da soma das ausências parciais no caso das faltas injustificadas. 3.7. Consequências na atenuação do efeito impeditivo da majoração. 3.8. "Meios dias" como metade do período normal de trabalho diário, iniciada no decurso deste.

---

[1] Texto que serviu de base à comunicação proferida pela autora no VII Congresso Nacional de Direito do Trabalho, em Novembro de 2005.

1. Justificações de faltas (art. 225.º) e suspensão do gozo de férias (art. 219.º)

A doença de que pode padecer o trabalhador constitui um facto suspensivo da continuação do gozo do período de férias marcado e já iniciado, desde que o empregador seja de tal facto informado, nos termos do art. 219.º, n.º 1, do Código do Trabalho[2] [3].

Se o empregador solicitar o comprovativo da situação invocada pelo trabalhador, a prova da doença é feita por estabelecimento hospitalar, por declaração do Centro de Saúde ou por atestado médico, conforme dispõe o art. 219.º, n.º 3,[4] sendo possível ao empregador requerer a verificação

---

[2] Aprovado pela Lei n.º 99/2003, de 27/08, e adiante designado simplesmente por Código. Todos os preceitos referidos seguidamente sem indicação do diploma legal a que pertencem, devem considerar-se integrantes do Código do Trabalho.

[3] Entendemos que o dever de informação ao empregador sobre a doença do trabalhador verificada durante as férias, previsto no art. 219.º, n.º 1, se encontra sujeito às regras que regulam o mesmo dever previsto a propósito do regime da justificação das faltas, no art. 228.º, n.º 2, aplicável por analogia. Esta analogia impõe-se porquanto relevam sobremaneira as condições e o tempo em que essa informação é prestada (já que é esta informação que irá determinar a produção dos efeitos suspensivos e essas regras não se encontram previstas no art. 219.º), e porque também neste preceito, tal como no referido art. 228.º, interessa avisar o empregador de um motivo, atendível por lei, que explica uma impossibilidade do trabalhador (de trabalhar, no caso das faltas; de gozar férias, na hipótese do art. 219.º). Acresce, ainda, o facto de a situação de doença ser também prevista no art. 225.º, n.º 2, al. d), como justificação de falta. Assim, admitindo que a doença, entendida como facto suspensivo das férias, será sempre uma situação imprevisível (porque, sendo previsível, suspende o início do gozo e não o gozo, nos termos do art. 218.º, n.º 3), o trabalhador deve avisar o empregador "logo que possível". Tal como acontece no regime das faltas justificadas, a comunicação produzirá efeitos retroactivos ao dia em que a doença se manifestou.

[4] Entendemos que esta necessidade de solicitação do comprovativo, a efectivar-se no prazo de 15 dias, decorre da aplicação analógica do art. 229.º, n.º 1, que prevê a mesma obrigação para a justificação das faltas. O art. 219.º, n.º 1, não impõe nenhum dever ao trabalhador de apresentar prova da doença conjuntamente com a respectiva comunicação, mas o seu número três só tem sentido quando o empregador exige aquela prova, pelo que esta regra de exigência terá diferente base legal. A analogia com o art. 219.º justifica-se na medida em que se verificam as mesmas razões e semelhantes finalidades, o que é reforçado pela identidade do regime da verificação da doença previsto nos dois artigos. Por conseguinte, o efeito suspensivo das férias inicia-se automaticamente com a informação sobre a doença, mesmo que o empregador utilize todo o prazo de 15 dias para exigir a prova da doença (neste caso o efeito suspensivo é provisório). O efeito suspensivo torna-se definitivo no caso de esta exigência não ter sido feita ou, tendo-o

Breves Considerações Sobre Alguns Aspectos do regime do Direito de Férias   83

da situação de doença por médico designado pela Segurança Social, no respeito pelos procedimentos previstos nos arts. 219.º, n.os 4 a 9, do Código, e nos arts. 190.º a 201.º da Regulamentação deste diploma.[5]

Esta mesma suspensão do gozo das férias encontra-se expressamente prevista para os casos de gozo de licenças por maternidade, paternidade, adopção e licença parental, nos termos do art. 101.º, n.º 2, al. a), da Regulamentação.

Deste modo, o legislador estabeleceu apenas duas hipóteses expressas de legítima paralisação temporária do gozo de um período de férias já iniciado, por facto respeitante ao trabalhador, atribuindo a este o direito de suspender esse gozo cumpridos certos deveres de informação e eventual comprovação.

Todavia, no que se refere ao adiamento, por motivos respeitantes ao trabalhador, de um período de férias já marcado mas cujo gozo ainda não foi iniciado, estas hipóteses são alargadas através da cláusula geral prevista no art. 218.º, n.º 3, "sempre que o trabalhador, na data prevista para o seu início, esteja temporariamente impedido [de o gozar] por facto que não lhe seja imputável".

No respeito por um princípio de aproveitamento do período de férias previamente marcado, que tutela as legítimas expectativas de ambas as partes no contrato de trabalho, em todas as situações referidas e nos casos de cessação do impedimento ou de alta durante o período de férias marcado, o legislador previu o dever de gozo dos dias de férias ainda compreendidos no período marcado, sendo os dias restantes marcados pelo empregador em qualquer altura do ano, sem sujeição ao disposto no número três do artigo 217.º (arts. 218.º, n.os 3 e 4, e 219.º, n.os 1 e 2).

---

sido, o trabalhador apresentar o comprovativo nos termos da lei. Neste último caso, o efeito suspensivo pode ser considerado nulo e o período de alegada doença tratado como gozo efectivo de férias, na sequência e nos termos do processo de verificação da doença (art. 219.º, n.º 7), caso se demonstre a não verificação da doença do trabalhador. Se o empregador exigir o comprovativo e o trabalhador não o entregar ou o fizer em violação do art. 219.º, n.º 3, também os dias de alegada doença são considerados como dias de férias (art. 219.º, n.º 7). Sobre o dever de apresentação do comprovativo da falta justificada, quando solicitado, incluindo a análise da natureza dos meios de prova exigidos por esta norma, remetemos para o nosso *O Absentismo antes e depois do Código do Trabalho: o reforço de armas na luta do empregador contra as ausências ao trabalho*, em *Estudos de Direito do Trabalho em Homenagem ao Professor Manuel Alonso Olea*, Almedina Ed., Coimbra, 2004, 266-320, 292-294.

[5] Aprovada pela Lei n.º 35/2004, de 29/7, adiante designada simplesmente por Regulamentação.

Já no respeitante à alteração da marcação do período de férias por razões respeitantes ao empregador, dispõe o art. 218.º, n.º 1, que todas as "exigências imperiosas do funcionamento empresa"[6] legitimam, não apenas a suspensão do gozo já iniciado das férias, como o adiamento de um período ainda por gozar na íntegra. No entanto, para tutela dos interesses do trabalhador na efectivação do seu direito a férias e correcção do aparente desequilíbrio, o legislador previu uma limitação e uma consequência especiais: não pode ficar prejudicado o gozo seguido de metade do período de férias marcado (art. 218.º, n.º 2)[7] e o trabalhador terá

---

[6] Como já foi decidido pelo Ac. do TC n.º 64/91, de 4/4/1991, ATC, 1.º vol., 1991, 67-136, 89ss, a modificação do plano de férias assenta numa "alteração excepcional de circunstâncias atendível", pelo que arrisca a inconstitucionalidade qualquer interpretação que implique um alargamento das hipóteses previstas no art. 218.º, n.º 1. No mesmo sentido para o direito italiano, cfr., vg., ANNALISA ROSIELLO, *Imputabilità del mancato godimento delle ferie e risarcimento del danno*, RIDL, ano XXI, 2002, n.º 2, parte II, 327-329, 328. Em crítica ao regime legal italiano que prevê, no art. 2109 do CC, a possibilidade de o adiamento das férias por motivos respeitantes ao empregador poder implicar a ausência de gozo efectivo, não obstante assistir ao trabalhador o direito a uma indemnização, e invocando, nomeadamente, a Directiva 93/104/CE do Conselho, de 23/11/93, *maxime*, art. 7.º, cfr., vg, ANNALISA ROSIELLO, cit., 328; LARA LAZZERONI, *Garantizie ee limite della fruizione in forma specifica delle ferie non godute nell'anno*, RIDL, ano XXI, 2002, n.º 1, parte II, 87-90, 88.

[7] Esta regra tem que ser conjugada com a regra prevista no art. 217.º, n.º 6, que estabelece um limite de dez dias úteis seguidos ao gozo interpolado de férias e um princípio do gozo continuado das férias. Como o art. 218.º integra normas relativas à modificação superveniente da marcação de férias regulada no art. 217.º, entendemos que este preceito deve prevalecer sobre aquele, em casos de conflito normativo. Suponhamos que o trabalhador, por acordo com o empregador, ajusta vários períodos de gozo de férias interpoladas, um primeiro de 5 dias úteis, um segundo de 7 dias úteis, e um terceiro de 10 dias úteis. Se o trabalhador já tiver gozado efectivamente os dois primeiros períodos de férias e o empregador pretender invocar o exercício do seu direito previsto no art. 218.º, n.º 1, relativamente ao único período de férias do trabalhador correspondente a 10 dias seguidos, pensamos que aquele direito do empregador cede perante o limite previsto no art. 217.º, n.º 6. O limite previsto no art. 218.º, n.º 2, sujeita-se, assim, ao limite de 10 dias úteis previsto no art. 217.º, n.º 6, e por este é substituído, sempre que o trabalhador ainda não tenha beneficiado de 10 dias úteis seguidos de férias, aquando da verificação dos pressupostos previstos no art. 218.º, n.º 1. O regime do trabalhador estudante prevê expressamente o gozo de 15 dias úteis interpolados, independentemente dos dias de férias a que aquele tem direito (arts. 83.º do Código e 152.º, n.º 1, da Regulamentação).

direito a uma indemnização pelos prejuízos sofridos na "pressuposição de que gozaria integralmente as férias na época fixada" (art. 218.°, n.° 1).[8]

Estas regras constituem algumas das excepções legais ao denominado princípio de continuidade que postula um período seguido de gozo de férias para efectivação das suas finalidades de disponibilidade pessoal e repouso físico e psicológico, como decorre da interpretação *a contrario sensu* do art. 217.°, n.° 6.[9] Na realidade, esta continuidade prossegue objectivos últimos que concretizam um outro princípio do direito de férias, o princípio da efectivação, que visa atingir a materialidade subjacente das férias através da promoção do respectivo gozo real e de um descanso verdadeiro,[10] na prossecução do fundamento do direito a férias, do direito do trabalhador a "uma certa margem de ócio para usar da sua liberdade readquirida conforme os seus desejos".[11]

Comparando as hipóteses típicas previstas no art. 218.°, n.° 3, e no art. 219.°, é detectável um nível diferente de exigências legais, mais elevado no caso do último preceito.[12] Não obstante, ambas as normas

---

[8] Limitações e condições que não se justificam quando é o próprio trabalhador, beneficiário do direito a férias e protegido no âmbito do respectivo regime legal, a provocar a suspensão e a interrupção do período de férias marcado.

[9] Cfr. ANDRADE MESQUITA, *O direito a férias*, em *Estudos do Instituto do Direito do Trabalho*, Vol. III, Almedina Ed., Coimbra, 65-206, 135-136.

[10] O princípio da efectivação das férias é também designado por princípio da realização efectiva do direito a férias. Mais do que proibir renúncias, o legislador laboral criou regras específicas com o objectivo de promover o exercício efectivo do direito, de modo a que o gozo de férias corresponda substancialmente a um real e verdadeiro descanso e repouso, atingindo na plenitude as suas finalidades e concretizando o fundamento das férias. Cfr., vg., ANDRADE MESQUITA, cit., 118-135.

[11] ALMEIDA POLICARPO, *O fundamento do direito a férias*, ESC, ano VII, 1968, n.° 26, 11-28, 16-17. Para este autor, que escreveu no âmbito do Dl 47032, de 27/05/66, (que pela primeira vez alargou o direito a férias a todos os trabalhadores), o direito a férias é um direito pessoal que integra o estatuto do trabalhador e define a sua posição face ao empregador como pessoa e sujeito de actos pessoais (25). O mesmo autor defende que o trabalhador, através do exercício do direito a férias, "recupera-se", "restitui-se" a "um estado de inocência configurada no ócio, na abstenção de esforço penoso próprio do trabalho subordinado, em que o trabalhador se distrai e se perde no quotidiano das coisas e dos hábitos mais ou menos mecânicos dos ritos".

[12] No direito espanhol, a regra de que o gozo das férias não pode coincidir com períodos de incapacidade do trabalhador, resulta, contudo, da contratação colectiva (legitimada pelo art. 38.° do ET), aproximando as duas realidades de adiamento e interrupção do gozo de dias de férias. Cfr., vg., MONTOYA MELGAR, *Derecho del Trabajo*, 16ª ed., Tecnos Ed., Madrid, 1995. No direito italiano, a questão é também apenas discutida

86   *VIII Congresso Nacional de Direito do Trabalho*

traduzem uma equiparação no que respeita ao prejuízo do interesse organizativo e estrutural da empresa, que fica igualmente abalado em ambas as situações.[13]

De facto, a lei impõe mais limites no caso da suspensão das férias prevista no art. 219.º, do que nas situações de adiamento previsto no art. 218.º, n.º 3. Porém, admitimos que a diferença se compreenda pelo facto de a suspensão comportar um risco mais elevado e imediato, pelo menos em teoria, de violação da efectivação do direito a férias. Na realidade, o adiamento apenas protela no tempo o repouso e fere a oportunidade de exercício do direito, atingindo a efectividade apenas em casos extremos de violação séria das regras sobre cumulação de férias previstas no art. 215.º, ou de violação do direito a férias conforme dispõe o art. 222.º. Por outro lado, a suspensão de um gozo de férias iniciado, pode provocar efeitos mais perversos e negativos para ambas as partes, porquanto arrisca o desaproveitamento total dos dias de férias já gozados, neutralizando na íntegra o princípio da efectividade do direito a férias.

Todavia, a preocupação do legislador não se dirige, em rigor, especialmente à duração do impedimento ou da doença, já que em ambas as situações a duração prolongada fará funcionar o regime das férias na suspensão do contrato, previsto no art. 220.º.[14] O legislador atende mais à natureza do facto ou da eventualidade legal que permite a alteração do período de férias. Desse modo, a opção pela determinação do facto no

---

na jurisprudência e na doutrina, mas a propósito da doença. Cfr., vg., CARINCI, TAMAJO, TOSI e TREU, *Diritto del Lavoro*, vol. 2, 3ª ed., Utet Ed., Turim, 1996, 244.

[13] É tão prejudicial para a empresa gerida pelo empregador, o repentino adiamento do período de férias ainda não gozado, como a suspensão das mesmas já iniciadas. De facto, em ambas as situações o trabalhador continuará ausente do local de trabalho. Na primeira, o trabalhador não goza logo as férias mas também não pode trabalhar, pelo que o empregador não se preocupará com o seu afastamento, mais do que se preocuparia num caso normal de impedimento independentemente de ser em férias. Se, ainda nesta situação, o empregador contasse com o trabalhador após as férias, simplesmente marcaria o resto do período para outra altura do ano mais adequada aos interesses da empresa, como o permite o art. 218.º, n.º 4. Na hipótese da suspensão do gozo de férias, sempre o trabalhador estaria também ausente do serviço porque em férias, logo a preocupação é exactamente a mesma, já que o regime da marcação dos dias restantes é idêntico nos dois casos.

[14] A diferença de regime para as situações previstas nos arts. 218.º, n.º 3, e 219.º, não atende à duração do impedimento do trabalhador, na medida em que se este for prolongado, é activado o regime da suspensão do contrato de trabalho (arts. 331.º e 333.º), especificamente regulado pelo art. 220.º no que respeita às suas consequências no direito a férias.

Breves Considerações Sobre Alguns Aspectos do regime do Direito de Férias   87

caso da suspensão e a sua concretização exclusiva na situação de doença, pressupõe uma cautelosa presunção do legislador de que esta doença provoca na realidade a inviabilização do exercício do direito de férias.

Em boa verdade, a suspensão do gozo de férias já iniciado e o adiamento do período de férias, apesar de constituírem excepções ao princípio da continuidade, surgem por força da própria fundamentação deste princípio, porquanto criadas no respeito pela efectividade do direito a férias, reforçando-a. O legislador admite nestas normas que o trabalhador não se encontra nas condições mínimas para exercer na íntegra e substancialmente o seu direito a férias, para atingir as respectivas finalidades de repouso e descanso físico e psicológico e, só por isso, permite a alteração do período marcado.

Ora, se é também o princípio da efectividade que atribui ao trabalhador o direito a suspender o gozo de férias (porque doente não as poderá gozar materialmente), bem como o direito a adiar o período marcado (porque impedido de o iniciar e de gozar o direito), duvidamos da bondade e da justiça deste preceito se entendido como norma verdadeiramente excepcional que presume inilidivelmente que só a doença pode provocar suspensão do gozo das férias por inviabilização do mesmo, e não outros impedimentos do trabalhador.

O respeito pelo princípio da efectividade e realização do direito a férias impõe uma interpretação diferente, que, designadamente, permita a integração de outras situações como factos suspensivos do gozo das férias, desde que análogas à doença na sua qualidade de potenciadoras dos mesmos resultados ou danos na efectivação da integridade do gozo. A substância do inaproveitamento das férias assume primordial relevo na busca do sentido da norma, na sua aplicação e na sua concretização, pelo que importa ponderar se uma razão concreta que impede o trabalhador durante o gozo das férias, não provoca neste o mesmo efeito da doença, inviabilizando o exercício material do direito.

Existem na realidade outras circunstâncias, já relevadas pelo direito do trabalho a esse propósito, que dão origem a semelhantes ou mesmo idênticas situações de impossibilidade física e psicológica do aproveitamento das finalidades do direito a férias. Essas situações encontram-se, nomeadamente, previstas como algumas das justificações das faltas no art. 225.º, n.º 2:[15] 1) cinco dias consecutivos pelo falecimento do cônjuge,

---

[15] Porque podem ocorrer normalmente no período de férias, são imprevisíveis, e não se encontram dependentes de decisão ou vontade prévia do trabalhador. As justi-

parente ou afim no primeiro grau na linha recta, ou pessoa que viva em união de facto ou economia comum com o trabalhador, e dois dias consecutivos pelo falecimento de outro parente ou afim na linha recta em ou segundo grau da linha colateral – arts. 225, n.º 2, al. b) e 227.º; 2) impossibilidade de prestar trabalho devido a facto que não seja imputável ao trabalhador, nomeadamente, cumprimento de obrigações legais – art. 225.º, n.º 2, al. d); 3) prestação de assistência inadiável e imprescindível a membros do agregado familiar – arts. 225.º, n.º 2, al. e), 40.º, 41.º, 42.º, 44.º e arts. 202.º a 204.º da Regulamentação.[16]

Contudo, a aplicação do art. 225.º só poderá ter lugar através da figura da analogia, já que o regime das faltas justificadas não se aplica ao período das férias, porque durante este período não se encontra activo o dever de assiduidade e as faltas representam a violação deste dever. Não estando o trabalhador obrigado a comparecer ao serviço porque está de férias, a ausência ao local de trabalho é uma situação lícita, pelo que não pode esse dever ser violado e não pode o trabalhador cometer uma falta.[17] A analogia justifica-se porque, sendo a regra imposta pelo princípio de efectividade do direito a férias, ela pode ser recolhida no regime

---

ficações previstas do art. 225.º, n.º 2, que não se enquadram nesta caracterização são: o casamento; a prestação de provas em estabelecimento de ensino nos termos do regime do trabalhador estudante; a deslocação à escola para ponderação da situação educativa do menor; as eleições para as estruturas de representação colectiva; as eleições para cargos públicos; as autorizadas ou aprovadas pelo empregador (estas últimas, salvo acordo das partes).

[16] De facto, não é difícil imaginar que o falecimento do cônjuge, do parente ou do afim, no primeiro grau da linha recta, pode afectar de tal modo o estado psíquico e até físico do trabalhador que este, pelo menos durante os cinco dias, se sinta impossibilitado de gozar verdadeiramente as férias. A tristeza, a ansiedade, o desânimo, a saudade e até todas as diligências, preocupação e tempo que envolvem a preparação e participação nas cerimónias fúnebres, não criam as condições adequadas, ou sequer mínimas, para o trabalhador poder usufruiu da sua margem de disponibilidade pessoal e repousar física e psicologicamente do trabalho.

[17] A situação de gozo de férias, não obstante consubstanciar um interrupção da prestação de trabalho, corresponde tecnicamente, todavia, a uma situação equiparada à suspensão do contrato de trabalho relativamente à posição do trabalhador. Também durante as férias se encontram paralisados os direitos do trabalhador directamente relacionados com a prestação efectiva de trabalho, nomeadamente o de assiduidade e pontualidade e de diligência. Em consequência, sobre distinção entre suspensão e faltas justificadas, remetemos para o nosso *O Absentismo antes e depois do Código do Trabalho*, cit., 280-287.

das faltas justificadas, já que também no art. 219.º o trabalhador informa o empregador sobre um motivo justificativo do incumprimento regular do contrato de trabalho.

Entendemos, por conseguinte, que a norma do art. 219.º e o texto deste preceito legal não impedem que outras situações ou impossibilidades do trabalhador, se possam entender como factos suspensivos do gozo das férias, desde que verificados os mesmos pressupostos que justificaram a opção legal pela doença. O legislador não previu um único e exclusivo facto suspensivo do gozo, mas apenas o presumiu, cremos que de forma inilidível, como impeditivo da efectivação do direito de férias.[18]

---

[18] Entendemos que existe uma presunção legal e que esta é inilidível, em termos de direito constituído, não obstante defendermos, em termos de direito a constituir, que o mais correcto seria a previsão de uma presunção meramente ilidível, atento o princípio da efectividade do direito a férias. Esta conclusão resulta da análise conjunta do regime que regula o processo de verificação da situação de doença, bem como das dificuldades próprias da prova da adequação da doença ao trabalho desenvolvido pelo trabalhador, sempre extremamente reduzidas atento o sigilo médico e até as dificuldades sentidas pelos médicos ao opinarem sobre o reflexo da doença sobre o trabalho efectivo do trabalhador. Assim, pensamos que, para o legislador, qualquer doença, desde que em abstracto impeditiva do gozo de férias, vale como factor de suspensão das férias, ainda que naquele caso em particular o trabalhador não tenha ficado afectado com essa gravidade. O que depois, em sede de processo de verificação da doença, pode ser invocado pelo empregador, é o facto de o trabalhador vir no futuro a deixar de estar doente, e não uma opinião médica que retroage à data da invocação da doença, por ausência de prova adequada nesta data. No segundo parecer médico sobre o estado de saúde do trabalhador, obtido no âmbito deste procedimento, o que se demonstra é apenas a existência ou inexistência de doença do trabalhador e não a adequação desta ao gozo de férias, por falta de determinação expressa legal nesse sentido, por força do sigilo médico que protege a especificação da doença e na incerteza do que se deva entender, em termos médicos, por adequação ao gozo de férias (ideia distinta daquela que actua já como referência nos pareceres médicos apresentados a propósito da doença como impedimento ao trabalho: nesta, a doença deve constituir impossibilidade da execução do trabalho, naquela, a doença deve constituir impossibilidade de o trabalhador repousar, ou mais genericamente, de atingir as finalidades do direito a férias – o que, na ausência de critérios objectivos, é alargada de forma automática a todo o tipo de doença, revelando-se, em regra, inútil a qualificação da presunção como ilidível). De acordo com o regime em análise, a presunção legal no sentido de a doença impedir o efectivo gozo das férias e constituir um facto suspensivo do mesmo, inutiliza qualquer prova que o empregador venha a produzir em tribunal, sobre a inadequação daquela particular doença ao gozo das férias, consideradas as circunstâncias especiais do trabalhador. Em sentido contrário, as doutrina e jurisprudência italianas postulam uma mera presunção ilidível, porque defendem que é lícita a prova de casos de

Deste modo, admitimos que o trabalhador pode informar o empregador sobre outras situações que se entendam adequadas à inviabilização do gozo de férias, designadamente as que preenchem as previsões legais do art. 225.º, n.º 2, acima identificadas.

Não obstante, esta informação deve respeitar, de forma adaptada, as fortes exigências de prova e de comprovação da mesma, previstas em particular no art. 219.º, n.ᵒˢ 3 a 9. Assim, se o empregador solicitar o comprovativo da informação prestada, deve entender-se que a prova deve ser plena e completa, fornecendo, na medida do possível, a demonstração de todas as características exigidas para a ponderação das consequências do invocado facto no gozo de férias por aquele trabalhador em concreto, de modo a que o empregador possa tomar uma decisão fundamentada.[19]

Todavia, pode revelar-se extremamente difícil para o empregador avaliar da natureza análoga à doença, presentes tão só o relato do sucedido e o comprovativo apresentado pelo trabalhador. Se pode ser relativamente fácil avaliar como análoga à doença a prestação de assistência inadiável a membros do agregado familiar (nomeadamente porque as exigências probatórias já decorrem da lei e os pressupostos típicos delimitam os casos previstos), já quanto a situações de falecimento de certos

---

desadequação concreta da doença invocada pelo trabalhador ao real impedimento das férias, isto é, de compatibilização da doença com o gozo das férias. Esta interpretação é, ao contrário do que acontece na nossa ordem jurídica, expressamente permitida pelo regime legal aplicável. Cfr., vg., CHIARA MANCINI, *Ancora sul concetto di malatia idonea a interrompere il decorso delle ferie*, RDIL, ano XX, 2001, n.º 4, parte II, 723-725, 724; CARO, *Incompatibilità fra fruizione delle ferie e terapia termale e risoluzione del conseguente conflitto di interessi*, RIDL, ano XVII, 1998, n.º 2, parte II, 297; LARA LAZZERONI, cit.; ANNALISA ROSIELLO, cit.. LARA LAZZERONI, cit., refere mesmo, a propósito de um caso de doença que exige uma terapia termal, que a doença obsta ao gozo das férias quando impede a função regenerativa da energia psicofísica do trabalhador, típica do repouso em férias, o pleno desenvolvimento da personalidade do trabalhador que se realiza com a crescente valorização do tempo livre. Assim entendida de forma tão lata no nosso regime, rara seria a doença declarada que não provocasse estas consequências.

[19] Devem ser apresentadas as provas legalmente admissíveis para certos factos invocados como, por exemplo, certidão de óbito para o falecimento; certidões do registo civil para a relação do cônjuge, do parente e do afim, bem como do membro do agregado familiar, com o trabalhador; declaração da junta de freguesia para atestar a integração no agregado familiar do trabalhador; atestado médico da necessidade de prestação inadiável e imprescindível a membro do agregado familiar e declaração de que os outros membros do agregado familiar não faltaram pelo mesmo motivo ou estão impossibilitados de prestar assistência (art. 203, n.º 4, da Regulamentação).

Breves Considerações Sobre Alguns Aspectos do regime do Direito de Férias

parentes ou afins, mesmo no primeiro grau em linha recta, as dúvidas surgem por força da concreta atenuação da ligação pessoal do trabalhador a essas pessoas. Nesses casos, entendemos que valem como reforço dessa qualificação o facto desses parentes ou afins integrarem o agregado familiar do trabalhador. De qualquer modo, informada a situação, cabe ao empregador invocar essas situações como factos impeditivos da força suspensiva do impedimento alegado pelo trabalhador para efeitos do art. 219.º, e compete a este afastá-las, reiterando a alegação inicial.[20]

2. A não violação do limite dos 30 dias (art. 212.º, n.º 4) através da legítima cumulação de férias (art. 215.º)

Nos termos do art. 212.º, n.º 4, o trabalhador encontra-se impedido de gozar, no ano seguinte ao ano da sua contratação e conjugando o direito a férias vencido em ambos os anos civis, mais do que trinta dias úteis de férias, sem prejuízo do disposto em instrumento de regulamentação colectiva de trabalho.

Por esta via, pretende o legislador laboral promover o gozo efectivo do direito a férias durante o ano do seu vencimento. O trabalhador, como não pode adiar o gozo de mais do que oito dias de férias vencidos no ano da contratação,[21] para o ano seguinte, tenta evitar a perda do eventual

---

[20] No entanto, estamos conscientes de que a apresentação de atestado médico invocando doença, representa a via mais fácil, segura e objectiva para o trabalhador comprovar junto do empregador os efeitos causados pelo falecimento de parente ou afim, principalmente os efeitos físicos, mas igualmente as repercussões psicológicas. Acontece que se o referido falecimento impede verdadeiramente o trabalhador de gozar as suas férias, muito dificilmente este terá presença de espírito ou condições de saúde para solicitar de imediato a presença de um médico que possa comprovar desde a data do falecimento a prevista doença do trabalhador. Não o fazendo desde logo, o trabalhador arrisca-se a não conseguir comprovar esse seu estado impeditivo do gozo de férias, junto do empregador. A ora defendida aplicação do regime da doença previsto no art. 219.º a análogas situações reguladas já como justificações de faltas, apenas propõe um critério objectivo no respeito pela segurança jurídica e concretização da efectividade do direito a férias, afastando a eventual insegurança do trabalhador manifestada aquando da apresentação do comprovativo sobre aquelas justificações, na dúvida sobre a qualificação destas como facto suspensivo do gozo das férias.

[21] No pressuposto de que no ano seguinte se vencem os mínimos vinte e dois dias úteis de férias, e na medida em que, deduzidos estes vinte e dois dias dos trintas dias impostos pelo art. 212.º, n.º 4, só restam oito cujo gozo pode ser adiado para o ano seguinte.

exercício efectivo do direito a, no máximo, doze dias de férias vencidas no ano da contratação,[22] solicitando ao empregador o respectivo gozo nesse mesmo ano.[23]

Entendemos este limite, porém, apenas como um mero limite legal de gozo dos dias de férias, não constituindo um impedimento reportado ao direito a férias que o sustenta e cujo vencimento assenta noutra base legal (art. 212.º, n.º 2). Sendo o texto legal expresso nesse sentido, sempre que o trabalhador perder o direito a gozar dias de férias vencidos no ano da contratação, por força do disposto no art. 212.º, n.ºs 2 e 3, não perde definitivamente o direito a esses dias de férias já vencidos. Impedido que esteja de os gozar, assiste-lhe, contudo, o direito a ser por esse facto compensado através do pagamento dos valores correspondentes à retribuição e ao subsídio de férias proporcional aos dias de férias não gozados, aplicando analogicamente o art. 221.º, n.º 2.

A regra impõe-se por força da irrenunciabilidade, ou indisponibilidade, do direito a férias (art. 211.º, n.º 3), principalmente quando o limite se aplica por força da natureza das regras de funcionamento do art. 212.º, n.º 2. Existem, pois, situações em que o trabalhador nunca tem a possibilidade legal de gozar, na íntegra, os dias de férias vencidos no ano da contratação, porque a data do seu vencimento, decorrido o período de espera de 6 meses, acontece sempre no ano seguinte. E como essas situações começam a ter lugar nas contratações outorgadas depois do primeiro dia do mês de Julho, inclusivé, é bastante provável a perda de quatro dias de férias por facto manifestamente inimputável a qualquer das partes, porque é legalmente admissível o vencimento de doze dias de férias apenas em Janeiro do ano seguinte.

No entanto, este limite pode ser legalmente contornado ou evitado, através do acordo das partes ou nos casos excepcionais em que o traba-

---

[22] Como o trabalhador não pode gozar mais do que vinte dias úteis de férias no ano da entrada ao serviço (art. 212.º, n.º 2), e não pode adiar o gozo de mais do que oito dias de férias vencidos nesse ano, para o ano seguinte (art. 212.º, n.º 4), se não gozar aqueles vinte dias no ano em que se vencem, perde o gozo de doze (deduzindo-se oito de vinte).

[23] Porque, como defende a doutrina, se a não marcação das férias no ano da entrada ao serviço for imputável ao empregador, o limite dos trinta dias não se aplica, assistindo ao trabalhador o direito à excepcional cumulação de gozo de férias no ano subsequente ao ano da contratação. Cfr. ROMANO MARTINEZ, MONTEIRO, VASCONCELOS, MADEIRA DE BRITO, DRAY, GONÇALVES DA SILVA, *Código do Trabalho anotado*, 3ª ed., Almedina Ed., Coimbra, 2005, 402.

lhador pretende gozar as férias com familiares residentes no estrangeiro, ao abrigo das excepções previstas para o princípio da proibição da cumulação de férias, no art. 215.º.[24]

A regra do gozo das férias estabelece que o mesmo deve ocorrer no decurso do ano civil em que o respectivo direito se vence (art. 215.º, n.º 1). Porém, o legislador admite dois tipos de excepções: a) o adiamento da totalidade do período de férias vencido num ano, durante o trimestre do ano seguinte (art. 215.º, n.º 2); b) o adiamento de metade do período de férias vencido em certo ano, durante todo o ano subsequente (art. 215.º, n.º 3).

Enquanto a segunda excepção só nasce de um acordo das partes, a primeira pode, também, ser reclamada pelo trabalhador junto do empregador como um direito subjectivo, verificados os pressupostos aí previstos, isto é, a pretensão do trabalhador gozar as férias com familiares residentes no estrangeiro.

Assim, conjugando as duas previsões legais, do art. 212.º, n.º 4, e do art. 215.º, n.ᵒˢ 2 e 3, o limite de gozo dos trinta dias pode ser contornado por duas vias, ambas objecto do acordo entre empregador e trabalhador: a) ou estes decidem adiar o gozo dos vinte e dois dias de férias vencidos no primeiro dia de Janeiro do segundo ano da contratação, para o primeiro trimestre do terceiro ano; b) ou ajustam o adiamento de apenas onze desses vinte e dois dias vencidos em Janeiro do segundo ano da contratação, para qualquer momento daquele terceiro ano.

Se as partes optam pela primeira hipótese, podem adiar o gozo de todos os dias de férias vencidos no ano da contratação, para o ano seguinte, na medida em que neste segundo ano já não existem férias a gozar, pelo que o limite de trinta dias não se preenche. Se as partes decidem a segunda alternativa, apenas podem protelar no tempo (para o segundo ano a seguir ao ano da contratação) dezanove dias vencidos no ano da entrada do trabalhador ao serviço. Isto porque, dos vinte e dois dias vencidos em Janeiro do segundo ano seguinte ao ano da contratação, as partes apenas adiaram onze para o terceiro subsequente, restando no ano anterior (segundo ano após o ano da entrada ao serviço) o gozo de onze dias. Nesta hipótese, o limite de gozo de trinta dias neste segundo ano subsequente ao ano da contratação, é atingido adicionando a esses onze dias os dezanove vencidos no ano da entrada ao serviço.

---

[24] Além da previsão convencional em sentido diverso, como dispõe o art. 212.º, n.º 4, *in fine*, norma, por isso, apenas convénio dispositiva (art. 5.º).

Inexistindo acordo do empregador, sempre pode o trabalhador, se pretender gozar as férias com familiares no estrangeiro, invocar junto aquele, o exercício do direito ao adiamento da totalidade dos dias de férias vencidos no ano da contratação, para o primeiro trimestre do ano subsequente, o que afasta completamente o limite dos trinta dias, sendo possível ao trabalhador gozar na íntegra, no segundo ano subsequente ao ano da entrada ao serviço, todos os dias de férias vencidos neste.

3. Direito à majoração de férias e os "meios dias" referidos no art. 213.º, n.º 3

3.1. *Breve definição da regra legal*

O direito à majoração de férias ou ao aumento da duração do período de férias a que o trabalhador tem direito, vence-se também no primeiro dia do mês de Janeiro de cada ano, verificados que estejam os seus pressupostos ou condições legais, concretizados na ausência da prática de faltas injustificadas e no cometimento de faltas justificadas até ao limite máximo de três, ou "seis meios dias" (art. 213.º, n.º 3).[25]

Este direito varia em termos quantitativos e inversamente, consoante o número de faltas justificadas cometidas ou ausências justificadas praticadas: o trabalhador tem direito a mais três dias de férias se tiver praticado, no máximo, até três faltas ou "seis meios dias"; tem direito a

---

[25] A data do vencimento do direito à majoração de férias coincide com a regra geral do vencimento das férias no dia 1 de Janeiro de cada ano, prevista no n.º 1 do art. 212.º, porque este pressupõe a regra geral do reporte do direito a férias ao trabalho prestado no ano civil anterior (art. 211.º, n.º 4), concretizando o princípio de anualização do direito a férias, não afastado pelo art. 213.º, n.º 3. Este preceito reforçou esse reporte ao ano anterior e à anualização das férias através da expressão "no ano a que as férias se reportam". Para maiores desenvolvimentos sobre este preceito legal e esta nova figura do Código do Trabalho, cfr., vg., o nosso *O Absentismo antes e depois do Código do Trabalho*, cit., 312-318; ROMANO MARTINEZ, MONTEIRO, VASCONCELOS, MADEIRA DE BRITO, DRAY, GONÇALVES DA SILVA, cit., 402-405; LEAL AMADO, *O art. 213.º do Código do Trabalho e a duração das férias (breves reflexões)*, Questões Laborais, ano XI, 2004, n.º 24, 170-176; LIBERAL FERNANDES, *Observações sobre o regime de férias*, Maia Jurídica, ano II, 2004, n.º 2, 67-70.

Breves Considerações Sobre Alguns Aspectos do regime do Direito de Férias 95

mais dois dias de férias se tiver, no máximo, até duas faltas ou "quatro meios dias"; e a mais um dia de férias se tiver, no máximo, uma falta ou "dois meios dias"; nos termos do art. 213.º, n.º 3, als. a), b) e c).

O legislador pretendeu, por conseguinte, combater o absentismo e premiar o bom cumprimento do dever de assiduidade pelo trabalhador, através de uma compensação proporcional concretizada na atribuição de um valor acrescentado a título de duração do período de férias, atribuindo mais dias de férias a que em concreto o trabalhador teria direito, não fosse o art. 213.º, n.º 3.[26]

3.2. *Ponderação da assiduidade intermédia e da assiduidade equiparada*

Na concretização da proporcionalidade entre as férias majoradas e a assiduidade apurada, relevamos dois aspectos da técnica jurídica utilizada pelo Código no art. 213.º, n.º 3, no que se refere ao cumprimento da assiduidade: a) o recurso a uma lógica de definição de pata-

---

[26] Se o sentido político-legislativo da criação da norma não deixa dúvidas, as consequências jurídicas do produto dessa criação abre portas a entendimentos tão opostos que arriscam a contradição, não fora o destaque da distinção das duas perspectivas com que pode ser encarado, como esclarece desenvolvidamente LEAL AMADO, cit., 170-171. No seguimento deste autor, este direito tanto pode ser abordado, "ora como um prémio, ora como uma punição, ora como uma recompensa, ora como uma sanção". Na realidade, pensamos ser difícil não entender que o direito à majoração de férias se integra automaticamente na esfera jurídica do trabalhador apenas sob a condição da verificação dos requisitos previstos no art. 213.º, n.º 3, relacionados com a assiduidade. Nessa medida, se a criação da norma se justificou à luz do incentivo positivo da assiduidade, o certo é que, depois disso, a norma passou a atribuir um direito acrescido aos trabalhadores, embora de condicional vencimento, o que arrisca a qualificação dessa atribuição como prémio. Na prática, assumem maior relevo os efeitos negativos da eventual não verificação dos condicionalismos do vencimento do direito, sobretudo quando é alargado o leque de faltas que impedem a majoração, reforçando a ideia de que o direito à majoração funciona como um castigo dirigido aos trabalhadores faltosos. Sobre o relevo destas duas perspectivas a propósito do início da produção de efeitos do art. 213.º, n.º 3, (se em 1/1/04, se apenas em 1/2005), bem como da análise das faltas impeditivas da majoração, cfr., o nosso *O Absentismo antes e depois do Código do Trabalho*, cit., 313-318 e, *maxime*, em demorada crítica sobre este último aspecto, LEAL AMADO, *O art. 213.º do Código do Trabalho e a duração das férias (breves reflexões)*, cit., 171-176.

mares crescentes ou de *plafons* com máximos integrados; b) a criação de uma equiparação entre faltas justificadas e "meios dias" de ausências justificadas.

Esta equiparação decorre manifestamente da lei através da utilização da conjunção alternativa "ou", que procede a uma equivalência das duas preposições que a seguem e a antecedem imediatamente. Para o legislador e presentes os efeitos da atribuição do número de dias de férias aumentados, é irrelevante a distinção técnico-jurídica rigorosa entre a prática de uma falta e a ausência a dois meios dias, já que o Código lhes atribuiu as mesmas consequências jurídicas. Assim, nos termos do art. 213.º, n.º 3, a ausência a dois "meios dias", independentemente do que se entenda por "meio" e por "dia", corresponde exactamente ao cometimento de uma falta, para os efeitos aí previstos.

Em relação ao primeiro dos aspectos salientados, a previsão no Código de fases delimitadas por máximos integrados, permite concluir que o número de dias de férias majoradas diminui gradualmente com o aumento da assiduidade praticada dentro da margem definida para cada patamar e constante das várias alíneas do art. 213.º, n.º 3. Esta margem de variação sustenta a ideia de assiduidade relativa entre patamares, ou seja, praticada entre fases definidas por referência a valores determinados.

Com efeito, não impede o direito ao número de dias de férias atribuído a certa fase, o facto de um trabalhador ter praticado uma assiduidade menos grave do que o máximo permitido nessa fase, mas mais grave do que o máximo permitido na fase imediatamente anterior. Esta assiduidade relativa assume, portanto, uma gravidade inferior ao grau inerente aos máximos estabelecidos para cada patamar. Por essa razão, porque além de relativa, esta assiduidade assume valores inferiores aos constantes dos máximos que desenham os limites das três fases típicas, preferimos designá-la por assiduidade intermédia.

Assim, num primeiro patamar que concede o aumento das férias em três dias, o trabalhador pode, no máximo, ou ausentar-se justificadamente durante dois "meios dias", ou cometer uma falta justificada. Por conseguinte, não impede o referido aumento o cumprimento da assiduidade de forma menos grave do que a referida no art. 213.º, n.º 3, al. a), isto é, a prática da assiduidade intermédia. Assim, mantendo o direito a três de férias, o trabalhador pode ausentar-se justificadamente até um dia de falta ou dois "meios dias", o que viabiliza e incluiu a ausência justificada do trabalhador a apenas um "meio dia".

Porém, além desta assiduidade intermédia, o esquema legal do art. 213.º, n.º 3, concretizado nas duas fases seguintes, permite ainda detectar, na sequência da referida equivalência de uma falta a dois "meios dias", um assiduidade equiparada ou de idêntica gravidade, sustentada num raciocínio puramente matemático. Nestes termos, se uma falta corresponde a dois "meios dias", é porque duas faltas correspondem, tanto a quatro "meios dias", quanto a uma falta acrescida de dois "meios dias"; e também porque três faltas equivalem, não apenas a seis "meios dias", como a uma falta acrescida de quatro "meios dias", como, ainda, a duas faltas acrescidas de dois "meios dias". Esta assiduidade equiparada permite, pois, fazer corresponder várias outras situações ao mesmo nível de gravidade exigido pelos máximos, igualando-os.

Vejamos o que se passa de forma exemplar no segundo patamar que atribui dois dias de férias majoradas. Conforme dispõe o art. 213.º, n.º 3, al. b), o trabalhador pode, no máximo, ou ausentar-se justificadamente durante quatro "meios dias", ou cometer duas faltas justificadas. Perspectivando de outra forma a mesma conclusão, o trabalhador pode ausentar-se justificadamente até duas faltas ou até quatro "meios dias".

Deste modo, o trabalhador mantém o direito a este aumento, em dois casos menos graves e, portanto, de assiduidade intermédia: não apenas quando se ausenta justificadamente durante "três meios dias", mas também quando comete uma falta justificada e se ausenta justificadamente durante um "meio dia".

A assiduidade equiparada acrescenta a estes casos mais uma hipótese com a mesma gravidade daquela identificada no máximo referido, como já adiantado acima: a prática de uma falta justificada, acrescida de uma ausência justificada a dois "meios dias".

Por fim, no terceiro patamar que atribuiu apenas um dia de férias, o trabalhador pode, no máximo, ou ausentar-se justificadamente durante seis "meios dias", ou cometer três faltas justificadas. Isto é, o trabalhador pode ausentar-se justificadamente até praticar três faltas ou até perfazer seis "meios dias".

Pelas razões adiantadas quanto ao patamar anterior, o trabalhador continua a ter direito a mais esse dia de férias, ainda que pratique uma assiduidade intermédia porque de menor gravidade, ou uma assiduidade equiparada por força da correspondência entre faltas e "meios dias". Quanto à primeira, admitimos as seguintes situações: a) a ausência justificada do trabalhador durante cinco "meios dias"; b) a prática de uma falta justificada (que corresponde a dois "meios dias"), acrescida da ausência justificada durante três "meios dias" (num total de cinco "meios dias"); c) o cometimento de duas faltas justificadas (que correspondem a quatro "meios dias"), acrescidas da ausência justificada a um "meio dia" (num total de cinco "meios dias"). No respeitante à assiduidade equiparada, consideramos os dois casos possíveis já acima referidos como exemplo: o cometimento de uma falta justificada, acrescida da ausência justificada a quatro "meios dias"; e a prática de duas faltas justificadas, acrescidas da ausência justificada a dois "meios dias".

3.3. *As questões em aberto relativas à definição dos "meios dias"*

Ao equiparar, no art. 213.º, n.º 3, a prática de uma falta justificada a dois "meios dias", o Código deixou por definir a noção de "meios dias" para estes efeitos, já que em lugar nenhum daquele diploma se encontra qualquer referência a essa expressão.

Curiosamente, o legislador poderia ter optado por densificar melhor o seu conteúdo, qualificando o "meio dia" como falta e referindo uma designação diferente como, por exemplo, "meio dia de falta", ou "meia falta". Sintomaticamente, não o fez.

Teria sido, ainda, possível ao legislador seguir um objectivo mais informativo e pedagógico na elaboração do texto legal, como aconteceu em muitas outras normas do Código, explicando, nomeadamente, que os referidos meios dias correspondem a tempo de ausência e optando por designações semelhantes a "meio dia de ausência" ou "ausência a meio dia de trabalho".

Além disso, em terceiro lugar, apesar de prever no art. 213.º, n.º 3, situações relacionadas com as ausências ao trabalho e com o específico regime das faltas, o Código não se referiu à consequente forma de aplicação deste regime, o que suscita dúvidas relacionadas, mormente, com a viabilidade de concretizar os referidos "meios dias", de falta ou não, através do processo de soma de ausências parciais previsto no art. 224.º, n.º 2. Fica, pois, por interpretar, se esses "meios dias" implicam ausências curtíssimas somadas, ou apenas ausências parciais seguidas.

Por fim, de sublinhar um quarto aspecto. Independentemente de optar por relacionar o "meio dia" com as faltas ou com as ausências, o legislador do Código também deixou em aberto a localização desse meio dia no seio do próprio dia, falta ou período normal de trabalho, consi-

Breves Considerações Sobre Alguns Aspectos do regime do Direito de Férias 99

derando uma divisão igualitária ou desigual. Questiona-se, pois, a este propósito, se o "meio dia" referido no art. 213.º, n.º 3, corresponde exactamente a uma manhã ou a uma tarde, independentemente de a duração concreta do período normal de trabalho diário ser dividido em partes iguais ou diferentes pelo intervalo para almoço; ou se abrange também as metades do dia começadas em qualquer momento deste, por referência à divisão matemática daquele período normal.

3.4. *Noção técnica de falta e soma das ausências parciais, justificadas e injustificadas*

No que concerne às duas primeiras questões sublinhadas, compreendemos apenas a relativa à omissão da expressão "meio dia de falta" ou "meia falta", atenta a noção técnica e legal de falta. Já quanto à segunda questão, pensamos que teria sido útil uma clarificação de dúvidas antecipadas pelo legislador, através do reporte dos meios dias às ausências parciais justificadas.

Uma falta corresponde à ausência física do trabalhador a todo o período normal de trabalho diário devido.[27] Só a prática de uma falta nesses termos produz os efeitos jurídicos que o Código prevê, designadamente, os previstos no art. 230.º para as faltas justificadas e os previstos no art. 231.º para as faltas injustificadas.[28] A estes três tipos de efeitos clássicos das faltas (desconto retributivo, desconto na antiguidade e reflexos disciplinares) o Código acrescentou um quarto, relativo ao impedimento da majoração do direito a férias.

---

[27] Cfr., com maiores desenvolvimentos, o nosso *O Absentismo antes e depois do Código do Trabalho*, cit., 270-276.

[28] Nos termos do art. 230.º, n.º 1, a regra para as faltas justificadas é de não determinação da perda ou do prejuízo de quaisquer direitos do trabalhador, salvo o desconto retributivo previsto excepcionalmente no art. 230.º, n.º 2, relativamente aos casos previstos nas respectivas alíneas (por doença desde que o trabalhador beneficie de um regime da Segurança Social na protecção da doença; por acidente de trabalho desde que o trabalhador tenha direito a qualquer subsídio ou seguro; previstas em legislação avulsa se superiores a 30 dias; autorizadas ou aprovadas pelo empregador). Conforme dispõe o art. 231.º, a prática de faltas justificadas implica, conjuntamente, desconto na retribuição e na antiguidade e efeitos disciplinares. Cfr. o nosso *O Absentismo antes e depois do Código do Trabalho*, cit., 294-296.

E como em relação aos outros tipos de efeitos o Código não previu alguma hipótese de produção proporcional automática pelo cometimento de uma ausência inferior a uma falta, também em relação a este efeito inovador foi necessário o art. 213.º referir expressamente que o impedimento da majoração podia funcionar pela prática de uma ausência parcial correspondente a "meio dia", desde que verificada pelo menos três vezes. De outra forma, também só a prática de uma falta a todo o período normal de trabalho diário, poderia suscitar a produção dos efeitos previstos no art. 213.º, n.º 3.

Foi, portanto, deliberada, a distinção feita pelo legislador entre faltas e "meios dias", criando distintas figuras que se tocam no carácter justificado da ausência. Enquanto falta corresponde à ausência a todo o período normal de trabalho diário devido, o "meio dia" abrange todas as outras situações residuais (ausências inferiores à duração total desse período), desde que atinjam a duração equivalente a "meio dia". Este "dia", por seu lado, deve ser considerado como período normal de trabalho, já que o reporte à noção de falta, isto é, considerar como "meio dia de falta" ou "meia falta", conduz à mesma conclusão, embora através de um processo incorrecto, na medida em que não existem, em termos técnico-jurídicos, a figura das "meias faltas", mas apenas ausências parciais.

Deste modo, correspondendo o "meio dia" a uma ausência parcial, porque inferior ao período normal de trabalho diário devido mas equivalente a metade deste, surge a necessidade de resolver o terceiro aspecto referido a propósito da possibilidade de soma das ausências parciais. Neste, questiona-se sobre a forma como são concretizadas as ausências de modo a serem atingidos os "meios dias", isto é, se podem ou não ser ausências parciais ou curtas, somadas a outras de modo a atingir uma totalidade equivalente a meio período normal de trabalho diário devido.

Para tanto, convém reflectir sobre esta possibilidade legal de soma.[29] Nos termos do art. 224.º, n.º 2, as ausências inferiores ao período de trabalho devido, são adicionadas para determinação dos períodos normais de trabalho diário em falta, justificada ou injustificadamente. Assim, por exemplo, mesmo que a ausência a quatro ou cinco horas, não preencha a noção de falta, o empregador pode registar essa ausência parcial e somar todas as futuras ausências parciais, de modo a conseguir atingir um número total igual ou superior ao número de horas do período de trabalho normal diário devido por aquele trabalhador em concreto.

---

[29] Cfr., idem, ibidem, 271-272, 298.

Breves Considerações Sobre Alguns Aspectos do regime do Direito de Férias   101

A partir desse momento, mas só nessa altura, o empregador pode marcar uma falta e invocar os respectivos efeitos jurídicos.[30] Por esta razão, a lei impede que o empregador possa fazer uso desses efeitos quando ainda não tenha sido cometida uma falta, isto é, quando apenas tenha sido praticada uma ausência parcial.[31] Nesses casos, o empregador deve aguardar que ocorram outras ausências parciais no futuro, de modo a ser alcançado o número total de horas do período de trabalho normal diário do trabalhador em causa.

Já quanto ao tempo que pode o empregador aguardar por futuras ausências parciais, a fim de somá-las às ausências parciais já verificadas, a resposta varia consoante os efeitos invocados. Para os efeitos gerais das ausências justificadas na retribuição e na antiguidade, entendemos não existirem prazos relevantes, designadamente de caducidade ou prescrição da potencial qualificação da ausência parcial como falta. Nos termos do art. 381.º, n.º 1, o direito do empregador proceder à soma, não prescreve durante a vigência do contrato de trabalho, pelo que se podem adicionar ausências intercaladas por anos.

No que se refere aos efeitos disciplinares, pensamos que o art. 372.º estabelece um limite imperativo à valoração dos comportamentos do trabalhador para efeitos de procedimento disciplinar, razão pela qual admitimos que se aplica o prazo de um ano de prescrição e de sessenta dias de caducidade do direito de acção disciplinar, se esta se fundar em ausências parciais e na estreita medida dessa invocação.[32]

---

[30] Para as ausências parciais somadas justificadas, só excepcionalmente o Código prevê o desconto na retribuição do tempo de trabalho em falta (art. 230.º, n.º 1). Para as injustificadas, a lei prevê, além deste último, o desconto na antiguidade e os efeitos disciplinares (art. 231.º).

[31] Por isso, apesar de muito comuns, não são lícitos os descontos retributivos, feitos pelo empregador no recibo final desse mês, de ausências, justificadas ou injustificadas, com duração inferior ao período normal de trabalho diário devido, fora dos casos previstos, apenas para as ausências injustificadas, no art. 231.º, n.º 3 (por exemplo, ausências com a duração de 30 minutos, de 2 ou 3 horas, durante o período de trabalho). Como se tratam apenas de ausências parciais, o empregador deve aguardar até que o trabalhador se ausente parcialmente mais vezes, só podendo proceder ao desconto retributivo quando a lei lhe permitir a marcação de uma falta, ou seja, quando aquelas ausências atinjam a duração correspondente ao período normal de trabalho diário daquele trabalhador, ainda que de forma sucessiva através da soma.

[32] Sublinha-se o facto de as referidas ausências poderem assumir valor disciplinar autónomo das faltas, por força da aplicação da cláusula geral prevista no art. 396.º, n.º 1, e do elenco não taxativo dos indícios de justa causa previstos nas alíneas do número 3

Para os efeitos relacionados com a majoração do direito a férias, previstos *ex novo* no Código, relevam o princípio da anualização das férias e, principalmente, a finalidade do direito à majoração das férias e a forma como o art. 213.º, n.º 3, determina a sua aplicação. Assim, como a majoração pondera a assiduidade verificada no ano anterior ao do vencimento do respectivo direito, só são consideradas relevantes para estes efeitos as ausências parciais ocorridas nesse ano anterior, não se adicionando ausências parciais verificadas em anos civis distintos.[33]

Apesar de não provocar, em regra, qualquer consequência negativa em termos de direitos do trabalhador, a prática de certas faltas justificadas pode implicar o excepcional desconto retributivo (art. 230.º, n.ºs 1 e 2), pelo que este direito do empregador adicionar ausências parciais pode verificar-se igualmente útil ou adequado no que respeita às ausências justificadas, transformando várias ausências parciais justificadas em faltas justificadas não remuneradas.

Já quanto às faltas injustificadas, não apenas esta soma assume relevo, nomeadamente retributivo e na antiguidade, porque o desconto é regra, como acresce ao art. 224.º, n.º 2, a regra prevista no art. 231.º, n.º 3, que permite a invocação pelo empregador de ausências injustificadas, forçadas em relação à realidade designada.[34]

Nos termos deste último preceito, os atrasos injustificados superiores a 30m no início ou reinício da prestação de trabalho, podem ser transformados em ausências injustificadas correspondentes a parte do período normal de trabalho diário devido, desde que o empregador simplesmente recuse a prestação de trabalho. Conforme a mesma regra, os atrasos injustificados superiores a 60 minutos, no início ou reinício da

---

desse preceito. Excepcionalmente, é viável a valoração disciplinar de ausências parciais ocorridas há mais de um ano (mais uma vez enquanto ausências e não enquanto faltas), vg., nos casos de consubstanciarem um acto continuado ou reiterado (pois os prazos previstos no art. 372.º contam-se apenas a partir do último acto).

[33] De qualquer modo, como iremos concluir no ponto seguinte, a soma de ausências parciais só releva na majoração do direito a férias em relação às ausências parciais injustificadas (adicionadas até perfazerem uma falta injustificada) e não em relação às justificadas, porque estas têm que ser seguidas até atingirem o meio período normal de trabalho diário. Assim, quanto a estas, resta sublinhar que os "meios dias" relevantes só podem ser todos os verificados no ano anterior ao ano do vencimento da majoração.

[34] Entendemos que os efeitos disciplinares das faltas injustificadas são atenuados, na culpa, por força da sua prática ser apenas somada e não seguida.

Breves Considerações Sobre Alguns Aspectos do regime do Direito de Férias   103

prestação de trabalho, podem ser transformados em ausências injustificadas ao restante período normal de trabalho diário devido, desde que o empregador recuse a prestação.[35]

Em consequência, o exercício deste direito pelo empregador pode, numa só decisão, castigar duplamente o trabalhador que apenas pecou contratualmente chegando atrasando por um motivo não atendível segundo o critério do legislador estabelecido no art. 225.º: não apenas o empregador pode marcar, legal mas forçadamente, uma falta injustificada ao trabalhador (produzindo os efeitos normais de desconto na retribuição e na antiguidade e disciplinares); como, ainda, lhe pode bloquear o direito à majoração de férias na totalidade (impedindo o gozo de mais três dias de férias). Esta hipótese pode verificar-se, por exemplo, aquando de um atraso injustificado superior a 60 minutos, ou em face de um atraso injustificado superior a 30m se somado a outras ausências parciais injustificadas.[36]

---

[35] Com desenvolvimentos, cfr., o nosso *O Absentismo antes e depois do Código do Trabalho*, cit., 297.

[36] O exercício deste direito do empregador recusar a prestação não deve ser entendido, porém, simplesmente livre e discricionário, devendo respeitar os limites gerais dos direitos, incluindo os decorrentes da figura da boa fé. Entendemos que o direito foi criado como forma de tutelar uma continuidade no funcionamento da estrutura organizativa empresarial do empregador e que o art. 231.º, n.º 3, presume que esta continuidade é quebrada com atrasos injustificados de 30 (em relação a meio período normal de trabalho) e 60 minutos (em relação a todo esse período). Por essa razão, o empregador não se encontra obrigado a fazer prova do prejuízo causado pelo atraso, bastando invocar o seu direito. Porém, à luz da boa fé e do direito de informação do trabalhador (arts. 97.º, n.º 1, 98.º, n.º 2, e 119.º), entendemos que o empregador tem o dever de explicar ao trabalhador, caso este o solicite, as resumidas razões concretas pelas quais aquele entende recusar a prestação de trabalho. A mesma fundamentação legitima a viabilidade de invocação, pelo trabalhador, de eventuais intenções persecutórias, situações de abuso de direito ou discriminações, embora correndo por sua conta o ónus da respectiva prova. Esta preocupação assumiu maior relevo no Código, porquanto o impedimento da majoração acontece imediatamente na sequência da prática de uma falta injustificada, sendo perfeitamente previsível a existência de um empregador menos cumpridor dos rigores legais que força e adequa as omissões da lei aos seus interesses pessoais, ainda que ilegítimos. É possível, portanto, que esse empregador se sinta tentado a transformar atrasos injustificados em faltas injustificadas através do art. 231.º, n.º 3, apenas com o intuito de aplicar substancialmente a sanção disciplinar de perda de dias de férias [art. 366.º, al. d)], sem o legal e necessário processo disciplinar, castigando o trabalhador de uma forma ainda mais agravada pela violação dos princípios protegidos pela processualização do direito disciplinar laboral.

3.5. *Meios dias como justificadas ausências parciais seguidas e não somadas*

Presente o que genericamente se referiu supra sobre o direito do empregador invocar a soma das ausências parciais ao abrigo do art. 224.º, n.º 2, entendemos que o mesmo não pode ser aplicável ao preenchimento dos legais "meios dias" equiparados a falta.

Na realidade, a nossa fundamentação relaciona-se exactamente com esta equiparação: se fosse possível ao empregador, à luz do art. 213.º, n.º 3, obter uma ausência correspondente a um "meio dia", através de um processo de soma de ausências justificadas inferiores a esse meio dia, sempre que o empregador conseguisse atingir uma ausência com a duração de dois "meios dias", isso significaria que ele tinha também conseguido, com essa soma, identificar e marcar uma ausência correspondente a uma falta.[37] Se o legislador distingue, deve o intérprete presumir que a distinção tem sentido útil e que as duas figuras significam conteúdos diversos. E para que isso aconteça, pensamos que pode contribuir o entendimento das faltas justificadas e dos "meios dias" justificados a que se refere o art. 213.º, n.º 3, apenas como ausências justificadas ininterruptas ou contínuas, em relação às quais se encontra vedado ao empregador o direito de somar ausências parciais ou inferiores.

Se as faltas justificadas e as ausências parciais justificadas referidas no art. 213.º, n.º 3, forem entendidas, ao abrigo do art. 224.º, n.º 2, como

---

[37] Imaginemos exemplos de ausências justificadas curtas de, em regra 1 hora cada, num horário das 9h às 13h e das 14h às 18h, e um período normal de trabalho diário de 8 horas. Se essas ausências são frequentes, o empregador pode ir somando-as, nos termos do art. 224.º, n.º 2. Quando essas ausências atingem a duração equivalente a "meio dia" de trabalho, o empregador somou ao todo quatro ausências curtas e alcançou um total de quatro horas de ausências. Se, entretanto, o empregador pode continuar a somar as ausências, quando o empregador conseguir obter o segundo "meio dia" de ausência, isso significa que adicionou mais quatro horas de ausências àquelas outras já marcadas. Assim sendo, quando o empregador atinge os exigidos dois "meios dias" de ausência do trabalhador, também conseguiria, através do mesmo processo de soma, demonstrar a prática de uma falta justificada (ou a ausência a um dia inteiro e completo, integrado por dois meios dias). Não se sublinhando a proibição da soma das ausências parciais nos termos do art. 224.º, n.º 2, não existiriam razões válidas para o legislador distinguir e equiparar a prática de uma falta à ausência com a duração de dois "meios dias", como se fosse diferente o modo de ambas actuarem, porque nesse caso actuariam de forma idêntica e produziriam os mesmos efeitos.

Breves Considerações Sobre Alguns Aspectos do regime do Direito de Férias   105

não adicionáveis, já a separação legal e a contraposição feita pelo legislador do Código entre faltas e "meios dias", se entende e admite como correcta. Nesse sentido, só a ausência contínua a um período normal de trabalho diário completo implica a prática de uma falta justificada, sendo as ausências contínuas inferiores a esse período valoradas apenas se atingirem um certo número de meios períodos de trabalho, correspondendo uma falta de duração contínua, a dois meios períodos de ausência, também contínuos. Para a majoração do direito a férias, só é tão grave como uma ausência contínua a todo o período normal de trabalho diário, duas ausências contínuas a meio período normal de trabalho diário.

O objectivo desta majoração assenta numa luta positiva contra o absentismo, como já foi salientado, pelo que a figura pressupõe a prática desta realidade de forma objectiva e neutra, como simples não presenças no local de trabalho, embora justificadas, mas independentemente da motivação apresentada. Na sequência da proposta distinção entre faltas e "meios dias", para a majoração e para o respectivo impedimento fundado na assiduidade justificada, é mais grave a continuidade da ausência, a sua duração seguida, do que a frequência de curtas ausências. A assiduidade justificada só assume real factor como patologia laboral a repudiar pela norma, quando consubstancia ausências contínuas, ainda que de duração limitada a meio período de trabalho.

3.6. *Aplicação da soma das ausências parciais no caso das faltas injustificadas*

Partindo desta observação, apesar da perspectiva objectiva com que a majoração do direito de férias assume a luta positiva contra o absentismo, encontramos uma distinção real entre ausências justificadas e injustificadas para o legislador no art. 213.º, n.º 3. Desde logo, o que decorre expressamente do texto legal: a prática de uma falta injustificada impede a majoração, mas a prática de uma falta justificada viabiliza-a na sua amplitude.

Todavia, é também regra o facto de poder constituir impedimento à majoração a prática de uma ausência justificada parcial, enquanto as ausências injustificadas parciais parecem não relevar. Considerando a lei que uma verificação menor da figura da falta justificada constitui elemento impeditivo da majoração, e que uma verificação menor de falta injustificada não produz esses efeitos, a conclusão poderia ser, no mínimo, extremamente contraditória porquanto poderia resultar para o legislador mais grave o absentismo justificado do que o injustificado.

A explicação da aparente incoerência reside na forma como a prática dessas ausências é considerada pelo legislador. O art. 213.º, n.º 3, não permite a soma das ausências justificadas, como defendemos supra, mas já permite a soma das ausências injustificadas de modo a que estas atinjam o número de horas correspondente ao período normal de trabalho diário e o empregador possa marcar uma falta injustificada, o que afasta, na íntegra, o direito a dias de férias majorados.

Para o legislador, as ausências justificadas são relevantes no impedimento à majoração das férias, mas apenas quando são de duração contínua, até um período normal de trabalho diário, completo ou reduzido a metade. Quando essas ausências justificadas são de duração inferior a esses limites, não podendo ser somadas, não assumem gravidade bastante para prejudicar o direito a férias e não integram a previsão legal do art. 213.º, n.º 3.

Por outro lado, quando a assiduidade a considerar é injustificada, não apenas as ausências contínuas, como também as curtas ausências, mesmo não contínuas, são consideradas graves e impedem a majoração quando, se somadas, atingirem um período de trabalho completo. Neste caso, a especial censurabilidade que decorre automaticamente desta qualificação das faltas como injustificadas, substitui a resultante da continuidade da ausência e postula a marginalização de todas as ausências injustificadas, ainda que curtas, desde que somadas.

Por isso, a suposta comparação desfavorável entre ausências parciais justificadas relevantes no impedimento à majoração e ausências parciais injustificadas aparentemente irrelevantes, apresenta um reforço da posição oposta: as ausências parciais só são verdadeiramente relevantes no impedimento da majoração, quando são injustificadas, na medida em que neste caso podem assumir qualquer duração, sendo adicionadas até atingirem o número de horas de trabalho devidas por dia. Quando isso acontece é marcada uma falta e bloqueado o direito à majoração.[38] De modo bem distinto, as ausências parciais justificadas só excepcional-

---

[38] Esta soma sujeita-se, porém, aos limites acima referidos relacionados com o tempo que o empregador pode aguardar para somar ausências parciais: só podem ser somadas ausências verificadas no ano civil que antecede o dia um de janeiro do ano em que se vence a majoração.

Breves Considerações Sobre Alguns Aspectos do regime do Direito de Férias 107

mente assumem relevo e nunca de forma autónoma: só se forem de duração contínua igual a meio período de trabalho, ocorrerem mais de duas vezes, só afastando na íntegra o direito quando se verificam em número superior a seis.

3.7. *Consequências na atenuação do efeito impeditivo da majoração*

Esta abordagem sobre a definição dos "meios dias" referidos no art. 213.º, n.º 3, e sobre o afastamento do direito do empregador somar ausências parciais justificadas para os preencher, releva a propósito das críticas já apresentadas pela doutrina acerca da generalização da assiduidade justificada como factor de impedimento da majoração.[39] Pensamos que a mesma propõe um contributo razoável na identificação de um critério legal utilizado pelo legislador na inclusão de todas as faltas justificadas e suspensões do contrato de trabalho como potenciais impeditivos da majoração do direito de férias, salvo a excepção das licenças de maternidade, paternidade e parental, nos termos do art. 97.º da Regulamentação.

São normalmente referidas como de duvidosa inclusão na previsão do art. 213.º, n.º 3, por estarem previstas noutros preceitos do Código como equiparadas a trabalho efectivo salvo retribuição, nomeadamente, as seguintes figuras: licença para adopção [art. 50.º, n.º 2, al. a)]; assistência a netos (arts. 41.º do Código e 101.º, n.º 1 da Regulamentação); licença parental (arts. 43.º, n.ºs 1 e 2 e 101.º, n.º 1 da Regulamentação); assistência a menores [arts. 40.º e 50.º, n.º 2, als. d) e g)]; assistência a filhos deficientes [arts. 42.º e 50.º, n.º 2, als. d) e g)]; dispensa para amamentação (arts. 39.º e 50.º, n.º 2); suspensão do contrato por adesão à greve (art. 597.º, n.º 1); faltas e licenças dos trabalhadores estudantes (art. 81.º); faltas dos representantes colectivos dos trabalhadores (art. 455.º).

Assim, à excepção das licenças que duram normalmente muitos dias seguidos e que, por isso, afectam sempre a majoração, bem como

---

[39] Cfr. o nosso *O Absentismo antes e depois do Código do Trabalho*, cit., 313-318; Leal Amado, *O art. 213.º do Código do Trabalho e a duração das férias (breves reflexões)*, cit., 171-176; Liberal Fernandes, *Observações sobre o regime das férias*, cit., 67-70.

das dispensas para amamentação que duram apenas 2 horas diárias e que por isso, não impedem a majoração, todas as situações referidas supra podem, ou não, atingir uma duração total seguida de quatro horas ou meio dia de trabalho (assistência a netos, assistência a menores, assistência a filhos deficientes; suspensão do contrato por adesão à greve; faltas dos trabalhadores estudantes; faltas dos representantes colectivos dos trabalhadores).

Na verdade, a justificação ou motivo atendível invocado é perfeitamente compatível com ausências inferiores a quatro horas. Sendo na prática possível para o trabalhador, embora não ideal, satisfazer as exigências da vida familiar ou pessoal sem o prejuízo integral da vida profissional referenciada em dias, isto é, sem praticar ausências iguais ao período normal de trabalho diário, o trabalhador pode fazer esse ainda possível sacrifício de modo a manter a compensação pela majoração total das férias.

Não afirmamos que todas as já referidas justificações invocadas podem ser sempre salvaguardadas com ausências de curta duração (inferiores a quatro horas seguidas). É óbvio que muito provavelmente a maioria das formas de satisfação dos motivos atendíveis não se basta com ausências parciais e exige a prática de uma falta, e por factores alheios à vontade do trabalhador. É, no entanto, também inegável, a ocorrência de casos em que o trabalhador pode formalmente invocar uma justificação típica existente, mas em que na realidade esta não o impossibilita verdadeiramente de prestar trabalho, apenas constitui um incómodo.[40]

São estas as eventualidades que, em nosso entender, o legislador considerou como concretização da ideia de combate ao absentismo fraudulento, e que através desta norma podem ser evitadas ou, pelo menos atenuadas.[41] E pensamos ser esta a mais valia provocada pela norma do art. 213.º, n.º 3.[42]

---

[40] Sobre essa característica referenciada a propósito da suspensão, remetemos para o nosso *O Absentismo antes e depois do Código do Trabalho*, cit., 282, 284-286. O absentismo a combater, ou absentismo em sentido estrito "corresponde às situações de faltas injustificadas, *maxime* com falsos motivos, e às fraudes nas faltas justificadas e nas suspensões do contrato por impossibilidade respeitante ao trabalhador, quando as manipuláveis razões são falsas ou falseadas em conluio, ou não, com as entidades supostamente imparciais da sua comprovação, *maxime* as *baixas* por doença, alegadamente faltas justificadas ou suspensões". Idem, ibidem, 286.

[41] São bem conhecidos os casos dos trabalhadores que apresentam uma justificação verdadeira mas que na realidade dos factos esta só impossibilita realmente parte da

O facto de estas motivações, atendíveis à luz do regime das faltas e tratadas como serviço efectivo, se poderem quedar por ausências parciais de curta duração, abre uma janela à força aparentemente aglutinadora da figura da majoração no que respeita aos efeitos impeditivos desta. Afinal, existe uma possibilidade legal de, com o esforço do trabalhador e apenas em certas circunstâncias, estas justificações serem atendidas sem ferir a integridade do direito à majoração das férias. Basta que, para tanto, as mesmas justificações impliquem ausências parciais justificadas inferiores a quatro horas seguidas. Como estas ausências não podem ser somadas, não impedem ou sequer influenciam a majoração.

O que legislador pretende com a majoração é, como as se realçou, combater o absentismo de uma forma positiva, incentivando a presença efectiva do trabalhador quando verdadeiramente ainda possível. Este entendimento sobre os "meios dias", permite aproveitar todas as hipóteses em que o trabalhador, apesar de até apresentar formalmente um motivo justificativo verdadeiro para se ausentar do local de trabalho, não

---

ausência praticada. Por exemplo, o caso das consultas médicas que só podem ser marcadas durante o período de trabalho, por exemplo, cerca das 11h. O trabalhador naturalmente aproveita toda a manhã para outras finalidades pessoais, alegando inutilização do tempo de trabalho entre as 9h e as 11h, por força da deslocação do local de trabalho até ao consultório médico. No entanto, a fim de evitar a aplicação do "meio dia" de ausência previsto no art. 213.º, n.º 3, o trabalhador pode fazer um esforço para, nomeadamente, ou marcar a consulta noutra altura, ou sair mesmo em cima da hora para se deslocar à consulta. Ainda outro exemplo, nas situações típicas consideradas de risco do absentismo fraudulento, ou seja, nas alegadas doenças aparentemente impeditivas de trabalho. Por causa do art. 213.º, n.º 3, e para manter o direito à majoração, o trabalhador pode evitar apresentar atestado médico e ausentar-se por doença, nas situações em que apenas sente na realidade um mero incómodo, um mal estar que o indispõe, mas que não o impossibilita para trabalhar. Não fosse o art. 213.º, n.º 3, nesses casos o trabalhador facilmente apresentaria atestado médico e provavelmente ausentar-se-ia do trabalho, considerando os efeitos negativos reduzidos à retribuição desse dia (art. 230.º, n.º 2).

[42] Sem com esta afirmação aderirmos totalmente à opção do legislador que, relativamente a este aspecto, continua a suscitar-nos muitas dúvidas. Todavia, numa abordagem estritamente de direito constituído, entendemos que o art. 97.º da Regulamentação veio efectivamente permitir uma interpretação *a contrario sensu* no que se refere a outras ausências justificadas impeditivas da majoração e mantemos a nossa posição relativamente à interpretação da lei actual incluir no art. 213.º, n.º 3, todas as ausências justificadas, à excepção das licenças por maternidade e por paternidade (Cfr. o nosso *O Absentismo antes e depois do Código do Trabalho*, cit., 318). Apesar disso, concordamos com algumas das posições avançadas, vg., por LEAL AMADO, cit., 173-176, embora em jeito de crítica ao direito a constituir.

110   *VIII Congresso Nacional de Direito do Trabalho*

tem uma substancial justificação, ou para toda a ausência, ou verdadeira-mente causadora de uma impossibilidade real de presença efectiva no trabalho. Assim, sempre que o trabalhador possa estar presente, fará tudo para evitar ausências parciais de duração contínua superior a quatro horas, mantendo intocável o seu direito a três dias de férias majoradas.[43]

3.8. *"Meios dias" correspondentes a metade do período normal de trabalho diário, iniciada no decurso deste*

No respeitante ao quarto aspecto pertinente a propósito dos "meios dias" referidos no art. 213.º, n.º 3, entendemos, sinteticamente, que o "meio dia" divide exactamente ao meio o período normal de trabalho diário do trabalhador em concreto, integrando metade das horas de trabalho devido por dia, e pode ser iniciado em qualquer momento da duração deste. A excepção acontece na eventualidade de os meios períodos normais de trabalho diário não serem uniformes, caso em que se aplica o art. 224.º, n.º 3, e se considera sempre o meio período de menor duração.

Na realidade, a expressão "meio dia", já supra equiparada a meio período normal de trabalho diário devido, suscita pelo menos dois tipos de dúvidas. O primeiro relaciona-se com a forma de divisão daquele período, e o segundo, com o momento do início da contagem da ausência designada.

As dúvidas suscitadas pela forma de divisão do período normal de trabalho diário, permitem duas interpretações possíveis: a) ou se entende que "meio dia" deve corresponder exactamente a metade do período normal de trabalho diário, independentemente da duração de cada parte deste, delimitada pelo intervalo para almoço; b) ou se considera uma espécie de metade ponderada, no âmbito da qual se atende ao facto do período normal de trabalho diário poder ser dividido pelo intervalo para almoço, de forma não igualitária, apresentando cada parte uma duração diferente. Dentro desta última hipótese, ainda podem ser destacadas duas

---

[43] É conveniente sublinhar que o art. 213.º, n.º 3, concede uma margem de adequa-ção do direito à majoração de férias às necessidades familiares e pessoais do trabalhador, consubstanciada na prática de uma falta justificada ou de dois "meios dias" de ausência justificada, situação que não impede o direito do trabalhador a três dias de férias majo-radas.

formas distintas de entender a divisão: b.i) ou se calcula uma metade sempre igual para todos os períodos diários (fazendo uma média ou recorrendo a outro critério); b.ii) ou se pondera a diferença resultante das metades já definidas pelo intervalo para almoço e se aplica sempre a divisão distinta dos meios períodos de trabalho.

Para aplicarmos as hipóteses colocadas, tenhamos presente o exemplo de um período normal de trabalho de sete horas diárias, dividido num horário das 9h às 13h e das 14h às 17h.

Seguindo a hipótese a), dividir-se-ia o período normal de trabalho diário exactamente ao meio, obtendo-se 3h30m, e o "meio dia" seria atingido assim que a ausência atingisse esse número de horas. Como a parte da manhã e a parte da tarde apresentam duração diferente, se o trabalhador se ausentasse das 9h às 13h, visando aproveitar a hora de almoço e só regressar às 14h (num total de 5 horas), o "meio dia" seria alcançado. Pelo contrário, se o trabalhador decidisse ausentar-se durante a parte da tarde, poderia aproveitar a hora de almoço e juntar ambas (num total de quatro), já que a ausência duraria apenas 3h e não atingiria o meio dia das 3h30m.

Esta primeira alternativa apresenta, assim, a desvantagem de provocar uma distinção infundada entre manhãs e tardes, a preferência imotivada de alguma delas, e a tendência para as ausências durante o subperíodo mais curto.

Na hipótese b), o meio dia seria alcançado de forma mais equitativa, equilibrando a distinta duração das duas partes do período normal de trabalho diário. Optando pela sub-hipótese b.i), ou se encontra alguma média ou se segue algum critério objectivo. Na ausência de alguma média relevante que não resulte na hipótese a), pensamos que se poderá aplicar por analogia o critério previsto no art. 224.º, n.º 3. Embora esta norma tenha como referência o tempo correspondente a uma semana e a variedade da duração de cada período normal de trabalho diário nessa semana (supondo dias da semana com um maior ou menor número de horas de trabalho diário devido), o fundamento do critério assenta em razões semelhantes concretizadas na ausência parcial, na determinação desta para atingir um certo limite, e na sua integração no regime das faltas. Desta forma, atenta a falta de uniformidade na duração dos meios períodos normais de trabalho diário (definida pelo intervalo para almoço), é sempre considerada como duração regra, a duração do meio período mais curto. No caso apresentado como exemplo, meio dia corresponderia a um período de 3 horas. Esta alternativa apresenta a vantagem de corrigir as desvantagens sublinhadas na hipótese anterior, mas permite "meios dias" não coincidentes com os concretos meios períodos de trabalho divididos pelo intervalo para almoço.

Optando pela sub-hipótese b.ii), a duração do meio período normal de trabalho diário no caso apresentado seria, tanto 4h, quanto 3h, consoante a ausência se iniciasse de manhã ou de tarde. Esta ideia apresenta a desvantagem de só funcionar logicamente se for acoplada à hipótese infra que atende apenas ao início da duração da ausência em simultâneo com o início ou reinício da prestação de trabalho.

Regressando ao segundo tipo de dúvidas suscitadas pela expressão legal "meio dia", relacionadas com o momento do início da contagem da ausência para efeitos de ser alcançada uma ausência igual ao referido "meio dia", cremos que estas permitem duas interpretações possíveis: a) ou o início da ausência deve coincidir com o início da prestação de trabalho, de manhã ou de tarde, havendo uma correspondência exacta entre ausência e meio período de trabalho; b) ou o início da ausência pode ter lugar em qualquer momento do período normal de trabalho diário, ou em qualquer altura do meio período, desde que a duração seja alcançada.

Concretizando a primeira hipótese no exemplo designado, a ausência a "meio dia" só se concretizaria se o trabalhador se ausentasse exactamente, ou desde as 9h ou desde as 14h. Esta alternativa apresenta a desvantagem de não incluir todas as outras variantes possíveis e de facilitar a fraude à lei, promovendo ausências logo após a deliberada e meramente formal presença no início e reinício da prestação de trabalho.

A segunda hipótese aplicada ao exemplo supra identificado, permite aferir da duração do meio período normal de trabalho, em qualquer momento do decurso deste. Assim, o "meio dia" seria atingido ainda que o trabalhador se ausentasse das 10h às 13h ou das 10h às 14h30m, consoante o entendimento da duração acima escolhido. Nesta alternativa, a duração da ausência pode começar a ser ponderada a qualquer hora do período normal de trabalho, apresentando a vantagem de incluir de forma igual todas as hipóteses de ausências, e todos os períodos normais de trabalho diários previstos e praticados, evitando possíveis situações em fraudes à lei.

Na conjugação de vantagens e desvantagens de todas as hipóteses avançadas, preferimos as alternativas que permitem o tratamento uniforme das eventuais variações possíveis da duração do período normal de trabalho diário, e que visam evitar a criação fácil de situações em fraudes à lei pelo trabalhador.

Breves Considerações Sobre Alguns Aspectos do regime do Direito de Férias   113

Por essa razão, entendemos que a duração dos meios dias corresponde, em regra, à exacta metade do número de horas integrantes do período normal de trabalho diário. Excepcionalmente, sempre que esses meios períodos não sejam uniformes, aplicamos analogicamente o art. 224.º, n.º 3, e consideramos como "meio dia" o número de horas do mais curto meio período de trabalho. Quanto ao início de contagem dessa duração do meio dia, entendemos que o mesmo pode ocorrer a qualquer momento no decurso do período normal de trabalho diário. No exemplo apresentado supra, consideramos que é de optar por um meio dia correspondente a uma ausência justificada de três horas seguidas, que pode ser iniciada em qualquer momento do período normal de trabalho diário, independentemente de abranger os intervalos para almoço, cuja duração não é naturalmente contabilizada.

Estamos conscientes que é defensável a posição contrária relativamente à duração e ao início da contagem, principalmente para quem invoque o art. 231.º, n.º 3, e o valor que o legislador parece atribuir à continuidade da estrutura organizativa empresarial, no seio de cada uma das duas partes do período normal de trabalho diário considerado em concreto. Na realidade, esse preceito, ao penalizar os atrasos no início e no reinício da prestação, atende à manhã ou à tarde como um todo unitário, independentemente de corresponderem exactamente a metade do número de horas do período normal de trabalho, o que já não acontece em relação a ausências parciais curtas iniciadas depois desse período se o trabalhador se apresentou no início ou reinício da prestação. Nesse sentido, os meios dias corresponderiam a ausências ocorridas apenas durante todo esse meio período de trabalho, e seriam assim tratados na medida em que só essas ausências durante esse tempo inviabilizariam a produtividade a ponto de serem penalizadas com a perda de férias, não obstante não serem faltas.

No entanto, acreditamos que as razões que justificaram a regra do art. 231.º, n.º 3, não partem de pressupostos semelhantes aos do art. 213.º, n.º 3. Enquanto neste se transforma uma curta ausência inicial numa sequencial duração correspondente ao meio período de trabalho onde aquela ausência curta se integra, porque o legislador presume o inaproveitamento e a inutilização dessa presença restante no meio período;[44]

---

[44] Por outro lado, não se poderia transformar uma curta ausência, ainda que injustificada, ocorrida durante o meio período de trabalho, numa ausência correspondente a todo esse meio período, porque nesse caso a transformação seria retroactiva e implicaria

o art. 213.º, n.º 3, sustenta um não ganho ou uma perda de um direito a férias, como consequência de uma ausência equiparada a uma falta a todo um período normal de trabalho diário. Ou seja, neste preceito, a equiparação é por força da ausência ao trabalho, considerada neutra de valorações intra-empresariais, o que é reforçado pelo facto de a assiduidade ponderada na figura da majoração não atender às motivações do trabalhador faltoso. No art. 213.º, n.º 3, e ao contrário do disposto no art. 231.º, n.º 3, não se trata de cuidar do interesse da empresa quanto às consequências das ausências na estrutura organizativa do empregador, factores que imperam no seio do regime das faltas; mas de relacionar directamente ausências objectivas com perda de dias de férias, no âmbito do regime do direito a férias e à luz das finalidades da figura da majoração. Pensamos, pois, que a preocupação no art. 213.º, n.º 3, reduz-se nesta perspectiva à mera equiparação de ausências com vista a um prémio de férias, ponderando uma equiparação objectiva e neutra, que se pretende avessa a fraudes fáceis e a adaptações arriscadas e pouco igualitárias. Assim sendo, tal como não considera as motivações das ausências do trabalhador, o regime de majoração de férias não deverá atender às circunstâncias relacionadas com empregador e com o maior ou menor aproveitamento da prestação de trabalho sequente à ausência.[45]

---

o desaproveitamento de trabalho prestado, o que não encontra suficiente base legal. É certo que se poderia prever nesse caso que ao empregador assistiria o direito de recusar o correspondente meio período seguinte a essa curta ausência verificada a meio desse período. Pensamos que essa hipótese não se concretizou, não apenas pela insegurança jurídica gerada pela indeterminação do momento certo em que a prestação poderia ou não ser recusada, mas, sobretudo, porque, na perspectiva do empregador enquanto gestor e empresário, uma ausência só quebra efectivamente a continuidade de uma prestação quando esta na realidade pode continuar, sendo depois quebrada por um intervalo de descanso.

[45] Além disso, é de relevar, ainda, a qualificação das ausências como justificadas no art. 213.º, n.º 3, ou injustificadas nos atrasos do art. 231.º, n.º 3. Com efeito, é seguro que só as ausências justificadas justificam e revelam úteis as ponderações finalísticas de afastamento de situações em fraude à lei, pois só estas é que podem conduzir a situações de abuso de direito ou exercício ilegítimo em geral. As faltas injustificadas implicam sempre consequências negativas (na retribuição, na antiguidade e efeitos disciplinares), que podem ser salvaguardadas nas faltas justificadas, em regra com o desconto retributivo e sempre relativamente aos outros efeitos. Por esse motivo, a fraude praticada pelo trabalhador a propósito das ausências e concretizada no absentismo a evitar, não acontece nas faltas injustificadas mas nas justificadas, porque nestas o trabalhador só perde, e não em regra, a retribuição. Enquanto estas razões não se revelaram necessárias no art. 231.º, n.º 3, impõem-se no art. 213.º, n.º 3 na medida em que os "meios dias" são ausências justificadas. Cfr. o nosso *O Absentismo antes e depois do Código*, cit., 284-287.

O INCUMPRIMENTO DA OBRIGAÇÃO RETRIBUTIVA E O ART. 364.º, N.º 2, DO CÓDIGO DO TRABALHO

João Leal Amado

Professor da Faculdade de Direito da Universidade de Coimbra

O INCUMPRIMENTO DA OBRIGAÇÃO RETRIBUTIVA E O ART. 364.º, N.º 2, DO CÓDIGO DO TRABALHO

JOÃO LEAL AMADO

Professor da Faculdade de Direito
da Universidade de Coimbra

1. A obrigação retributiva

A retribuição ou salário constitui, como se sabe, um elemento essencial do contrato de trabalho, consistindo mesmo na obrigação capital e nuclear emergente, para a entidade empregadora, da celebração deste contrato bilateral ou sinalagmático. Mas o que é, juridicamente, a retribuição? Nas palavras de Bernardo Xavier, "em traços gerais, do ponto de vista jurídico, a retribuição costuma perfilar-se como a obrigação essencial a prestar no contrato de trabalho pelo empregador, obrigação de índole patrimonial e marcadamente pecuniária, devida em todos os casos e não tendo carácter meramente eventual, ligada por uma relação de reciprocidade à actividade prestada, tendo nela a sua causa"[1]. Em termos jurídicos rigorosos, a retribuição traduz-se, então, no objecto mediato do direito subjectivo do trabalhador: estruturalmente, este é um direito de crédito[2], analisando-se a respectiva obrigação num *dare* – cabe assim distinguir a conduta devida pelo empregador, a prestação retributiva (objecto imediato do direito do trabalhador), da própria coisa devida por aquele, a retribuição (objecto mediato).

---

[1] "Introdução ao estudo da retribuição no direito do trabalho português", *Revista de Direito e de Estudos Sociais,* 1986, p. 67.

[2] E é também, não o esqueçamos, um direito fundamental, como tal consagrado no art. 59.º da Constituição da República Portuguesa.

De resto, se a noção de retribuição como "contrapartida do trabalho" resulta do art. 249.º, n.º 1, do CT[3] – "só se considera retribuição aquilo a que, nos termos do contrato, das normas que o regem ou dos usos, o trabalhador tem direito como contrapartida do seu trabalho" –, o n.º 2 do mesmo preceito dá conta da grande complexidade hoje assumida pelo salário, nele se distinguindo a chamada retribuição-base[4] de todo um conjunto – cada vez mais extenso e diversificado, sobretudo por influência da contratação colectiva – de prestações complementares ou acessórias (tais como diuturnidades, subsídios de risco, de penosidade, de toxicidade, de isolamento, de alojamento, de alimentação, de transporte, de turno, de férias, de Natal, prémios de produtividade ou de assiduidade, comissões, prestações por trabalho suplementar ou nocturno, por isenção de horário de trabalho...).

O salário é, pois, uma realidade multiforme e heterogénea, integrada por numerosas prestações pecuniárias mas também, não raro, por prestações em espécie, a este propósito se falando, eloquentemente, em "retribuição complexiva", de modo a abranger todas aquelas prestações. De forma ainda mais impressiva, não falta mesmo quem veja na variada tipologia de atribuições patrimoniais constitutivas do salário a expressão de uma autêntica "selva retributiva", tornando a estrutura daquele fragmentária e quase incontrolável – e, além disso, avessa a qualquer tarefa de elaboração dogmática, como sublinha Júlio Gomes[5]. Disso se apercebe, aliás, o próprio CT, vinculando o empregador, aquando do pagamento da retribuição, a entregar ao trabalhador um documento – o chamado "boletim de pagamento" – discriminando a retribuição base e as demais prestações efectuadas (art. 267.º, n.º 5).

Ora, é sabido que o contrato de trabalho apresenta como uma das suas características mais relevantes a de ser um contrato de execução sucessiva. A obrigação retributiva, em particular, enquanto principal obrigação a cargo do empregador, insere-se na categoria das chamadas obrigações duradouras, mais concretamente na sua modalidade das obrigações periódicas ou reiteradas. Significa isto que o tempo se revela um factor

---

[3] Código do Trabalho, aprovado pela Lei n.º 99/2003, de 27-8.

[4] Sobre a noção de retribuição base, *vd.* o art. 250.º, n.º 2-*a)*, do CT.

[5] "Algumas observações críticas sobre a jurisprudência recente em matéria de retribuição e afins", *Memórias do IV Congresso Nacional de Direito do Trabalho,* Almedina, Coimbra, 2002, pp. 51-76, texto onde se podem colher elementos sobre o enquadramento jurisprudencial dado a muitas das prestações a que acima se faz referência.

de extrema importância no tocante à conformação global da prestação do empregador, influenciando decisivamente o respectivo conteúdo. Influência que, pode dizer-se, se faz sentir a dois níveis: por um lado, de acordo com o disposto no art. 252.º, n.º 1, do CT, o tempo traduz-se na unidade de cálculo da retribuição certa; por outro lado, nos termos do n.º 1 do art. 269.º, o tempo funciona também como unidade de vencimento da retribuição.

Como é lógico, em sede de (in)cumprimento da obrigação retributiva é este último – o tempo como unidade de vencimento – o aspecto que mais nos interessa. E aqui a nossa lei demonstra uma grande flexibilidade, admitindo diversa estipulação das partes e a relevância dos usos, bem como indicando como possíveis unidades de vencimento tanto a semana, como a quinzena, como ainda o mês – o que, em todo o caso, não prejudica a tendência crescente no sentido da mensualização, regra cada vez mais hegemónica.

A referida maleabilidade legal tem, contudo, limites, não afectando esta asserção básica: a obrigação retributiva há-de vencer-se sempre "por períodos certos e iguais", exigência esta ineliminável, intimamente relacionada como está com a chamada "função alimentar" desempenhada pelo correspondente direito. Ou seja, carecendo o trabalhador do salário para satisfazer necessidades essenciais (como a alimentação, o vestuário, a habitação...), necessidades certas e regulares, bem se compreenderá, então, que ele deva também receber a retribuição certa e regularmente (e, acrescente-se, em lapsos de tempo não demasiado espaçados).

A obrigação retributiva vence-se automaticamente, isto é, sem necessidade de prévia interpelação por parte do credor-trabalhador, solução que, aliás, decorre logicamente da existência de uma data predeterminada para o respectivo cumprimento[6]. Assim, nos termos do art. 269.º, n.º 4, do CT, o empregador ficará constituído em mora se o trabalhador, por facto que não lhe for imputável, não puder dispor do montante da retribuição na data do vencimento.

É outrossim sabido que toda a disciplina jurídica do tempo do cumprimento da obrigação retributiva se estrutura com base na ideia da "pós-numeração": o salário há-de ser pago posteriormente à correlativa prestação de trabalho, não antecipadamente. Ora, como é óbvio, isto não deixa de se traduzir numa posição de certo privilégio para a entidade

---

[6] A este propósito, *vd.* o disposto no art. 805.º, n.º 1 e 2-*a),* do Código Civil.

empregadora, pois, nas palavras de Monteiro Fernandes, "esta pode eximir-se ao cumprimento total ou parcial da retribuição se, no período correspondente, tiver faltado ou sido incompleta a disponibilidade da força de trabalho; mas o trabalhador já terá cumprido a sua parte quando, porventura, se verifique o não-pagamento da retribuição correspondente"[7]. Sucede, porém, que a postergação desta regra não se apresenta nem fácil nem, possivelmente, desejável. E, de resto, consistindo o contrato de trabalho num contrato de execução sucessiva, cujo cumprimento se encontra escalonado e encadeado no tempo, sucedendo-se as respectivas prestações (de trabalho e de retribuição) umas às outras, o alcance da regra da pós-numeração acaba por resultar de algum modo desvalorizado, afirmando-se antes, em seu lugar, a ideia-chave da periodicidade.

O empregador deve, portanto, pagar pontualmente a retribuição ao trabalhador, conforme estabelece o art. 120.º/*b)* do CT. Pergunta-se: caso esse pagamento pontual não ocorra, como poderá o trabalhador-credor reagir? No plano juslaboral, que respostas poderão ser dadas pelo trabalhador face ao incumprimento da obrigação retributiva? Vendo-se confrontado com uma situação de "salários em atraso", que instrumentos jurídico-laborais coloca o nosso ordenamento à disposição do trabalhador lesado?

Segundo o n.º 1 do art. 364.º do CT, "se o empregador faltar culposamente ao cumprimento de prestações pecuniárias constitui-se na obrigação de pagar os correspondentes juros de mora". Trata-se de um preceito novo, sem correspondente na anterior legislação laboral, inspirado no disposto nos arts. 804.º e 806.º do Código Civil. De acordo com o princípio geral estabelecido no primeiro destes artigos, "a simples mora constitui o devedor na obrigação de reparar os danos causados ao credor" (n.º 1), sendo que o devedor se considera constituído em mora "quando, por causa que lhe seja imputável, a prestação, ainda possível, não foi efectuada no tempo devido" (n.º 2). O princípio é, pois, o de que o credor terá então direito à prestação originária, bem como ao ressarcimento dos danos causados pelo retardamento da prestação (indemnização moratória).

De qualquer das formas, tratando-se de uma obrigação pecuniária a lei presume que haverá sempre danos causados ao credor pela mora, dispensando-o da respectiva prova (visto que, como é usual dizer-se, "o

---

[7] *Direito do Trabalho,* 12.ª ed., Almedina, Coimbra, 2004, p. 479.

O Incumprimento da Obrigação Retributiva e o Art. 364.º, N.º 2, do CT　　121

dinheiro rende sempre") e estabelece, em princípio de forma fixa e invariável, o montante desses danos, procedendo a uma avaliação puramente abstracta dos mesmos. Com efeito, nos termos do art. 806.º, n.º 1, do Código Civil, "na obrigação pecuniária a indemnização corresponde aos juros a contar do dia da constituição em mora", sendo devidos, em princípio, os juros legais (n.º 2 do mesmo artigo)[8]. Significa isto que, na área da responsabilidade contratual resultante do incumprimento de obrigações pecuniárias, os juros moratórios constituem, como alguém escreveu, "a indemnização precisa, sem tirar nem pôr".

Em todo o caso, e no que ao incumprimento da obrigação retributiva diz respeito, a disposição nuclear do CT consiste, sem dúvida, no n.º 2 do art. 364.º, que preceitua: "O trabalhador tem a faculdade de suspender a prestação de trabalho ou de resolver o contrato decorridos, respectivamente, 15 ou 60 dias após o não pagamento da retribuição, nos termos previstos em legislação especial". E a legislação especial para a qual o preceito remete foi já publicada, encontrando-se nos arts. 300.º a 315.º da RCT (Regulamentação do Código do Trabalho, Lei n.º 35/2004, de 29-7).

O n.º 2 do art. 364.º do CT corresponde, ainda que com algumas alterações, ao disposto no art. 3.º da "Lei dos Salários em Atraso" (LSA, Lei n.º 17/86, de 14-6). Com efeito, desde meados da década de oitenta o nosso ordenamento juslaboral vem consagrando uma dupla via de resposta em caso de falta de pagamento pontual da retribuição – a faculdade de suspender ou de resolver o contrato de trabalho –, se bem que os períodos moratórios requeridos pela lei para que o trabalhador possa utilizar qualquer destas vias tenham oscilado ao longo dos anos. Assim é que:

> *i)* Segundo a redacção inicial do art. 3.º da LSA (1986), "quando a falta de pagamento pontual da retribuição se prolongue por período superior a 30 dias sobre a data do vencimento da primeira retribuição não paga e o montante em dívida seja equi-

---

[8] O art. 304.º, n.º 2, da RCT esclarece que os juros de mora por dívida de retribuição são os juros legais, salvo se por acordo das partes ou por instrumento de regulamentação colectiva de trabalho for devido um juro moratório *superior* ao legal. Trata-se, pois, de uma regra dotada de imperatividade mínima, deixando à autonomia individual ou colectiva espaço para reforçar, mas não para debilitar, os direitos do trabalhador nesta matéria – a este propósito, *vd.* João Leal Amado, *A Protecção do Salário,* sep. do Boletim da Faculdade de Direito de Coimbra, 1993, pp. 114-119.

122   *VIII Congresso Nacional de Direito do Trabalho*

valente ao valor de uma retribuição mensal ou a mora se prolongue por período superior a 90 dias, qualquer que seja o montante em dívida, podem os trabalhadores, isolada ou conjuntamente, rescindir o contrato com justa causa ou suspender a sua prestação de trabalho…". Requeria-se, então, 30 ou 90 dias de mora patronal, consoante o montante em dívida.

ii) A nova redacção do art. 3.º da LSA, introduzida pelo DL n.º 402/91, de 16-10, veio reduzir as exigências colocadas ao trabalhador neste domínio, prevendo que "quando a falta de pagamento pontual da retribuição se prolongue por período superior a 30 dias sobre a data do vencimento da primeira retribuição não paga, podem os trabalhadores, isolada ou conjuntamente, rescindir o contrato com justa causa ou suspender a sua prestação de trabalho…". Passou, pois, a bastar a ultrapassagem de 30 dias de mora patronal, independentemente do montante retributivo em dívida.

iii) Diferentemente, o n.º 2 do art. 364.º do CT diferencia o período moratório requerido, consoante o trabalhador pretenda suspender ou resolver o contrato (15 dias naquele caso, 60 dias neste). Relativamente ao disposto na LSA, o CT aligeira, pois, os requisitos para que o trabalhador suspenda a sua prestação de trabalho, mas endurece tais requisitos quando a opção for a de resolver o contrato.

2. A suspensão da prestação de trabalho

Começando pelo primeiro termo da alternativa – a suspensão da prestação de trabalho –, dir-se-á que esta se traduz, inequivocamente, numa adaptação da figura civilística da excepção de não cumprimento do contrato[9] ao âmbito juslaboral: ao contrário do que sucede com a típica suspensão do contrato de trabalho (que se configura como um mecanismo

---

[9] Nos termos do art. 428.º, n.º 1, do Código Civil, "se nos contratos bilaterais não houver prazos diferentes para o cumprimento das prestações, cada um dos contraentes tem a faculdade de recusar a sua prestação enquanto o outro não efectuar a que lhe cabe ou não oferecer o seu cumprimento simultâneo". Sobre esta figura, *vd.*, por todos, Antunes Varela, *Das Obrigações em Geral,* vol. I, 10.ª ed., Almedina, Coimbra, 2000, pp. 398-402.

O Incumprimento da Obrigação Retributiva e o Art. 364.º, N.º 2, do CT 123

de protecção do devedor impossibilitado de cumprir)[10], este é um meio reactivo-defensivo à disposição do credor insatisfeito, consistindo numa figura que não pode deixar de ser acolhida pelo Direito do Trabalho, até por força da supramencionada "regra da pós-numeração" em matéria retributiva.

A faculdade de o trabalhador suspender a prestação de trabalho, como a própria *Exposição de Motivos da Proposta de Lei n.º 29/IX* esclarece, consiste, por conseguinte, num "regime especial de excepção de não cumprimento do contrato a invocar pelo trabalhador no caso de falta de pagamento da retribuição". E a excepção de não cumprimento do contrato é uma figura clássica e bem conhecida, traduzindo-se num mecanismo que encontra o seu campo de eleição nos contratos bilaterais, com prestações correspectivas ou correlativas – a interdependência entre as respectivas obrigações significa justamente que, não sendo uma delas cumprida, a outra também o não será. Estamos perante um meio defensivo e provisório – o credor limita-se a não cumprir a sua obrigação em ordem a garantir aquela que lhe é devida pela contraparte –, que no fundo constitui, na lição de Antunes Varela, "um simples corolário do pensamento básico do sinalagma funcional"[11]. Ou seja, a *exceptio* traduz-se numa resposta legítima do trabalhador-credor à falta de cumprimento do empregador: é este quem está em mora, recusando-se apenas aquele a cumprir porque o empregador está em mora e enquanto tal mora subsistir (o trabalhador está disposto a laborar, para tal bastando que o empregador cumpra), recorrendo, portanto, a um meio puramente defensivo.[12]

Durante a suspensão mantêm-se os direitos, deveres e garantias das partes na medida em que não pressuponham a efectiva prestação do trabalho, mantendo o trabalhador o direito à retribuição vencida até ao início da suspensão e respectivos juros de mora (art. 304.º da RCT).

---

[10] Pense-se, designadamente, nas hipóteses clássicas de suspensão do contrato devido a um impedimento temporário do trabalhador, por doença ou acidente, às quais se refere o art. 333.º do CT. Para maiores desenvolvimentos sobre o ponto, *vd.* Jorge Leite, "Notas para uma teoria da suspensão do contrato de trabalho", *Questões Laborais,* n.º 20, 2002, pp. 121 e ss.

[11] *Das Obrigações em Geral,* cit., p. 398.

[12] Sobre o papel da *exceptio non adimpleti contractus* como meio de tutela do crédito salarial, *vd.* José João Abrantes, "Salários em atraso e excepção de não cumprimento", *Direito do Trabalho – Ensaios,* Edições Cosmos, Lisboa, 1995, pp. 71-92, e João Leal Amado, *A Protecção do Salário,* cit., pp. 102-114.

Nos termos do art. 306.º da RCT, a suspensão do contrato confere ao trabalhador o direito a prestações de desemprego, durante o período da suspensão.

Existe, em todo o caso, uma diferença não negligenciável entre o disposto no supracitado art. 3.º da LSA e a letra do actual preceito codicístico. Com efeito, ao passo que a LSA conferia a faculdade de rescindir o contrato com justa causa ou de suspender a prestação de trabalho quando a falta de pagamento pontual da retribuição se prolongasse "por período superior a 30 dias sobre a data do vencimento da primeira retribuição não paga", o CT confere a faculdade de suspender a prestação de trabalho ou de resolver o contrato "decorridos, respectivamente, 15 ou 60 dias após o não pagamento da retribuição". Assim sendo, dir-se-ia que o novo preceito, ao distinguir o período de mora legitimador da suspensão (15 dias)[13] do período moratório legitimador da resolução contratual (60 dias), já prenunciava a inversão da jurisprudência dominante nesta matéria ao abrigo da LSA – contra a qual, aliás, sempre me bati –, jurisprudência segundo a qual ao trabalhador não seria consentido, primeiro invocar a *exceptio* e suspender a sua prestação laboral e, mais tarde, mantendo-se a falta de pagamento (isto é, avolumando-se a mora patronal), rescindir o contrato com justa causa.

É certo que o trabalhador não pode, simultaneamente, suspender e resolver, *adormecer* e *matar* o contrato – e é neste plano sincrónico que a lei se coloca, daí utilizar a conjunção disjuntiva "ou" –, mas agora é o próprio CT a indicar que a alternativa não é forçosa, pois se o período de mora atingir 15 dias mas não chegar aos 60 dias o trabalhador apenas poderá recorrer à *exceptio* – só mais tarde, após o decurso de 60 dias de mora patronal, ele poderá resolver o contrato ao abrigo deste preceito.

---

[13] Note-se que o trabalhador poderá optar pela suspensão da prestação laboral quando a mora patronal se prolongue por período de 15 dias, mas a suspensão não poderá operar de imediato, visto que o n.º 1 do art. 303.º da RCT exige que seja feita uma comunicação ao empregador e à IGT com a antecedência mínima de 8 dias em relação à data do início da suspensão.

Por outro lado, porém, a faculdade de suspender o contrato poderá ser exercida antes de esgotado o mencionado período de 15 dias, contanto que o empregador declare por escrito a previsão de não pagamento, até ao termo daquele prazo, do montante da retribuição em falta (art. 303.º, n.º 2).

Já a declaração referida no n.º 3 do art. 303.º relevará apenas, a meu ver, para efeitos de concessão de prestações de desemprego (art. 306.º), não condicionando a faculdade de o trabalhador lançar mão da *exceptio* neste domínio.

O Incumprimento da Obrigação Retributiva e o Art. 364.º, N.º 2, do CT   125

A meu ver, nada impede, pois – antes, por vezes, tudo aconselha –, a utilização sucessiva destes dois meios por parte do trabalhador, modulando a resposta em função da gravidade/duração da mora patronal[14]. Aliás, isto mesmo veio a ser confirmado pela legislação especial reguladora do n.º 2 deste art. 364.º, visto que o art. 308.º, n.º 1, da RCT afirma, sem equívocos, que, prolongando-se a falta de pagamento pontual da retribuição por período de 60 dias sobre a data do vencimento, "o trabalhador, <u>independentemente de ter comunicado a suspensão do contrato de trabalho</u>, pode resolver o contrato..." (sublinhado meu). O legislador dá, assim, luz verde para a utilização sucessiva dos dois meios reactivos pelo trabalhador, o que, pelos motivos sumariamente apontados *supra,* merece inteiro aplauso.

A suspensão da prestação de trabalho poderá, portanto, cessar por mais vias do que aquelas constantes do art. 305.º da RCT. Prevê este preceito que a suspensão cesse em virtude de uma actuação patronal (o pagamento integral das retribuições em dívida), devido a um acordo entre as partes (tendente à regularização das retribuições em dívida) ou por vontade do trabalhador (comunicando este ao empregador e à IGT que põe termo à suspensão a partir de determinada data). Acresce, contudo, que a vontade de o trabalhador terminar com a suspensão do contrato tanto poderá redundar no seu regresso ao trabalho como, pelo contrário, traduzir-se na dissolução do vínculo mediante resolução, ao abrigo do disposto no art. 308.º.

3. A resolução do contrato de trabalho

Quanto à possibilidade de resolução do contrato, o CT reproduz um quadro normativo, a meu ver, algo confuso e ambíguo, dado que a mesma *fattispecie* – falta de pagamento da retribuição – é contemplada em dois preceitos: na norma em análise e no art. 441.º, que prevê a resolução contratual com justa causa por iniciativa do trabalhador verificando-se a

---

[14] Para maiores desenvolvimentos sobre a questão, seja-me permitido remeter para João Leal Amado, "Salários em atraso – rescisão e suspensão do contrato", *Revista do Ministério Público,* n.º 51, 1992, pp. 155 e ss., e "Salários em atraso (direito à rescisão do contrato ou à suspensão da prestação de trabalho)", *Prontuário de Direito do Trabalho,* CEJ, n.º 50, 1997.

falta de pagamento pontual da retribuição, culposa (n.º 2, al. *a*) ou não culposa (n.º 3, al. *c*). Neste ponto, o CT mantém-se na rota traçada pela legislação anterior (a LSA e a LCCT)[15], obrigando a uma coabitação normativa nem sempre harmoniosa entre ambos os preceitos. Mais valeria, porventura, ter optado: ou prever a demissão do trabalhador com base na falta de pagamento da retribuição, tão-só, no art. 441.º; ou, entendendo-se que esta matéria deve ser objecto de lei especial, contemplá-la apenas nessa legislação especial. O sistema binário em que o legislador aposta (*rectius,* continua a apostar) dificilmente deixará de originar bastantes problemas de ordem prática.

Assim, cabe perguntar: *mesmo antes de terem decorrido 60 dias de mora patronal, poderá o trabalhador resolver o contrato?* À luz do art. 364.º, n.º 2, do CT a resposta é negativa[16], mas importa não esquecer o disposto no seu art. 441.º, n.º 2-*a)* e n.º 3-*c)*, o qual não alude a qualquer período mínimo de mora. Na verdade, exigir 60 dias de mora patronal para que o trabalhador pudesse resolver o contrato mostrar-se-ia, decerto, irrazoável – afinal, estamos a falar do incumprimento daquela que é a principal obrigação do empregador, afectando o principal (ou mesmo único) meio de sustento do trabalhador! –, mas permitir a resolução logo que decorrido 1 dia de atraso também se afigura inadequado, à luz da boa fé contratual[17]. Vistas as coisas sob este prisma, e perante o actual quadro normativo, dir-se-á:

i) Quando a mora patronal se prolongue por 60 dias, existirá, *seguramente,* justa causa para o trabalhador resolver o contrato, sempre com direito a indemnização, seja ou não culposo o incumprimento patronal (art. 308.º da RCT);

ii) Quando a mora patronal ainda não atinge os 60 dias, existirá, *possivelmente,* justa causa para o trabalhador resolver o contrato, o que ficará dependente de uma apreciação casuística, em que se

---

[15] Lei da Cessação do Contrato de Trabalho (DL n.º 64-A/89, de 27-2).

[16] Isto sem prejuízo de, tal como sucede em relação à suspensão, também a resolução poder ser promovida antes de esgotado o período moratório requerido (60 dias), contanto que o empregador declare por escrito a previsão de não pagamento, até ao termo daquele prazo, do montante da retribuição em falta (art. 308.º, n.º 2, da RCT).

[17] Na linha do disposto no Código Civil, o art. 119.º, n.º 1, do CT determina que "o empregador e o trabalhador, no cumprimento das respectivas obrigações, assim como no exercício dos correspondentes direitos, devem proceder de boa fé".

O Incumprimento da Obrigação Retributiva e o Art. 364.º, N.º 2, do CT

ponderem todas as circunstâncias concretamente relevantes[18]. Ademais, neste caso o trabalhador apenas terá direito a ser indemnizado na hipótese de se verificar uma falta culposa de pagamento, mas não já se tal falta de pagamento não for culposa (art. 443.º do CT).[19]

*

Segundo o art. 308.º, n.º 3-*a)*, da RCT, o trabalhador que opte pela resolução do contrato de trabalho[20] tem direito a ser indemnizado nos termos previstos no art. 443.º do CT. Assim, de acordo com este último preceito, o trabalhador terá, em princípio, "direito a uma indemnização por todos os danos patrimoniais e não patrimoniais sofridos". O *quantum* indemnizatório acaba, todavia, por ser balizado pela lei, visto que o respectivo montante deverá ser fixado entre 15 e 45 dias de retribuição base e diuturnidades[21] por cada ano completo de antiguidade.

Ao invés do critério tabelar adoptado pela LCCT – o seu art. 36.º remetia, nesta matéria, para o disposto no art. 13.º, n.º 3, o qual deter-

---

[18] Com efeito, o n.º 4 do art. 441.º do CT remete para o disposto no art. 396.º, n.º 2, "com as necessárias adaptações", o que postula uma apreciação da justa causa de demissão em moldes casuísticos, atendendo ao grau de lesão dos interesses do trabalhador, ao carácter das relações entre as partes e às demais circunstâncias que se mostrem, *in casu,* relevantes. Sobre os termos da conjugação entre os arts. 364.º, n.º 2, e 441.º do CT, *vd.* Pedro Romano Martinez, *Código do Trabalho Anotado,* 3.ª ed., 2004, Almedina, Coimbra, pp. 600-601.

[19] De todo o modo, importa não esquecer que a culpa do empregador se presume, por força do disposto no art. 799.º, n.º 1, do Código Civil, nos termos do qual "incumbe ao devedor provar que a falta de cumprimento ou o cumprimento defeituoso da obrigação não procede de culpa sua".

[20] A resolução do contrato deverá seguir os termos previstos no n.º 1 do art. 442.º do CT, ou seja, deverá ser feita por escrito e com indicação sucinta dos factos que a justificam. Quanto ao prazo de trinta dias a que este preceito alude (trinta dias subsequentes ao conhecimento dos factos constitutivos da justa causa), julga-se que ele não corre neste caso, em que se verifica um incumprimento contratual continuado, pois é óbvio que à medida que o período de mora patronal se avoluma a situação contratual só tende a agravar-se, podendo mesmo tornar-se insustentável para o trabalhador. Neste contexto, enquanto persistir a violação, enquanto se mantiver o incumprimento patronal, não poderá correr qualquer prazo de caducidade da faculdade de o trabalhador resolver, com justa causa, o respectivo contrato de trabalho.

[21] A propósito das diuturnidades, *vd.* o art. 250.º, n.º 2-*b),* do CT.

minava que a indemnização corresponderia a um mês de remuneração de base por cada ano de antiguidade ou fracção –, o legislador consagra agora uma moldura indemnizatória, com padrões mínimos e máximos de referência, assim alargando consideravelmente a margem de manobra do tribunal no tocante à determinação da indemnização devida ao trabalhador e assim criando, *nolens volens,* dificuldades de monta ao aplicador do direito.

É certo que esta disposição legal não deixa de suscitar alguma perplexidade, dado que, após conferir ao trabalhador o direito a uma indemnização por todos os danos sofridos, logo se apressa a fixar um montante máximo para a referida indemnização (correspondente a 45 dias de retribuição base e diuturnidades por cada ano completo de antiguidade), o que, bem vistas as coisas, pode levar a que nem todos os danos sofridos pelo trabalhador venham a ser ressarcidos. Compreende-se, por isso, a crítica formulada por Albino Mendes Baptista a este preceito, considerando mesmo este autor que "esta norma é das mais infelizes do Código do Trabalho". Segundo o citado autor, importaria então "proceder à interpretação restritiva do preceito, deixando de fora, desde logo, os danos não patrimoniais que, por natureza, são insusceptíveis de sujeição a um espartilho legislativo".[22]

A meu ver, porém, o preceito será criticável, mas não vislumbro argumentos suficientes para desatender à sua letra, aliás cristalina quanto a este ponto: mal ou bem (porventura mal!), o legislador estabeleceu a referida moldura indemnizatória entre 15 e 45 dias de retribuição por cada ano de antiguidade, ou seja, estabeleceu um limite máximo e um limite mínimo para a mesma, limites estes que nada autoriza a cingir aos danos patrimoniais. Assim, ainda que os danos (patrimoniais e não patrimoniais) sejam superiores, o *quantum* indemnizatório não poderá ultrapassar o referido limite máximo, tal como, ainda que aqueles danos sejam inferiores, o *quantum* indemnizatório não poderá vir abaixo do limite mínimo. Solução esta, repete-se, quiçá criticável, mas que, *de jure condito,* não parece que possa ser desatendida pelo aplicador do direito.[23]

---

[22] "Considerações em torno do artigo 443.º do novo Código do Trabalho", *Revista do Ministério Público,* n.º 96, 2003, pp. 134-135.

[23] Para uma interpretação alternativa deste preceito, propondo a distinção entre danos não patrimoniais derivados da resolução do contrato e danos não patrimoniais derivados da conduta culposa do empregador, *vd.* José Eusébio Almeida, "A indemnização na resolução com justa causa (subjectiva) do contrato de trabalho pelo trabalhador", *Prontuário de Direito do Trabalho,* CEJ, n.º 67, 2004, pp. 131 e ss.

O Incumprimento da Obrigação Retributiva e o Art. 364.º, N.º 2, do CT 129

De entre os parâmetros em função dos quais a indemnização será calculada, importa ainda frisar que: *i)* no caso de fracção de ano, o valor de referência será calculado proporcionalmente (n.º 2 do art. 443.º), ao passo que da legislação anterior resultava que qualquer fracção de ano equivaleria a mais um mês de indemnização – assim, para um trabalhador com 6 anos e 4 meses de antiguidade, a lei anterior determinava que a sua indemnização corresponderia a sete meses de remuneração, sendo que o art. 443.º faz com que essa indemnização seja calculada entre 15 e 45 dias de retribuição pelos seis anos completos de antiguidade, acrescidos de uma indemnização a fixar entre 5 e 15 dias de retribuição pela fracção de ano correspondente aos quatro meses; *ii)* em qualquer caso, isto é, independentemente da antiguidade do trabalhador, a indemnização nunca poderá ser inferior a três meses de retribuição base e diuturnidades (n.º 2, *in fine*), solução esta que não se afasta substancialmente da constante da legislação revogada.

*

Em jeito conclusivo, dir-se-ia que, no tocante à resolução do contrato baseada na falta de cumprimento pontual da obrigação retributiva, <u>o CT e a RCT resolveram um problema (o da possibilidade de sucessão suspensão-resolução), mantiveram outro (o da convivência entre o art. 364.º/2 e o art. 441.º, quando o trabalhador resolve o contrato) e criaram um novo (o da determinação da indemnização a que o trabalhador terá direito em caso de resolução).</u> O balanço geral não se afigura, pois, tão positivo quanto poderia e deveria ser...

DIA 4 DE NOVEMBRO DE 2004

17 horas

TEMA III

A DISCRIMINAÇÃO EM FUNÇÃO DA IDADE E DA ORIENTAÇÃO E CONDUTA SEXUAIS. TRABALHO À CHAMADA OU EM REGIME DE PREVENÇÃO E CONTRATO DE TRABALHO E LIBERDADE RELIGIOSA

Presidência
Dr.ª Josefina Leitão

Prelectores
Dr. António Vilar
Universidade Lusíada do Porto e Advogado
Prof. Doutor Júlio Gomes
Universidade Católica do Porto
Mestre Maria Regina Redinha
Faculdade de Direito da Universidade do Porto
Mestre Teresa Coelho Moreira
Escola de Direito da Universidade do Minho

TEMPO DE TRABALHO
**– quando o trabalhador permanece adstrito à realização
da prestação, mas não está a desempenhar a actividade –**

António Vilar

*Universidade Lusíada do Porto
Advogado*

TEMPO DE TRABALHO
– quando o trabalhador permanece adstrito à realização
da prestação, mas não está a desempenhar a actividade –

ANTÓNIO VILAR

Universidade Lusíada do Porto
Advogado

Através do contrato de trabalho o empregador adquire a disponibilidade da força de trabalho do trabalhador para uma certa dimensão temporal.

A determinação do tempo de trabalho[1] é importante para o trabalhador enquanto recorta, desde logo, o tempo que lhe ficará livre para a sua vida extra laboral em todas as suas diversas expressões possíveis, além de se correlacionar com a retribuição a que terá direito[2]. Na verdade, sendo o trabalhador uma pessoa em toda a dimensão da palavra e em toda a dignidade da espécie, a sua liberdade e dignidade pessoal não poderão ser afectadas por um qualquer regime de tempo de trabalho que desconsidere tal essencialidade. Terá de ser considerada, ainda, como daí decorrente, a exigência de protecção da vida e da integridade física e

---

[1] Esta questão, que se relaciona com a determinação quantitativa da prestação de trabalho, é tão relevante para o trabalhador quanto a da determinação qualitativa da mesma prestação que versa, esta, sobre as aplicações possíveis da sua força de trabalho. Cfr. António Monteiro Fernandes, *Direito do Trabalho*, 12ª edição, 2004, Almedina, p. 331.

[2] É, regra geral, em função de uma certa unidade de tempo (a hora ou o dia) que se determina a retribuição, e esta correlação entre tempo de trabalho e retribuição expressa-se, designadamente, na dedução no salário dos dias de falta ao trabalho, no acréscimo de retribuição ligado à prestação de trabalho suplementar, etc. A retribuição pode, porém, ter por referência, também, o rendimento do trabalho (remuneração à peça, à tarefa, através do pagamento à comissão, etc).

psíquica do trabalhador, o que implica que, também por aí, sejam recortados limites máximos de tempo de trabalho de modo a que a pessoalidade do trabalhador não só se exprima em espaços de cultura e de lazer, mas alcance a recuperação psíquico-somática do esforço laboral, e assuma a sua dimensão cívica e civil, tal como a sua pertença à comunidade da família e outras.

A determinação do tempo de trabalho releva, por outro lado, no plano da retribuição que será devida ao trabalhador. A retribuição é um elemento essencial do contrato de trabalho, que é um negócio jurídico oneroso,[3] e, por isso, não estaremos perante um contrato de trabalho aquando da prestação *gratuita* de qualquer actividade; sendo uma contrapartida patrimonial[4] da actividade do trabalhador a cargo do empregador, é fixada pela livre vontade das partes desde que sejam respeitadas as pertinentes normas legais (salário mínimo e forma de cumprimento[5], por exemplo) e as dos IRCT porventura aplicáveis. Ora a retribuição do trabalho – a sua medida – relaciona-se, também, com o tempo de trabalho, quer enquanto a unidade de cálculo para a determinação de certa retribuição é uma unidade de tempo (o dia ou a hora, p. ex.) quer na medida em que se verifica uma correspectividade entre um determinado período de tempo (o mês, normalmente) e um certo valor económico (o salário)[6].

---

[3] Cfr. Pedro Romano Martinez, *Direito do Trabalho*, pp. 531 e artigos 10.º e 249.º do CT. Sobre a noção económica de salário pode ver-se Soares Martinez, *Economia política*, 8ª Edição, Coimbra, 1998, pp. 721 e ss..

[4] O artigo 267.º n.º 1 do CT exprime o caracter patrimonial da retribuição ao estabelecer que a retribuição deve ser satisfeita em dinheiro ou, estando acordado, parcialmente em prestações de outra natureza; a estas prestações não pecuniárias – e que devem destinar-se à satisfação de necessidade pessoais do trabalhador ou da sua família, de acordo com o n.º 2 do mesmo artigo, – não pode ser atribuído valor superior ao corrente na região. Daqui resulta que a retribuição poderá não corresponder a uma prestação pecuniária mas tem de ter caracter patrimonial (Cfr., a propósito, o artigo 398.º n.º 2 do Código Civil). Assim, pode concluir-se que não cabe na noção de retribuição um prémio meramente simbólico atribuído ao trabalhador, a disponibilização, a este, de mais assessores ou de melhor equipamento de trabalho, conforme refere Pedro Romano Martinez, *Direito do Trabalho*, p. 537 e 538 e Bernardo Xavier, *Curso*, p. 383.

[5] Nos termos do art.º 267.º, números 1 a 3 do CT, a mera troca de serviços não cabe no âmbito do direito do trabalho.

[6] Cfr. António Monteiro Fernandes, ob. cit., p. 352 e ss..

Tempo de Trabalho 137

Assim, pois, tanto a dimensão humana como a económica se apresentam relevantes para o trabalhador aquando da determinação do tempo de trabalho[7].

Uma e outra dimensões têm, de resto, assento constitucional, sendo aqui de sublinhar que a Constituição da República Portuguesa não se limita a ser um estatuto organizatório do Estado, e, antes exprime um projecto de transformação da sociedade, designadamente no plano social.[8] [9]

A CRP contém um capítulo sobre «direitos e deveres económicos» que se inicia, no seu artigo 58.º, pelo direito ao trabalho.

Segundo dispõe o artigo 59.º n.º 1 alínea d) da CRP, todos os trabalhadores têm direito «*ao repouso e aos lazeres, a um limite máximo da jornada de trabalho, ao descanso semanal e a férias periódicas pagas*», acrescentando a alínea b) do n.º 2 do mesmo artigo que incumbe ao Estado assegurar as condições de trabalho, retribuição e repouso a que

---

[7] O tempo de trabalho é, em múltiplas vertentes, desde pelo menos a Revolução Industrial, uma questão nuclear no âmbito do Direito do trabalho, sendo certo que muitos dos avanços na construção inicial do Direito do trabalho foram feitos precisamente na direcção da limitação do tempo do trabalho, que então, absorvia quase toda a vida dos trabalhadores. V., a propósito, António Meneses Cordeiro, *Manual de Direito do Trabalho*, Almedina, 1991, p. 688 e ss. e, sobre a evolução mais recente da questão da duração do trabalho em Portugal, António Monteiro Fernandes, *Direito do Trabalho*, 12ª ed., Almedina, p. 342 e ss..

[8] Neste sentido J. J. Gomes Canotilho e Vital Moreira, na Constituição da República Portuguesa Anotada, 2ª ed., I. vol., escrevem que a CRP «*Não é apenas um estatuto organizatório do Estado-instituição ou do Estado-pessoa-colectiva: é também lei fundamental da sociedade, da colectividade política e, bem assim, um projecto de transformação económica e social. Não é apenas um limite negativo à actividade do Estado: é também um caderno de encargos do Estado, das suas tarefas e obrigações no sentido de satisfazer as necessidades económicas, sociais e culturais dos cidadãos e dos grupos sociais. Não é apenas, para os cidadãos, uma barreira de defesa perante as intromissões do Estado: é também, em primeiro lugar, um catálogo de direitos à acção do Estado; em segundo lugar, uma imposição de deveres perante o Estado e a sociedade; e, finalmente, uma fonte directa de disciplina das relações entre os próprios cidadãos.*»

[9] Sendo certo que as normas constitucionais não têm todas a mesma natureza, estrutura e função – sendo, pois, «variável a intensidade da sua força conformadora imediata» – todas essas normas possuem, no entanto, eficácia normativa «seja como direito actual directamente regulador de relações jurídicas (ex.: normas consagradoras de direitos fundamentais), seja como elementos essenciais de interpretação ou integração de outras normas (ex.: normas consagradoras de princípios políticos).»

138   *VIII Congresso Nacional de Direito do Trabalho*

os trabalhadores têm direito e, nomeadamente, cabe-lhe «*a fixação, a nível nacional, dos limites da duração do trabalho*».

O conceito de tempo de trabalho consta, hoje,[10] do artigo 155.º do CT: «*Considera-se tempo de trabalho qualquer período durante o qual o trabalhador está a desempenhar a actividade ou permanece adstrito à realização da prestação, bem como as interrupções e os intervalos previstos no artigo seguinte*».

Ora o artigo 156.º, referindo-se a interrupções e intervalos, estabelece que se consideram compreendidos no tempo de trabalho:

a) As interrupções de trabalho como tal consideradas em instrumento de regulamentação colectiva de trabalho, em regulamento interno de empresa ou resultantes dos usos reiterados da empresa;

b) As interrupções ocasionais no período de trabalho diário, quer as inerentes à satisfação de necessidades pessoais inadiáveis do trabalhador, quer as resultantes do consentimento do empregador;

c) As interrupções de trabalho ditadas por motivos técnicos, nomeadamente limpeza, manutenção ou afinação de equipamentos, mudança dos programas de produção, carga ou descarga de mercadorias, falta de matéria prima ou energia, ou factores climatéricos que afectem a actividade da empresa, ou por motivos económicos, designadamente quebra de encomendas;

d) Os intervalos para refeição em que o trabalhador tenha de permanecer no espaço habitual de trabalho ou próximo dele, adstrito à realização da prestação, para poder ser chamado a prestar trabalho normal em caso de necessidade;

---

[10] Antes do Código do Trabalho entrar em vigor, regiam o artigo 2.º, n.º 1 a) da Lei 73/98 de 10 de Novembro, relevando, ainda, os artigos 45.º da LCT e 5.º da LDT. Também se deve referir a Directiva 93/10/CEE do Conselho, de 23 de Novembro de 1993 relativa a determinados aspectos de organização do tempo de trabalho que tentou uniformizar o direito a nível comunitário (V. Meneses Leitão, art. 155º).

Não têm, hoje, sentido as distinções em curso antes da entrada do Código do Trabalho, entre "tempo de trabalho propriamente dito", "tempo de trabalho efectivo", "tempo equiparado ao tempo de trabalho" e, também, parece-nos, se ultrapassou a querela envolvendo a interpretação da Directiva n.º 93/104/CEE do Conselho, de 23 de Novembro de 1993 (JOCE, n.º L-307 de 13 de Dezembro de 1993) e, também, a doutrina do acórdão SIMAP de 3 de Outubro de 2003 (Proc. 303/98 Colec. I – I-7963).

Tempo de Trabalho 139

e) As interrupções ou pausas nos períodos de trabalho impostas por normas especiais de segurança, higiene e saúde no trabalho.

Importa, desde já, apreciar o conceito de tempo de trabalho, pois este é o eixo em torno do qual outras noções, dadas no Código, se movimentam. Veremos, depois, por contraste, o que releva em sede de interrupções e intervalos.

Retomando, então, o conceito legal de tempo de trabalho, verifica-se que avultam nele três aspectos:

– O tempo durante o qual o trabalhador está a desempenhar a actividade;
– O tempo durante o qual permanece adstrito à realização da prestação laboral;
– O tempo inerente às interrupções e aos intervalos previstos no artigo 156.º do CT.

Trata-se de situações diferenciadas – sobretudo é distinta a última em que não há prestação efectiva de trabalho em sentido naturalístico. De resto «tempo de trabalho» é um conceito normativo e não naturalístico ou simplesmente descritivo[11] pelo que todas as situações jurídicas que são acolhidas no conceito legal de tempo de trabalho deverão ser consideradas como tempo de prestação do trabalho mesmo quando não haja prestação efectiva de trabalho. Ora não há prestação de trabalho – mas é tempo de trabalho – aquele em que o trabalhador não executa qualquer prestação laboral, mas está, para tal, contratualmente disponível caso assim o deseje o empregador e, ainda, são tempo de trabalho os momentos – que a lei como tal qualifica – designadamente os relacionados com intervalos e interrupções da prestação do trabalho (artigo 156.º do CT) em que nem sequer há a disponibilidade do trabalhador para a prestação.

O tempo de trabalho opõe-se, no essencial, ao período de descanso. *«Entende-se por período de descanso todo aquele que não seja tempo de trabalho»*, segundo o disposto no artigo 157.º do CT. Trata-se de um tempo de não trabalho mas que, porém, «não coincide, neces-

---

[11] Cfr. Pedro Romano Martinez e outros, *Código do Trabalho anotado*, 2005, nota ao artigo 155.º.

sariamente, com a ideia de repouso ou de descanso em termos físicos. O tempo de deslocação para e do trabalho é, por isso, período de descanso»[12].

O tempo durante o qual o trabalhador está a desempenhar a actividade é o primeiro aspecto a abordar.

É, como se disse antes, em volta do conceito básico de tempo de trabalho que se estabelece o regime jurídico da delimitação temporal da prestação de trabalho[13]. Além deste, outros conceitos relevam, também, tais como o de período normal de trabalho, o de período de funcionamento e o de horário de trabalho, sendo certo que estes têm sempre como pressuposto aquele conceito.

Principiemos pela abordagem do conceito de período normal de trabalho.

O tempo de trabalho que o trabalhador se obriga a prestar, medido em número de horas por dia e por semana, denomina-se "período normal de trabalho" (artigo 158.º do CT). O tempo de duração do trabalho poderá ser definido no contrato individual de trabalho, como poderá resultar de uso ou prática na empresa ou no sector de actividade em causa mas, também, poderá estar determinada a nível da contratação colectiva.

Segundo dispõe o artigo 163.º do CT, os limites máximos dos períodos normais de trabalho são de oito horas por dia e quarenta horas por semana, mas há que considerar as excepções previstas a tais limites máximos no artigo 167.º do CT. Importa, em particular, ter em conta as situações de adaptabilidade na organização do tempo de trabalho em que o período normal de trabalho pode ser definido, por efeito de regulamentação colectiva ou acordo das partes, em termos médios (CT artigos 164.º a 169.º) e, então, a prestação de trabalho levada até às sessenta horas semanais. De qualquer modo prevalecerá, sempre, a média de quarenta horas por semana no período de referência.

---

[12] Cfr., neste sentido, Pedro Romano Martinez e outros, *Código do Trabalho anotado* em anotação ao artigo 157.º.

[13] Cfr. a anotação ao artigo 155.º do Código do Trabalho anotado de Pedro Romano Martinez e outros onde se esclarece que conceito de tempo de trabalho «*é construído pela combinação de três critérios: o do tempo em que efectivamente se realiza a prestação, o da disponibilidade para o efeito, com ou sem presença no posto de trabalho, e o da interrupção da prestação normativamente assimilada às anteriores*».

Tempo de Trabalho 141

Por período de funcionamento entende-se o intervalo de tempo diário durante o qual os estabelecimentos podem exercer a sua actividade (artigo 160.º n.º 1 do CT), designando-se período de abertura quanto aos estabelecimentos de venda ao público (artigo 160.º n.º 2 do CT) e período de laboração quanto aos estabelecimentos industriais (artigo 160.º n.º 3 do CT) [14].

Quanto ao período de laboração, a sua fixação cabe ao empresário mas tendo, designadamente, em conta que se for superior ao período normal de trabalho terão que ser organizados turnos de pessoal diferente nos termos do disposto nos artigos 189.º a 191.º do CT.

Segundo dispõe o artigo 159.º n.º 1 do CT «entende-se por horário de trabalho a determinação das horas do início e do termo do período normal de trabalho diário, bem como dos intervalos de descanso».

O horário de trabalho tem a ver com a distribuição das horas do período normal de trabalho pelo período de funcionamento e exprime a concretização das horas de início e de termo do período normal de trabalho diário e dos intervalos de descanso[15].

Voltemos ao conceito de «tempo de trabalho».

É, também, legalmente tempo de trabalho aquele durante o qual o trabalhador permanece adstrito à realização da prestação contratualizada, ou seja, está disponível para a concretizar, ainda que o empregador a não aproveite.

Ocorrem, neste âmbito, situações que se caracterizam por ficarem aquém da concretização da prestação e irem além da plena disponibi-

---

[14] A questão do período de funcionamento dos estabelecimentos comerciais, não sendo de foro estritamente laboral, tem, porém, sido factor de conflitualidade com reflexos no Direito do Trabalho.

[15] O horário de trabalho respeita, assim, a cada trabalhador. Os horários de trabalho de todos os trabalhadores da empresa ou do estabelecimento devem, por seu lado, constar de um documento designado por "mapa de horário de trabalho" (artigo 179.º do CT). Este documento tem de estar afixado em todos os locais de trabalho, em lugar bem visível, sendo que o empregador tem de enviar cópia desse mapa à Inspecção Geral do Trabalho com a antecedência mínima de quarenta e oito horas relativamente à sua entrada em vigor (artigo 179.º n.º 2 do CT). Ainda que não sendo, actualmente, exigida a aprovação expressa da Inspecção Geral do Trabalho, o certo é que a sua legalidade poderá ser aferida em qualquer momento.

lidade do trabalhador para a sua vida pessoal: o trabalhador permanece adstrito à realização da prestação, mas não desempenha (necessariamente) qualquer actividade.

O artigo 155.º do CT delimita, em parte, a problemática em causa ao considerar tempo de trabalho o respeitante às interrupções e aos intervalos previstos no artigo 156.º do mesmo Código. Subsistem, porém, outros tempos em que o trabalhador não está à disposição permanente e imediata do seu empregador, mas tem a obrigação de permanecer no seu domicílio, ou nas proximidades, a fim de poder intervir para realizar um trabalho de que a empresa necessite. Trata-se de tempo de trabalho, porquanto o trabalhador está adstrito à realização da prestação que assumiu pelo contrato de trabalho (artigo 155.º do CT). Sendo tempo de trabalho, este tempo está sujeito, desde logo, aos limites máximos de períodos normais de trabalho como, também, naturalmente, às legais excepções. Cabe, aqui, referir o que dispõe o artigo 167.º do CT, na parte que nos interessa:

> *«1. Os limites dos períodos normais de trabalho fixados no artigo 163.º só podem ser ultrapassados nos casos expressamente previstos neste Código[16], salvo o disposto no número seguinte.*
> *2. O acréscimo dos limites do período normal de trabalho pode ser determinado em instrumento de regulamentação colectiva de trabalho:*
> *a) .....*
> *b) Em relação às pessoas cujo trabalho seja acentuadamente intermitente ou de simples presença.»*

A previsão legal em causa implica com a ideia de trabalho intermitente e com a de trabalho de simples presença cujos contornos, convêm, desde já, esclarecer.

O trabalho intermitente é uma modalidade de prestação do trabalho que decorre da especificidade de certos sectores profissionais em que relevam significativamente flutuações de actividade durante o ano. É o caso das actividades ligadas ao trabalho escolar, ao turismo, ou às estações do ano, sendo que se visa conjugar tais flutuações com a estabi-

---

[16] Ver, por exemplo, o n.º 3 do artigo 163.º do CT ou o regime da isenção de horário de trabalho.

Tempo de Trabalho 143

lidade da relação de trabalho, ou seja, estaremos perante empregos permanentes mas com alternância de períodos de trabalho e outros de não trabalho. [17]

O trabalho intermitente não permite, porém, que o empregador organize o tempo de trabalho, arbitrariamente e, que, assim, apenas solicite o trabalhador para a sua prestação laboral quando dela tiver necessidade, pois a alternância entre períodos de trabalho e de não trabalho deverá assentar em factores externos à vontade das partes ligadas às referidas flutuações de actividade.

O contrato de trabalho intermitente é um contrato sem termo.

No caso do trabalho de simples presença, o trabalhador permanece, no local de trabalho, adstrito à realização da prestação sendo que cumpre o contrato através de tal presença, que é trabalho efectivo e que o impede de livremente se entregar à suas ocupações pessoais.

Distinta desta, crê-se, é a situação em que o trabalhador, fora do local de trabalho, em regime de localização, está obrigado a disponibilidade para intervir, prestando trabalho efectivo, quando o empregador tal solicitar, mas podendo, nesse tempo, porém, entregar-se às suas ocupações pessoais. [18]

Em qualquer das situações estar-se-á, pois, perante tempo de trabalho com consequências em relação à retribuição, à contagem da antiguidade, à progressão na carreira, ao direito ao repouso e outras.

Ora nestas referidas situações, se é certo que o trabalhador, está adstrito à realização da prestação laboral, também é verdade que não está privado, no entretanto, da possibilidade de se entregar às suas ocupações pessoais, pelo que será relevante, aqui, a distinção do período de intervenção (de prestação efectiva de trabalho) durante o tempo global de adstringência.

E, por fim, também as interrupções e intervalos elencadas taxativamente no artigo 156.º do CT são tempo de trabalho. [19]

Trata-se de pausas ou paragens na prestação de trabalho que o legislador considera tempo de trabalho, embora naturalisticamente o não seja,

---

[17] Cfr. o Code du Travail, art. L. 212-4-12, no direito francês.

[18] É relativamente a esta situação que o Direito do Trabalho francês se refere às "astreints". V. Jean Emmanuel Ray, Droit Social, 1999, n.º 3, p. 250 e ss.

[19] Este artigo corresponde, com alterações, ao n.º 2 do artigo 2.º da Lei n.º 73/98 de 10 de Novembro.

mas que, atenta a sua curta duração, são tidas por irrelevantes para o computo do tempo de trabalho.

Face ao disposto no artigo 155.º do CT o tempo durante qual o trabalhador se encontra sujeito ao regime de localização, ainda que sem executar qualquer prestação laboral, é tempo de trabalho[20].

Importará, então, saber como se organiza tal tempo.

Ora relevará aqui, sobretudo, a contratação colectiva, e, muito particularmente, o que for determinado em acordos de empresa. Por aí passa a fixação do modo de organização desse tipo de tempo de trabalho e o modo da pertinente compensação (financeira ou sob a forma de repouso) que será diferente consoante a sua natureza e duração. Na falta de IRCT valerá o acordo a que chegarem o empregador e o trabalhador, sendo que podem, também, vigorar normas estatutárias.

---

[20] Entendimento diferente prevalecia antes da entrada em vigor do CT. Assim, Albino Mendes Baptista, *"Tempo de trabalho efectivo, tempos de pausa e tempo de «terceiro tipo»"* in Rev. Dir. Est. Soc. Janeiro-Março 2002, p. 40 sugeria tratamento diferente para o "o *tempo de guarda que efectuam os médicos das equipas de urgência, no regime da presença física no estabelecimento de saúde, deve ser considerado na sua totalidade tempo de trabalho e, eventualmente, como horas extraordinárias na acepção da Directiva 93/104*" (...) e para o tempo de "*guardas efectuadas no sistema que exige que os referidos médicos estejam acessíveis permanentemente, apenas o tempo relacionado com a prestação efectiva dos serviços de urgência deve ser considerado tempo de trabalho*".

ALGUMAS PRIMEIRAS REFLEXÕES SOBRE A LIBERDADE RELIGIOSA DO TRABALHADOR SUBORDINADO

Júlio Gomes

Professor da Universidade Católica do Porto

ALGUMAS PRIMEIRAS REFLEXÕES SOBRE A LIBERDADE RELIGIOSA DO TRABALHADOR SUBORDINADO

JÚLIO GOMES

Professor da Universidade Católica do Porto

A liberdade religiosa e a sua interacção com o direito do trabalho[1] constituem um tema relativamente recente. Aliás, não falta quem continue a considerar tal tema como perturbador[2] e outros que o desvalorizam[3]. Contudo, nas sociedades modernas ocidentais em que o monolitismo cultural e religioso de outros tempos deu lugar, gradualmente, e em parte por força da imigração maciça de trabalhadores de fé islâmica, a

---

[1] Não trataremos neste pequeno estudo do tema conexo das empresas ditas ideológicas ou de tendência.

[2] MICHEL LEVINET, *Croyances religieuses et travail dans la jurisprudence des organes de la Convention européenne des droits de l'homme*, Cahiers Sociaux du Barreau de Paris, 2003, número especial, juillet/août, págs. 63 e segs., pág. 63: "La liberté de religion dérange".

[3] Sirva de exemplo o texto de PAOLA BELLOCCHI, *Pluralismo religioso, discriminazioni ideologiche e diritto del lavoro*, ADL 2003, n.º 1, págs. 157 e segs., pág. 210, que fala do "substancial desinteresse da doutrina por um fenómeno de importância social tão reduzida" (como seria, na sua opinião a discriminação religiosa). Para a autora a discriminação religiosa seria secundária e não estaria bem identificada.

[4] Segundo ALAIN POUSSON, *Convictions religieuses et activité salariée*, Mélanges dédiés au Président Michel Despax, Presses de l'Université des Sciences Sociales de Toulouse, 2002, págs. 285 e segs., pág. 287, também a ideia de neutralidade religiosa do Estado evoluiu: ter-se-á passado de um laicismo negativo ou de separação, indiferente ao facto religioso, para um laicismo aberto ou positivo que considera a religião um facto importante e inevitável e lhe reconhece o título de interesse juridicamente protegido.

um pluralismo religioso acentuado[4], os problemas colocados pela liberdade religiosa ao regime do contrato de trabalho têm-se multiplicado. Trata-se evidentemente, e desde logo, da necessidade de proibir comportamentos discriminatórios em função das convicções religiosas dos trabalhadores. Como a OIT sublinhou, em comunicado de 12 de Maio de 2003, "a discriminação religiosa no local de trabalho pode revestir várias formas: comportamento agressivo da parte dos colegas ou dos superiores perante membros das minorias religiosas; ausência de respeito e ignorância dos costumes religiosos; obrigação de trabalhar durante os feriados religiosos; parcialidade no domínio do recrutamento ou da promoção; recusa de licenças e desrespeito pelo vestuário". Mas, e para além disso, há uma consciência crescente de que podem surgir genuínos conflitos de deveres entre, por um lado, deveres que surgem na esfera religiosa e, por outro, deveres atinentes à execução do contrato de trabalho.

Tipicamente, as questões que se têm colocado, pelo menos de maneira mais reiterada, respeitam à possibilidade de um trabalhador se recusar a realizar uma prestação ou a realizá-la em certas condições, por força das suas convicções religiosas, mas também têm surgido, regularmente, questões respeitantes à organização do tempo de trabalho – como por exemplo as que se referem ao dia de descanso semanal[5], aos feriados e a certas viagens rituais – bem como questões atinentes à utilização de determinados símbolos que tanto podem consistir em peças de vestuário, como em formas de penteado ou ornamentos[6].

---

[5] A Declaração da ONU de 25 de Novembro de 1981 sobre a eliminação de todas as formas de discriminação e intolerância fundadas na religião e nas crenças refere no seu artigo 6.º a liberdade de observar os dias de repouso e de celebrar as festas e cerimónias segundo os preceitos da própria religião ou credo.

[6] É evidente, contudo, que se podem colocar muitas outras questões. Sirva de exemplo o caso relatado por ALAIN POUSSON, *ob. cit.*, pág. 294, em que o que estava em jogo era determinar se o consumo de drogas alucinogéneas por razões religiosas poderia ser motivo para um despedimento ou se não representaria, antes, uma discriminação em função das convicções religiosas. Dois índios norte-americanos foram despedidos por terem consumido *peyote*, uma droga alucinogénea utilizada numa cerimónia religiosa. O tribunal supremo do Estado de Oregon reconheceu-lhes o direito de invocar a Primeira Emenda da Constituição americana, segundo a qual o Congresso não pode fazer qualquer lei a respeito do estabelecimento de uma religião ou que proíba o seu livre exercício. O Tribunal Supremo dos EUA veio contudo anular esta decisão considerando que as cláusulas religiosas da Primeira Emenda não conferem imunidade face a leis que têm um carácter geral e não visam de maneira específica o exercício de um culto. Posteriormente o Congresso norte-americano, alterou, a 6 de Outubro de 1994, o American Indian

Algumas Primeiras Reflexões Sobre a Liberdade Religiosa do Trabalhador 149

A este respeito nota-se uma clara diversidade de opiniões, tanto na doutrina como na jurisprudência, verificando-se mesmo que a tradição cultural de certos países – como é o caso da França – é propensa à afirmação de um certo laicismo contratual[7], enquanto noutros existe um respeito bastante mais acentuado pela liberdade religiosa (é o caso, na Europa, da Alemanha e, fora deste continente, nos Estados Unidos da América e, sobretudo no Canadá).

Convém desde logo reconhecer que "as questões respeitantes à liberdade de religião e a manifestações religiosas no trabalho estão entre as mais controversas e delicadas do direito do trabalho"[8]. Não é sequer pacífico até que ponto é que a liberdade religiosa é apenas um aspecto da mais ampla liberdade de opinião. Certos documentos apresentam com efeito, a liberdade religiosa como uma expressão da liberdade de opinião[9]: o artigo 10º da Declaração dos Direitos do Homem e do Cidadão de 1789 afirmava precisamente que "ninguém deve ser molestado pelas suas opiniões, mesmo religiosas, desde que a sua manifestação não

---

Religious Freedom Act de 1978, proibindo expressamente qualquer medida que restrinja de modo substancial a prática religiosa de uma pessoa, mesmo que tal restrição resulte de uma regulamentação geral. No entanto, o braço de ferro continua porque o Supremo Tribunal norte-americano em decisão de Junho de 1997 considerou que Congresso tinha excedido os seus poderes. No entanto, recentemente, o tribunal supremo do Estado da Califórnia decidiu que as leis desse Estado que reprimem o uso de estupefacientes não se podem aplicar à utilização ritual do *peyote* pelos índios, porque esta planta sendo embora um estupefaciente "pode ser utilizada como um símbolo sacramental análogo ao pão e ao vinho de certas Igrejas cristãs".

[7] A expressão é de PATRICK RÉMY, *Le voile islamique dans les entreprises: une réponse identique des droits allemand et français?*, Semaine Sociale Lamy 2004, n.º 1167, págs. 7 e segs., pág. 10, e descreve a posição recentemente assumida pela Cour de cassation segundo a qual na ausência de discriminação do empregador a trabalhadora só poderá juridicamente invocar a sua liberdade religiosa em defesa da expressão das suas convicções desde que estas tenham sido integradas, tidas em conta no contrato (RTDC 2003, 290).

[8] REINHOLD FAHLBECK, Ora et Labora – *On Freedom of Religion at the Work Place: a Stakeholder* cum *Balancing Factors Model*, The International Journal of Comparative Labour Law and Industrial Relations, 2004, vol. 20, págs. 27 e segs., pág. 28.

[9] GEORGES DOLE, *La liberté d'opinion et de croyance en droit comparé du travail*, Droit Social 1992, págs. 446 e segs., pág. 446, que destaca que a liberdade religiosa se situa na zona de fronteira entre o direito privado e o direito público, entende, precisamente, que a mesma é protegida no direito do trabalho como uma modalidade da liberdade de opinião. Curiosamente, o autor já profetizava os conflitos que se viriam a colocar mais tarde em torno do véu e do lenço de cabeça islâmicos.

perturbe a ordem pública estabelecida pela lei". Já a Declaração Universal dos Direitos do Homem de 1948 no seu artigo 18º afirma que toda a pessoa tem direito à liberdade de pensamento, de consciência e de religião e a liberdade de religião é igualmente autonomizada no artigo 9º da Convenção Europeia dos Direitos do Homem e das Liberdades Fundamentais de 1950. O referido artigo 9º é, de resto, dos mais sugestivos: próprio de uma época de monolitismo religioso, este preceito articula-se em torno de uma distinção que está longe de ser evidente ou neutra. Na verdade, nele se distingue entre a liberdade religiosa do foro íntimo de cada um, que seria ilimitada, e a manifestação exterior das convicções religiosas. Ora a proclamação de uma liberdade ilimitada no foro íntimo é, evidentemente, destituída de qualquer sentido útil. Nem os piores ditadores – fossem eles Hitler, Estaline ou Pol Pot – poderiam impedir (e também não é seguro que estivessem preocupados em fazê-lo...) que no seu foro íntimo cada um acreditasse ou não acreditasse no que quisesse. Como já diz o provérbio inglês, "nem o diabo sabe o que vai no coração do Homem". A distinção, aliás, é mesmo aberrante para qualquer crente: a religião não é algo que se destine a manter-se escondido no foro íntimo de cada um, mas em quase todas as convicções religiosas é algo que tende a manifestar-se em praticamente toda a vida do crente[10]. Daí que nos parece profundamente simplista – mesmo reconhecendo, como reconhecemos, que o artigo 9.º tutela tanto a liberdade de ter ou professar uma determinada religião, a chamada liberdade religiosa positiva, como a liberdade de não professar religião alguma e de poder evitar certas formas de proselitismo[11] – afirmar que a liberdade religiosa, mormente

---

[10] Como refere JEAN SAVATIER, *Conditions de licéité d'un licenciement pour port du voile islamique*, Droit Social 2004, págs. 354 e segs., pág. 356: "(u)ma simples liberdade de convicção, inteiramente privada de qualquer faculdade de expressão, carece de sentido (...) caso se pretenda que a liberdade religiosa dos trabalhadores não seja vã, é preciso autorizá-los a manifestar a sua fé, mesmo que publicamente, desde que tal não prejudique o funcionamento da empresa". Cfr., também, o que o mesmo autor, num outro estudo seu – *"Liberté religieuse et relations de travail"*, in Mélanges Verdier, Dalloz, 2001, págs. 455 e segs., pág. 458 – afirma a este respeito: a questão da fé religiosa seria de fácil resolução se se limitasse a afirmar que o empregador não se pode imiscuir na liberdade religiosa dos trabalhadores e, igualmente, se esta correspondesse apenas a uma adesão no foro interno de cada um a certa doutrina. No entanto, "é toda a vida do crente, nos seus aspectos mais quotidianos e nos mais profanos, que é influenciada pela sua fé religiosa".

[11] Reconhecemos, no entanto, que certas formas de proselitismo podem representar comportamentos que um empregador deseje legitimamente proibir e que podem,

Algumas Primeiras Reflexões Sobre a Liberdade Religiosa do Trabalhador

no local de trabalho, se deve restringir ao foro íntimo, onde não incomodaria ninguém[12] ... A convicção religiosa destina-se, naturalmente, a

---

inclusive, explorar a particular situação dos destinatários de um serviço que podem ser especialmente influenciáveis (crianças de tenra idade) ou encontrar-se numa situação de especial vulnerabilidade (doentes mentais, pessoas em situação de grande isolamento, etc). Daí que nos pareça de aplaudir, por exemplo, a decisão da LAG Berlin no seu Acórdão de 11.6.1997, NJW-RR 1997, págs. 422 e segs. O Tribunal pronunciou-se no sentido de que existia motivo suficiente para o despedimento de uma psicóloga por proselitismo excessivo. A trabalhadora em causa prestava actividades de acompanhamento psicológico a pessoas residentes em Berlim, mas de língua russa (sobretudo emigrantes judeus), no âmbito de uma associação de apoio a esta comunidade. Trabalhava, pois, com famílias, jovens, mas também pessoas solitárias em situações relativamente vulneráveis. A trabalhadora pertencia ao movimento da cientologia e, servindo-se do equipamento do empregador redigiu folhetos de propaganda que distribuiu entre jovens e outras pessoas a que prestava os seus serviços de apoio e organizou também visitas "de estudo" a iniciativas e exposição de filmes deste movimento, sem dar conhecimento de tal facto ao seu empregador e mentindo mesmo a esse propósito quando mais tarde confrontada com essa acusação. O Tribunal, depois de sublinhar a perigosidade do movimento da cientologia, que, nas suas palavras utiliza a religião como mera cortina de fumo para uma verdadeira criminalidade económica e terror psicológico, designadamente sobre os seus próprios membros, sublinhou a extrema vulnerabilidade das pessoas com que a psicóloga trabalhava e considerou que o seu comportamento representava efectivamente justa causa para despedimento. Também já se decidiu em França que havia justa causa para o despedimento de um animador de campos de actividades para jovens que tinha procedido à leitura da Bíblia pela noite dentro e distribuído prospectos das testemunhas de Jeová. Num outro caso entendeu-se existir justa causa de despedimento de um professor de psicologia adepto da seita RAËL – seita apocalíptica, que defende uma interpretação peculiar do fenómeno dos discos voadores – porque este professor aproveitava os cursos para incitar os alunos a participar noutros cursos que ministrava numa associação de que era presidente, o "centro de desenvolvimento do potencial humano". BOULMIER, *Licenciement et Réligion*, Cahiers Sociaux du Barreau de Paris, 2003, número especial, juillet/août, págs. 71 e segs., pág. 74, que relata estes casos, considera, o que nos parece muito duvidoso, que a circunstância de se tratar de crianças e de alunos importaria pouco...

[12] DANIEL BOULMIER, *ob. cit.*, pág. 74, que afirma mesmo, expressamente, que a liberdade de religião deveria limitar-se ao foro interior, ou diremos nós, ter a cortesia de passar despercebida: "Tant que la religion reste dans le domaine du for intérieur, aucune perturbation n'est a craindre (...) la religion devrait au sein de l'entreprise se cantonner au for intérieur". Daí que o autor conclua, também, *ob. cit.*, pág. 78, que "as convicções religiões devem limitar-se à esfera do foro interno, podendo, em rigor, estender-se ao foro externo, mas sem poder criar constrangimentos de qualquer natureza aos que se sentem estranhos ao facto religioso. (...) em conclusão, não deverá esperar-se dos que invocam a sua fé que executem de boa fé o contrato de trabalho, sem avançar argumentos inteiramente estranhos à relação contratual e que só têm como escopo fazer pressão para

exprimir-se na vida exterior e também no trabalho, já que o trabalhador não deixa de ser pessoa enquanto trabalha[13], embora a liberdade religiosa tenha de se conciliar com as exigências da execução do contrato e com os direitos dos demais (incluindo a liberdade religiosa negativa), o que pode exigir, como veremos, à luz do dever de cumprir o contrato de acordo com a boa fé – dever que, obviamente, tanto incide sobre o trabalhador, como sobre o empregador – soluções de compromisso. Antecipando a conclusão que adiante desenvolveremos, o que pretendemos denunciar é uma certa visão tradicional segundo a qual a liberdade religiosa deve sempre ceder o passo designadamente às conveniências do empregador (ou às expectativas da clientela), já que essa liberdade estaria suficientemente garantida pela liberdade que o trabalhador tem de se demitir... Bem ao invés, entendemos – na esteira sobretudo da jurisprudência norte-americana e canadiana, mas também de alguns casos recentes alemães – que a boa fé pode impor ao empregador que faça um esforço razoável para adaptar o funcionamento da empresa às necessidades religiosas dos seus trabalhadores, atendendo sempre ao caso concreto e evitando fazer ao empregador exigências excessivas. Queremos, com isto, destacar que numa pequena empresa, com um número reduzido de trabalhadores, pode revelar-se muito difícil – e não exigível – garantir a um trabalhador judeu ou adventista que não trabalhe ao sábado, mas o mesmo poderá não ser verdade numa empresa com centenas de trabalhadores. E, porventura, nesta última já poderá ser razoável o pedido de que haja, na respectiva cantina, um menu sem carne de porco para os muçulmanos ou um menu *kosher* para trabalhadores judeus mais integristas ou encontrar funções alternativas para o trabalhador que recusa uma determinada tarefa por esta conflituar com as suas convicções. Sem esquecer, contudo, que a própria liberdade religiosa tem custos e que um crente tem consciência de que uma fé digna desse nome comporta sacrifícios.

---

modificar as condições de execução desta?". As convicções religiosas só poderiam ser invocadas, por conseguinte, se tivessem encontrado uma expressão prévia nas cláusulas do contrato.

[13] Mesmo em França, o *Conseil d'Etat* decidiu, em Acórdão de 25 de Janeiro de 1989 (DS 1990, 201) que não é lícita a cláusula do regulamento interno que proíba, pura e simplesmente, qualquer discussão política e religiosa, já que seria excessivamente limitativa das liberdades individuais.

Uma primeira dificuldade com que o Direito se depara nesta matéria é a própria definição de religião[14]. Não só se revela muito delicada a fronteira entre a religião e outros conjuntos de convicções éticas e filosóficas, ou a destrinça entre uma religião e uma seita, como o próprio âmbito de uma religião pode ser controverso ou variável (poder-se-á falar, por exemplo, de uma religião cristã e/ou de uma religião católica e de uma religião protestante ou de várias religiões protestantes, anglicana, calvinista, luterana, etc?). Acresce que, segundo alguns autores, a discriminação religiosa não tem apenas lugar entre pessoas que têm, e pessoas que não têm, convicções religiosas (e vice-versa) ou entre pessoas que têm convicções religiosas diferentes, mas mesmo no seio da mesma convicção religiosa entre pessoas que têm "interpretações" diferentes de uma mesma fé[15].

Em primeiro lugar, a tutela da liberdade religiosa consegue-se através da proibição de colocar questões ao candidato a um emprego – tal como, depois de celebrado o contrato de trabalho, a um trabalhador – sobre as suas convicções religiosas. Efectivamente, trata-se de um tema que, em regra, em nada interessa para a correcta execução do contrato de trabalho[16] ou, pelo menos, não é um requisito essencial para essa

---

[14] A propósito do que constitui ou não uma religião, recorde-se que o BAG em acórdão de 22.3.1995 (NZA 1995, 823) considerou que a cientologia não era uma religião, mas antes uma verdadeira actividade ou um empreendimento económico. Nas palavras do BAG, a religião ou uma visão do mundo consiste numa certeza conexa com a pessoa do ser humano acerca de determinados aspectos da totalidade do mundo, assim como da origem e do escopo da vida humana. Subjacente à religião está uma realidade transcendente, abrangente e transversal enquanto a visão do mundo tende a referir-se apenas ao mundo interior ou imanente. Uma comunidade apresenta-se como uma religião quando os seus membros ou aderentes apresentam convicções comuns do ponto de vista religioso ou de visão do mundo sobre o sentido e a realização da vida humana.

[15] Sobre o carácter « multifacetado » da discriminação em função das convicções religiosas cfr., por exemplo, LUCY VICKERS, *Approaching Religious Discrimination at Work: Lessons from Canada*, The International Journal of Comparative Labour Law and Industrial Relations, vol. 20/2, 2004, págs. 177 e segs. Como é também apontado pela doutrina, a discriminação religiosa concorre frequentemente com outras formas de discriminação (em função da etnia, do sexo ou da orientação sexual, etc.). PAOLA BELLOCCHI, *ob. cit.*, pág. 162, interroga-se, mesmo, sobre quem poderá ignorar que "por detrás da diversidade religiosa há a matemática certeza da diversidade da raça, da etnia, da proveniência? ".

[16] Não é, regra geral, um daqueles aspectos relevantes para a prestação da actividade laboral em relação aos quais recai sobre o trabalhador um dever de informação,

execução. Além da proibição de colocar questões nesta matéria ao trabalhador[17], proibição que só não existirá nos casos excepcionais em que a convicção religiosa representa um requisito profissional relevante, o empregador deve abster-se de tomar quaisquer decisões que possam considerar-se discriminatórias por este motivo.

A Directiva 2000/78/CE de 27 de Novembro pretendeu, precisamente, reagir contra a discriminação fundada, entre outros motivos discriminatórios, na religião e outras convicções, que representam uma ameaça à realização dos objectivos do Tratado da CE, mormente a obtenção de um elevado nível de emprego e protecção social, melhores condições e qualidade de vida, mais solidariedade e coesão económica e social e livre circulação de pessoas (consideração n.º 11). A proibição desta discriminação abrange terceiros, nacionais de outros Estados que não os Estados-Membros, embora não se aplique a discriminações fundadas na nacionalidade – esta modalidade de discriminação é expressamente excluída do âmbito da Directiva – e atinge tanto as discriminações directas como as indirectas e a chamada vitimização (cfr. artigo 11.º da Directiva). Excepcionalmente a Directiva permite, no n.º 1 do seu artigo 4.º, que os Estados-membros prevejam que uma diferença de tratamento baseada numa característica relacionada com um dos motivos referidos no artigo 1.º não seja considerada discriminatória quando, em razão da natureza específica da actividade profissional em causa ou do contexto em que a mesma tem lugar, a referida característica representa um requisito profissional legítimo, justificado e determinante. Resta

---

nos termos do n.º 2 do artigo 97.º do Código. Como refere JEAN SAVATIER, *"Liberté religieuse et relations de travail"*…, cit., pág. 459, "a maneira como o trabalhador exerce a sua liberdade religiosa não tem *[qualquer tipo de]* incidência na capacidade deste na execução da prestação de trabalho correspondente à função *[desempenhada]*, pelo menos relativamente a uma empresa com uma finalidade económica, que não tem por objecto o cumprimento de actos com carácter religioso".

[17] Apesar desta obrigação de não interrogar directamente o trabalhador sobre as suas convicções religiosas, a verdade é que o mesmo desiderato pode ser atingido por outros meios. A fase da admissão pode não deixar vestígios e o próprio currículo pode insinuar muito nesta matéria. Com efeito, como refere JEAN SAVATIER, *"Liberté religieuse et relations de travail"*…, cit., pág. 460, através da redacção do *"curriculum vitae"*, pode, por exemplo, fazer-se menção ao estabelecimento de ensino onde se foi educado, aos movimentos juvenis a que se pertenceu, à natureza das actividades extra-escolares. Note-se que "todas esta informações podem ter uma ligação às convicções religiosas e será praticamente impossível saber que influência terão tido nas decisões do empregador em matéria de emprego" (*ob. cit.*, pág. 460).

saber se este n.º 1 se pode aplicar à religião, porquanto, para um sector da doutrina, o n.º 2 do mesmo preceito vem introduzir um desvio, sendo mais exigente que o referido n.º 1. O alcance exacto do n.º 2 do artigo 4.º é, com efeito, controverso já que alguns consideram que o seu teor literal é mais restritivo do que o n.º 1; efectivamente, estabelece-se nele que os Estados-Membros podem manter a legislação nacional em vigor à data da adopção da Directiva, ou criar nova legislação que incorpore práticas nacionais existentes à data da adopção da Directiva, de acordo com as quais uma diferença de tratamento em ocupações em Igrejas ou outras organizações, públicas ou privadas cujo *ethos* assenta numa certa religião ou em determinadas convicções, não será discriminatória mesmo que baseada na religião e outras convicções quando estas forem um requisito profissional legítimo, genuíno e justificado, atendendo ao *ethos* da organização. Assim, não será discriminatória, segundo cremos, a exigência de que seja judeu o trabalhador contratado para abater ritualmente os animais num talho *kosher* ou de que seja católico o professor de moral e religião católicas numa escola. A letra do preceito sugere a alguns autores que só os Estados-Membros em que tais restrições já existem à data da adopção da directiva (na legislação ou sob a forma de práticas nacionais) poderiam legitimá-las, mas tal conclusão não nos parece segura: pode ser que o n.º 2 do artigo 4.º não tenha propriamente um escopo restritivo, mas antes assegurar que a legislação e práticas anteriores à Directiva possam considerar-se compatíveis com esta (sem prejuízo da introdução de outras medidas no futuro) desde que reúnam os requisitos do n.º 2 do artigo 4.º. Repare-se, contudo, que estas diferenças de tratamento, para poderem considerar-se legítimas, devem, ainda, ser compatíveis com os princípios gerais do direito comunitário e não se justificarão quando forem consideradas discriminação por outro motivo proibido.

Embora seja indiscutivelmente positivo que, pela primeira vez, uma directiva se tenha ocupado da discriminação em função da religião e de outras crenças, a verdade é que a protecção concedida é parca até porque não se prevê qualquer dever de o empregador procurar adaptar, na medida do razoável, o emprego àquelas convicções (como se prevê quanto a outras discriminações como por exemplo a realizada em função de um *handicap* do trabalhador). Muito embora no preâmbulo se faça referência à acção positiva também a propósito da discriminação religiosa (n.º 26), esta não é praticamente mencionada no articulado da Directiva. Faz-se, contudo, referência expressa a uma situação que representa um caso de acção positiva neste domínio: referimo-nos à Irlanda do Norte, a respeito da qual o artigo 15.º da Directiva permite que a sua legislação continue a diferenciar entre católicos e protestantes para efeitos de admissão nos quadros da polícia (em que, tradicionalmente, os católicos estavam subrepresentados) e como docentes.

Em França, os tribunais decidiram já que o empregador pode proibir a uma vendedora de frutas e legumes de um centro comercial em Paris (La Défense) que use um véu muçulmano por encontrar-se em contacto com um público de convicções muito variadas, muito embora a trabalhadora, curiosamente, já assim se tivesse apresentado na entrevista anterior à contratação e nada lhe tivesse sido dito nesse momento[18]. O argumento esgrimido é o de que às pessoas que trabalham com o grande público impõe-se uma certa neutralidade[19] ou, pelo menos, uma certa discrição na expressão das suas convicções pessoais. A verdade é que a decisão esteve longe de provocar unanimidade na doutrina: não escapou, com efeito, a alguns autores o que há de abusivo ou contraditório no comportamento do empregador que mantém o silêncio na entrevista de contratação em que o trabalhador já se apresenta com o símbolo religioso, para só protestar contra o uso do mesmo na fase da execução. Mas, e sobretudo, porque há uma certa hipocrisia[20] em afirmar que o empregador não

---

[18] Importa, contudo, salientar que a jurisprudência francesa na matéria se revela algo hesitante. De facto, num caso, relatado por Daniel Boulmier, *ob. cit.*, pág. 75, considerou-se haver violação de um contrato-promessa de contrato de trabalho para efectuar vindimas, quando o empregador exigiu que a trabalhadora retirasse o lenço de cabeça para poder trabalhar. Sublinhe-se que a trabalhadora tinha, inclusive, já trabalhado para a mesma empresa no ano anterior, sem que isso originasse quaisquer problemas com os outros vindimadores. Num outro caso, mais recente (RJS, 2003, n.º 309, *Tahri contra Téléperformance France*), decidiu-se que a exigência feita pelo empregador a uma trabalhadora que deixasse de usar um lenço que cobria a cabeça e a nuca era uma discriminação fundada na religião e na aparência física, tanto mais que a empresa não tinha apresentado justificações para a sua exigência (mas neste caso, tudo indica que a trabalhadora só tinha contactos esporádicos com o público).

[19] Cfr. Pascal Lokiec, *Tenue correcte exigée, des limites à la liberté de se vêtir à sa guise*, Droit Social 2004, pp. 132 e segs., pág. 139.

[20] Assim expressamente Jean Savatier, *Conditions de licéité...*, pág. 357, para quem "esta maneira de classificar os empregos em função da expectativa dos clientes sobre a aparência física dos trabalhadores que os servem faz prevalecer as leis económicas da concorrência sobre a igual dignidade das pessoas".

Algumas Primeiras Reflexões Sobre a Liberdade Religiosa do Trabalhador   157

pode discriminar em função das convicções religiosas, mas permitir, no fim de contas, essa discriminação desde que baseada na reacção da clientela, por mais preconceituosa e xenófoba que essa clientela possa ser[21].

Num Acórdão anterior, de 9 de Setembro de 1997, a Cour d'Appel de Saint-Denis de La Réunion considerou igualmente que havia justa causa para despedir uma trabalhadora vendedora de artigos de moda femininos que se tinha recusado a deixar de usar um vestuário que testemunhava a sua fé islâmica e que a cobria da cabeça aos pés (D 1998, 546). O tribunal considerou que esta indumentária não correspondia ao espírito da moda e às expectativas de uma clientela ávida de novidades[22].

Na Alemanha, o BGH proferiu a 10 de Outubro de 2002 uma decisão sobre o uso do véu. Tratou-se de uma trabalhadora nascida na Turquia e contratada como vendedora na secção de perfumaria de uma grande superfície que empregava uma centena de trabalhadores, na sua grande maioria vendedores. Após uma licença de maternidade, a trabalhadora informou o empregador que as suas convicções religiosas tinham evoluído e que, doravante, pretendia passar a usar o véu islâmico. O empregador ouviu a comissão de trabalhadores (o Betriebsrat) que se pronunciou unanimemente pelo despedimento[23]. O empregador acabou por proferir essa mesma decisão. As primeiras instâncias deram razão ao empregador. Embora a trabalhadora pudesse invocar a liberdade religiosa,

---

[21] Ou a hostilidade do seu pessoal... Como destaca JEAN SAVATIER, *Conditions de licéité...*, pág. 356, "O véu islâmico não constitui geralmente um obstáculo à boa execução do trabalho ligado à natureza da tarefa a realizar pelo trabalhador, salvo nos casos em que comprometa a audição da trabalhadora ou acarrete riscos para a segurança desta ou de terceiro. O que motiva as restrições impostas pelo empregador à liberdade da trabalhadora é geralmente o desejo do empregador de não comprometer a imagem da empresa (...) o empregador não pode limitar-se a invocar a paz social no seio da empresa, refugiando-se por detrás da hostilidade do seu pessoal relativamente a trabalhadoras com véu. Esta hostilidade seria suspeita de racismo e não bastaria para exonerar o empregador da sua obrigação de não discriminação".

[22] É curioso observar que na Bélgica o tribunal de trabalho de Charleroi considerou não haver justa causa para o despedimento de uma vendedora muçulmana que usava vestidos longos e amplos (o caso é referido e comentado por ALAIN POUSSON, *ob. cit.*, pág. 290). O tribunal sublinhou que um temor meramente subjectivo de um dano futuro e incerto resultante do desvio da clientela não pode ser suficiente para a ruptura do contrato. É certo que não deixou também de registar que a trabalhadora se limitava a usar uma túnica e não propriamente o véu ou o *tschador*.

[23] Para PATRICK RÉMY, *ob. cit.*, pág. 8, tal mostra que existiria uma forte pressão de base em favor desse despedimento.

158

o empregador poderia também invocar direitos fundamentais concorrentes. Exigir que o empregador empregasse a trabalhadora com véu para verificar qual a reacção dos seus clientes seria exigir-lhe que sofresse um dano, uma lesão na sua actividade profissional e no seu direito de propriedade. Seria também exigir-lhe que aceitasse uma modificação unilateral do contrato em favor da trabalhadora. Além disso, no momento do despedimento não existia, fora da secção de vendas, outro emprego disponível. Para o BAG (Tribunal Federal do Trabalho) o despedimento não tinha justificação, nem por considerações ligadas à pessoa do trabalhador, nem pelo seu comportamento. A vendedora continuava capaz de realizar a sua prestação de trabalho, já que o véu não a impedia de se relacionar com os clientes. Tendo sido contratada como vendedora poderia exercer as suas funções noutra secção que não a da perfumaria. O tribunal admitiu que a liberdade, protegida pelo direito geral de personalidade, de escolher a sua aparência exterior e o seu vestuário pode ser limitada excepcionalmente a fim de ter em conta o interesse justificado do empregador em respeitar as expectativas da clientela e conseguir uma aparência exterior homogénea. Contudo, o empregador deve ter em conta a liberdade de consciência e de crença constitucionalmente garantidas e deve executar o contrato de boa fé, sendo que a boa fé vê o seu conteúdo precisado ou concretizado pelos direitos fundamentais. Nestes casos de colisão ou de conflito de direitos fundamentais haveria que procurar realizar a concordância prática entre estes. O Tribunal alemão considerou pois que o lenço islâmico é mais do que uma mera peça de vestuário, é um símbolo de uma convicção religiosa particular. A trabalhadora que usa o véu exerce, do ponto de vista jurídico, a sua liberdade religiosa (recorde-se que em comparação a Cour de cassation decidiu que a liberdade de se vestir como se quiser no tempo e no local de trabalho não entra na categoria dos direitos fundamentais). Ora, não seria suficiente para fundar uma restrição ao exercício de uma liberdade tão relevante como a liberdade religiosa, o mero temor de uma reacção negativa (aliás não demonstrada) da clientela[24] [25] ...

---

[24] O Tribunal considerou, por conseguinte, que não havia razão social para um despedimento baseado em meras conjecturas ou receios. Considerou também que não havia necessidade de ponderar as posições opostas das partes. Mas, ainda que no caso concreto, não tenha sido necessário efectuar tal ponderação, a decisão revestiu-se de particular importância, como destaca REINHOLD FAHLBECK, *ob. cit.*, pág. 54, porque o Tribunal enumerou os factores que se deveria recorrer para tal ponderação, de modo a

Algumas Primeiras Reflexões Sobre a Liberdade Religiosa do Trabalhador   159

chegar a um compromisso constitucionalmente aceitável. Haveria que atender a quatro factores: a intensidade da limitação em causa do direito; em segundo lugar, até que ponto é que o contrato entre as partes limita a liberdade, constitucionalmente garantida; em terceiro lugar, a posição hierárquica, a importância, do escopo visado pela limitação; em quarto lugar, o sentido específico e o conteúdo especial do direito constitucional relativamente ao conflito de interesses. O Tribunal considerou que a liberdade de religião do trabalhador tinha sido violada e que a utilização do lenço era de extrema importância para a trabalhadora (factor de intensidade). O direito do empregador constitucionalmente protegido era a liberdade de empresa. No entanto, não foi demonstrado até que ponto é que esse direito tinha sido afectado, uma vez que não havia provas nesse sentido. O tribunal reconheceu, no entanto, que o empregador tem o direito, de acordo com a boa fé, de impor códigos de vestuário e, em particular, um estilo da casa. O tribunal qualificou, no entanto, a liberdade de religião como tendo uma posição muito elevada na hierarquia de valores e até significativamente muito elevada por referência à Convenção Europeia dos Direitos do Homem. Embora não tenha sido feita nenhuma ponderação no caso concreto, porque, como se disse, tal não era necessário, o modo como o tribunal se exprimiu sugere a existência de uma ordem hierárquica que coloca a religião acima da liberdade de empresa.

[25] Não se trata, em boa verdade, de uma decisão isolada, já que os Tribunais alemães têm dado um grande exemplo de tolerância nesta matéria. Num caso ocorrido em Frankfurt (AiB 1993, 472) uma trabalhadora muçulmana vendedora numa superfície comercial, e contratada desde 1985, decidiu-se, em 1991 a passar a usar um lenço de cabeça, tendo sido despedida por esse motivo. O empregador aduziu que alguns clientes já se tinham queixado, embora não o tenha conseguido demonstrar. O Tribunal entendeu que não havia causa para o despedimento e acrescentou que a intolerância, o medo ou a incompreensão da clientela não eram causa suficiente para esse despedimento. Como observou um autor, HARTWIG (*cit apud* BERNHARD KRAUSHAAR, *Die Glaubens- und Gewissensfreiheit der Arbeitnehmer nach Art. 4 GG*, ZTR 2001, págs. 208 e segs., pág. 211) seria interessante saber se o empregador também tencionava proibir as próprias clientes de usar lenços de cabeça... Num outro caso (AuR 1996, 243) tratou-se de um cozinheiro de *pizzas* que, por pertencer à comunidade religiosa dos Sikhs, se recusava a deixar de usar um turbante durante o trabalho e a utilizar, em sua substituição, as protecções de papel que o empregador pretendia que fossem usadas por razões higiénicas. Depois de o tribunal ter verificado a importância do turbante em termos religiosos, sendo tradição usá-lo também durante o trabalho, afirmou que um turbante poderia igualmente satisfazer as razões higiénicas apresentadas e que o interesse do empregador como titular do restaurante numa aparência exterior do trabalhador e na identidade de vestuário dos trabalhadores devia ceder perante o imperativo religioso do trabalhador. BERNHARD KRAUSHAAR, *ob. cit.*, pág. 211, considera que esta decisão é "certamente de aplaudir sem reservas, pela tolerância religiosa de que dá mostras". Num outro caso decidido pelo LAG de Düsseldorf a 22.3.1984 (DB 1985, 391) tratou-se de um professor, membro do movimento Bhagwan, o qual, de forma discreta, incluía sempre na sua roupa a cor vermelha

160   VIII Congresso Nacional de Direito do Trabalho

A proibição da utilização de símbolos religiosos tem dado lugar a jurisprudência do Tribunal Europeu dos Direitos do Homem, ainda que num contexto distinto: trata-se, sobretudo, de casos em que uma professora ou uma aluna foi impedida de aparecer numa escola pública com um lenço de cabeça. A circunstância de se tratar de locais públicos, conexa com o laicismo do Estado, bem como tratar-se em alguns destes casos de escolas em que os alunos estariam numa fase particularmente sugestionável da sua formação, são factores que tornam ainda mais complexa a sua solução.

No caso Dahlab[26] tratou-se de uma professora muçulmana que, mais uma vez, pretendia numa escola do ensino básico, na Suíça, usar o lenço de cabeça. O tribunal federal suíço, rejeitou a pretensão da professora, referindo não só que seria difícil reconciliar a utilização de um lenço de cabeça islâmico com a mensagem de tolerância, respeito pelos outros, igualdade e não discriminação, que todos os professores, numa sociedade democrática deveriam transmitir aos seus alunos, mas também a dificuldade em compatibilizar o uso do lenço islâmico com o princípio da igualdade dos géneros. Invocou-se, ainda, o efeito de proselitismo do uso do lenço. O Tribunal Europeu dos Direitos do Homem retomou, no essencial, esta argumentação: considerou que estava em jogo a igualdade dos géneros, cuja realização é um dos escopos essenciais dos Estados-

---

que por razões religiosas devia usar, por ser a cor do pôr-do-sol. O trabalhador foi despedido porque quis passar a usar também a chamada "mala", um colar de esferas de madeira com a imagem do Bhagwan. O tribunal pronunciou-se igualmente pela ilicitude do despedimento.

[26] Neste caso, Lucia Dahlab contra Suíça, de 15 de Fevereiro de 2001, o Tribunal Europeu dos Direitos do Homem recusou-se a dar procedência à queixa de uma trabalhadora, professora de instrução básica (de alunos de 4 a 8 anos de idade) e que, tendo-se convertido ao Islão pretendia usar um lenço de cabeça. O Tribunal destacou o impacto que um sinal exterior tão forte teria sobre a liberdade de consciência e de religião de crianças de tenra idade, destacando ainda que a prescrição do uso do lenço era dificilmente compatível com o princípio da igualdade dos sexos. O Tribunal considerou que era difícil conciliar o uso do lenço de cabeça com a mensagem de tolerância, de respeito pelo outro, de igualdade e não-discriminação que numa democracia, todo o professor deve transmitir aos seus alunos. (Será exigível aos professores numa democracia que todos sejam defensores da democracia? E não se estará, em nome da tolerância, a suprimir a diferença e o direito à diferença? E não se estará, igualmente, de modo aparentemente neutro, a considerar a liberdade dos sexos tal como é vista do ponto de vista ocidental como mais importante de que a liberdade religiosa?)

-Membros da Convenção e a que conferiu predominância sobre a liberdade religiosa e atribuiu grande importância, para que a proibição do lenço fosse considerada lícita, à circunstância de os alunos serem muito jovens e impressionáveis.

No caso KARADUMAN[27] uma estudante universitária turca não foi autorizada a utilizar o lenço num documento universitário oficial, porque tal violaria o princípio da secularidade[28], um dos princípios fundamentais em que assenta o Estado turco e também aqui o Tribunal Europeu dos Direitos do Homem considerou legítima a proibição.

A afirmação da pretensa superioridade da igualdade dos géneros – ou, melhor, da visão ocidental da igualdade dos géneros – sobre a liberdade religiosa é, no mínimo, extremamente questionável. Também a garantia da liberdade religiosa é um dos escopos essenciais de uma sociedade democrática e um aspecto fulcral de um verdadeiro pluralismo cultural. Reconhecemos que pode perguntar-se até que ponto é genuinamente livre a mulher muçulmana que decide usar um lenço de cabeça – se bem que a questão é de resposta muito difícil porque resta saber até que ponto é que as nossas decisões são "livres" quando conformadas pela educação que nos foi ministrada e pela tradição cultural em que nos integramos – mas importaria determinar se encarar o lenço de cabeça como um símbolo da sujeição feminina não é antes de mais o fruto de um pre-conceito cultural. Como refere uma autora austríaca, BRIGITTE SCHINKELE[29], a utilização do lenço pela professora não representa necessariamente um símbolo político de islamismo fundamentalista e nem é forçoso que seja um sinal da sujeição das mulheres. Pode tratar-se de um símbolo usado por muitas razões: em primeiro lugar, para manifestar que não se está disponível sexualmente; em segundo lugar, simplesmente para exprimir a adesão a uma comunidade que pretende conservar a sua

---

[27] Como refere REINHOLD FAHLBECK, *ob. cit.*, pág. 34, os casos em que tem sido invocada a violação da liberdade religiosa respeitam sobretudo (e o mesmo é verdade quando se trata de violações no âmbito do contrato de trabalho) aos direitos religiosos das minorias. Neste aspecto, o caso KARADUMAN é excepcional já que estava em jogo um membro da comunidade religiosa claramente maioritária naquele país.

[28] Segundo informa REINHOLD FAHLBECK, *ob. cit.*, pág. 33, noutros países como na Suécia tem-se permitido que as pessoas utilizem vestes ou símbolos religiosos em documentos oficiais, tais como passaportes e licenças de condução.

[29] BRIGITTE SCHINKELE, *Der "Streit" um das islamische Kopftuch*, RdW (Áustria) 2004, págs. 30 e segs., pág. 34.

162 *VIII Congresso Nacional de Direito do Trabalho*

identidade[30], proclamar a sua existência e testemunhar que não está em vias de extinção. E, como a mesma autora refere, a liberdade negativa da religião não pode ser absolutizada, de modo ter uma espécie de primado automático, convertendo qualquer uso de um símbolo religioso em proselitismo inaceitável[31].

São também frequentes, na jurisprudência estrangeira, os casos em que o trabalhador pretende faltar num dia em que, segundo a sua religião, se impunha o descanso ou para realizar uma peregrinação ritual.

O problema já se colocou perante o Tribunal Europeu dos Direitos do Homem que lhe deu, na nossa opinião, uma resposta redutora[32] e insatisfatória. No caso *Tuomo Konttinen contra Finlândia*, de 3 de Dezembro de 1996, um trabalhador dos caminhos-de-ferro finlandeses converteu-se, já depois da celebração do seu contrato de trabalho, à Igreja Adventista do Sétimo Dia e reivindicava não trabalhar no dia do Sabbat, ou seja a partir do pôr-do-sol de sexta-feira. Como lhe foi recusada essa autorização, o trabalhador acabou por ser despedido por faltas. O Tribunal Europeu dos Direitos do Homem considerou que o despedimento não se devia às convicções religiosas do trabalhador (!), mas sim à inobservância dos horários. O trabalhador teria de cumprir as regras respeitantes aos horários e não tinha sido impedido de manifestar a sua religião. Além disso, se considerasse incompatíveis as condições de trabalho com a sua religião, o trabalhador teria sempre a liberdade de se demitir... O Tribunal considerou que esta liberdade era "a garantia fundamental do seu direito à liberdade de religião".

Esta decisão contrasta frontalmente com as decisões dos Tribunais norte-americanos e canadianos sobre o mesmo tema[33].

---

[30] Paola Bellocchi, *ob. cit.*, pág. 162, reconhece que se trata de uma questão de identidade cultural, mas acaba por não lhe atribuir qualquer relevância.

[31] Não surpreenderá, por isso, que já se tenha chegado a discutir em Tribunal se a utilização do seu hábito pelas religiosas da Congregação das Irmãs de Maria, José e de Misericórdia, por ocasião de cursos que ministravam numa prisão, não constituiria um acto de proselitismo inadmissível... Respondeu pela negativa o Tribunal Administrativo de Versailles, a 20 de Dezembro de 2000, segundo informa Michel de Guillenschmidt, *Le port de signe religieux distinctif*, Cahiers Sociaux du Barreau de Paris, 2003, número especial, juillet/août, págs. 45 e segs., pág. 46.

[32] Alain Pousson, *ob. cit.*, pág. 298, fala de uma argumentação "muito simplista".

[33] Também na lei inglesa – UK's Employement Equality (Religion or Belief) Regulations 2003 – a incapacidade de ter em conta as exigências de um trabalhador em

Algumas Primeiras Reflexões Sobre a Liberdade Religiosa do Trabalhador 163

Nos Estados Unidos da América, os Tribunais têm considerado que o empregador deve procurar razoavelmente satisfazer as exigências do seu trabalhador em matéria de prática religiosa, desde que com isso não sofra um sacrifício apreciável[34].

No Canadá tem-se entendido, em relação aos pedidos de tempo livre para observância de uma religião (não trabalhar às sextas ou sábados) que o trabalhador tem que demonstrar que a sua religião exige o respeito por certos períodos de não trabalho. Desde que o demonstre, surge um dever mútuo de adaptação. No caso *O'Malley* em que um trabalhador também se converteu à Igreja Adventista do Sétimo Dia, deixando de poder trabalhar do pôr-do-sol de sexta ao pôr-do-sol de sábado, e em que o empregador se limitou a dar-lhe a possibilidade de ser contratado a *part-time*, o Supremo tribunal considerou que o empregador não tinha demonstrado que tinha feito um esforço razoável e exigível[35] para atender às práticas religiosas do trabalhador.

---

matéria de vestuário ou de dias de descanso representa uma discriminação indirecta, se tal omissão não tiver uma justificação e não for proporcionada.

[34] Já no acórdão Sherbert v. Verner, 374 U.S. 398 (1968), o Supremo Tribunal Federal tinha anulado a decisão do tribunal supremo da Carolina do Sul que rejeitara o recurso de uma trabalhadora, membro da Igreja Adventista do Sétimo Dia, que perdeu o seu emprego por se recusar a trabalhar ao sábado. O juiz Brennan considerou que a decisão recorrida tinha forçado a mulher a escolher entre o respeito pelos preceitos da sua religião e a perda de certas vantagens materiais, por um lado, e a violação de um desses preceitos para poder ter um trabalho pelo outro. Nas suas palavras, quando o Estado coloca alguém perante esta escolha onera o livre exercício da religião do mesmo modo que se lhe impusesse uma multa. No caso Obbi v. Unemployement Appeals Commission of Florida, 480 US 136 (1987) o Supremo Tribunal admitiu que um trabalhador que mude de religião no decurso da execução do seu contrato de trabalho pode legitimamente passar a recusar-se a trabalhar em condições em que trabalhava anteriormente [POUSSON, pág. 298].

[35] Sobre a experiência canadiana cfr. LUCY VICKERS, *ob. cit.*, págs. 188 e segs. Muito embora a lei canadiana varie consoante as várias províncias, exige-se em regra que o empregador tente adaptar-se e ter em conta as opiniões religiosas dos trabalhadores, a não ser que isso lhe cause custos ou dificuldades excessivos ("undue hardship"). A jurisprudência canadiana é muito rica de ensinamentos nesta matéria; no caso Central Okanagan School District n.º 23 c. Renaud o tribunal supremo do Canadá decidiu uma situação muito semelhante. O Senhor Renaud exercia funções de vigilância ao serviço do Conselho Escolar e o seu horário estabelecido por convenção colectiva estabelecia que deveria trabalhar na sexta-feira até às 23h. Membro da Igreja Adventista do Sétimo Dia, o trabalhador pretendia respeitar a proibição de trabalhar durante o Sabbat, ou seja, a partir do pôr-do-sol de sexta-feira. Não tendo sido possível qualquer acordo, acabou por ser despedido. O tribunal considerou que o empregador devia fazer esforços não

No velho continente, pelo contrário, e ainda que alguns países, como é o caso da Bélgica, tenham uma longa tradição de tolerância na matéria, são frequentes as decisões no sentido de que é injustificada qualquer falta que o trabalhador dê para honrar uma festividade religiosa ou para respeitar o dia de descanso imposto pela sua religião, muitas vezes sem parecer tomar sequer em conta a dimensão da empresa e a real possibilidade para o empregador de, sem prejuízo sensível, substituir aquele trabalhador por outro e satisfazer, assim, os imperativos religiosos daquele trabalhador. Assim, em França, e segundo informa ALAIN POUSSON[36], foi considerado justificado o despedimento de uma trabalhadora muçulmana que tinha faltado para celebrar o dia do Aïd-al-Kabir (festa celebrada no décimo dia do último mês do ano muçulmano e que comemora o sacrifício que Deus solicitou a Abraão para testar a sua fé). Em boa verdade, mesmo neste país alguma jurisprudência ensaia outra atitude, ainda que, por vezes, expondo-se a fortes críticas por parte de alguma doutrina. Deste modo, num caso recente em que um trabalhador, dirigente de uma filial, se recusou a assistir a uma reunião de formação, por a data coincidir com o congresso anual das Testemunhas de Jeová (*Cour d'Appel de Nancy, 28 de Fevereiro de 2000*), tendo sido despedido por este motivo, o Tribunal considerou que não havia justa causa, já que o trabalhador tinha prestado bons serviços durante cinco anos e que a sua falta era uma falta isolada, avisada com antecedência e por um motivo respeitável (por força das suas convicções religiosas)[37].

---

negligenciáveis para atender aos pedidos do trabalhador. Para apreciar a seriedade e a exigibilidade de tais esforços, haveria que atender a factores tais como o custo financeiro, a lesão da convenção colectiva, a moral do pessoal, os efectivos e as instalações. Importaria pois atender à dimensão da empresa e à facilidade em substituir o trabalhador. No caso Commission Scolaire régionale de Chambly c. Bergevin, [1994] II R.C.S. 525, o tribunal supremo do Canadá considerou que a substituição de três professores da religião judaica que pretendiam faltar ao trabalho no dia da festa do Yom Kippour não constituiria um encargo desrazoável para o empregador, embora a questão já pudesse ser diferente se os mesmos professores quisessem ausentar-se um dia por semana por motivos religiosos.

[36] *Ob. cit.*, pág. 295; o autor confronta essa decisão com uma outra do HOGE RAAD, na Holanda, que decidiu em acórdão de 30 de Março de 1984, ser injustificada a recusa de um empregador em consentir em que uma trabalhadora muçulmana faltasse um dia para festejar o fim do Ramadão já que as funções desta mulher na empresa não implicavam qualquer dificuldade para o empregador resultante da sua falta (*ob. cit.*, pág. 302).

[37] Esta decisão é criticada ferozmente por MICHEL LEVINET, *ob. cit.*, pág. 76., que manifesta a sua discordância por duas razões: em primeiro lugar, porque se trataria, não

Algumas Primeiras Reflexões Sobre a Liberdade Religiosa do Trabalhador   165

Como se vê o tema da interacção entre liberdade religiosa e contrato de trabalho é extremamente complexo e fascinante, mas é também
uma das múltiplas facetas da "descoberta" de que a personalidade do
trabalhador é relevante também na relação laboral e que na vida não há
compartimentos estanques. E pode questionar-se se a verdadeira tolerância religiosa não implica o reconhecimento e o respeito pela diferença.

---

de uma religião, mas de uma seita, "segundo a classificação feita pelos deputados franceses"(!). Em segundo lugar, porque "o empregador fica privado do seu poder de direcção
e do seu poder disciplinar pela simples invocação de uma ausência por razões religiosas".
Caberia dizer, em resposta, que é verdadeiramente espantoso (e milagroso?) o poder dos
deputados franceses de dizer o que é e o que não é uma religião e que as pessoas não
deixam de ser pessoas (com as suas convicções religiosas, políticas, etc.) quando estão no
seu local de trabalho.

DISCRIMINAÇÃO PELA CONDUTA E ORIENTAÇÃO SEXUAIS DO TRABALHADOR

Teresa Coelho Moreira

Mestre em Direito
Assistente da Escola de Direito da Universidade do Minho

DISCRIMINAÇÃO PELA CONDUTA E ORIENTAÇÃO SEXUAIS DO TRABALHADOR

TERESA COELHO MOREIRA

Mestre em Direito
Assistente da Escola de Direito
da Universidade do Minho

1. Introdução

A homossexualidade, a bissexualidade e a transexualidade têm sido desde sempre objecto de críticas severas por parte da sociedade e têm originado exclusão social, o que conduz, muitas vezes, a actos discriminatórios com enorme transcendência jurídica nas diversas facetas do Direito. Como refere CONSUELO CHACARTEGUI JÁVEGA[1] "tradicionalmente tem-se apresentado a família como o núcleo de convivência baseado no casamento entre heterossexuais, com uma perspectiva de finalidade reprodutora da mesma, negando-se a nível social e jurídico outras realidades afectivas, ou, simplesmente, silenciando-as." Contudo, cada vez mais aparecem novos modelos de convivência que pretendem ter um espaço de liberdade na sociedade e os seus direitos reconhecidos e, por isso, o modelo tradicional de família começa a deixar de assumir a importância que teve num passado recente.

1. Uma primeira premissa a considerar na altura de analisar este tema é a de aferição do conceito de orientação sexual, sabendo *a priori* que todos têm uma determinada orientação sexual. Para CONSUELO CHA-

---

[1] *Discriminación y orientación sexual del trabajador*, Editorial Lex Nova, Valladolid, 2001, p. 23.

CARTEGUI JÁVEGA[2], referindo uma noção de PÉREZ CÁNOVAS, esta consiste na "atracção sexual e sentimental que sente um indivíduo por outros de sexo contrário (orientação heterossexual) ou do mesmo sexo (orientação homossexual)"[3], acrescentando que ao nível da perspectiva jurídica abarca ainda "o direito que corresponde a cada indivíduo à sua identidade sexual e afectiva como reflexo do livre desenvolvimento da sua personalidade". Existiria discriminação quando uma conduta sexual adoptada por uma pessoa comportasse um tratamento diferente e pejorativo como consequência da opção sexual que o indivíduo tivesse escolhido livremente (heterossexual, homossexual, bissexual ou transexual), embora seja em relação aos três últimos que mais problemas se levantam ao nível da discriminação[4].

Uma segunda premissa a ter em consideração é a de que a discriminação por orientação sexual abrange toda a sociedade, tanto do ponto de vista dos discriminadores como dos discriminados. Podemos encontrar casos de discriminação independentemente da raça, credo, classe social, cor, condição económica, religião ou orientação política, resultado em grande parte de preconceitos enraizados na sociedade contra o comportamento sexual dos homossexuais, bissexuais ou transexuais[5].

---

[2] *Op.* cit., p. 24.

[3] ROGER RAUPP RIOS, "A discriminação por gênero e por orientação sexual", *in Série Cadernos do CEJ – Brasil*, n.º 24, 2003, p. 156, refere que há um consenso entre os antropólogos de que a orientação sexual será "a identidade que se atribui a alguém em função da direção da sua conduta ou atração sexual. Se essa conduta ou atração se dirige a alguém do mesmo sexo, denomina-se de orientação sexual homossexual; se, ao contrário, a alguém do sexo oposto, denomina-se heterossexual; se pelos dois sexos, de bissexual".

[4] Diferente tem sido o entendimento do T.E.D.H. e do T.J.C.E. que em várias decisões têm considerado a discriminação dos transexuais como uma discriminação em razão do sexo. Basta referir quanto ao primeiro Tribunal, os casos *Goodwin v. Reino Unido* e *I v. Reino Unido*, de 11 de Julho de 2002, apenas para citar os mais recentes e, em relação ao T.J.C.E., a decisão *P. S. Cornwall County Council*, de 30 de Abril de 1996, e conclusões do Advogado-Geral no processo *K.B. V. The National Health Service Agency e The Secretary of State for Health*, de 10 de Junho de 2003. Consideram que a transexualidade é perfeitamente distinta dos estados associados à orientação sexual pois nestes as pessoas aceitam sem subterfúgios o seu sexo, enquanto que em relação aos transexuais há um desejo de pertencer ao outro sexo, manifestando-se na vontade de se submeterem à terapia hormonal para modificar as características sexuais secundárias e a uma intervenção cirúrgica de ablação e reconstrução que provoca a transformação anatómica dos órgãos sexuais.

[5] Nos E.U.A., num caso de 1989 – *Price Waterhouse v. Hopkins* –, o Supremo Tribunal decidiu que uma trabalhadora a quem é negada uma ascensão na carreira em

Discriminação pela Conduta e Orientação Sexuais do Trabalhador 171

Num inquérito realizado na União Europeia entre Fevereiro e Abril de 2002 a cidadãos comunitários sobre discriminação no emprego, na educação, na procura de casa e no acesso a diferentes serviços, cerca de 6% dos inquiridos referiram que conheciam casos de discriminação em razão da orientação sexual das pessoas, embora, quando questionados sobre se se sentiram discriminados por terem uma determinada orientação sexual, só 1% dos inquiridos é que respondeu afirmativamente. Porém, esta alteração talvez se deva ao receio das pessoas em assumirem determinada opção sexual considerando as reacções da sociedade. Por outro lado, os mais novos, com mais escolaridade e com tendência políticas mais vanguardistas são os que têm mais tendência para referir discriminação de que foram alvo. O que é interessante notar é que a maior parte das pessoas inquiridas defende que este tipo de discriminação é errada, considerando que, sob o seu próprio ponto de vista, 84% das pessoas é contra a discriminação por orientação sexual, mencionando ser cerca de 71% sob o ponto de vista dos outros. Carto é, contudo, que metade dos inquiridos respondeu não saber como reagir se fosse discriminado ou assediado, facto que varia um pouco consoante o país em causa[6].

Perante esta realidade partilhamos a opinião de ROGER RAUPP RIOS[7] quanto ao possível enquadramento na ordem jurídica, principalmente em relação à homossexualidade. Em primeiro lugar, há o denominado "modelo de reconhecimento mínimo", que não criminaliza a conduta ou a atracção homossexual nem a bissexual (e, claramente, nem a heterossexual). Em segundo lugar, surgem ordenamentos jurídicos que vão um pouco mais longe e, para além de não criminalizarem este tipo de condutas, proíbem também a discriminação das pessoas que tenham uma orientação homossexual ou bissexual. É o chamado "modelo de reconhecimento intermédio". Por último, há ordenamentos jurídicos que vão mais longe, proibindo a criminalização e a discriminação, e incluem medidas de promoção da igualdade e da diversidade entre as pessoas.

---

função da sua apresentação ser demasiado "macho", constitui uma discriminação em razão do sexo. Tratava-se de uma caso de uma trabalhadora a quem foi dito que se "andasse de uma maneira mais feminina, falasse de forma mais feminina, se vestisse mais feminina, usasse maquilhagem e mudasse o seu penteado", deixando de ter uma aparência muito máscula, passaria a ter uma quota na empresa.

[6] Dados retirados do Eurobarómetro 57.0 – *Discrimination in Europe* – que pode ser visto em www.stop-discrimination.info.

[7] *Op.* cit., p. 158.

Cremos que o nosso ordenamento jurídico se encontra neste último grupo, principalmente após a entrada em vigor do Código do Trabalho e da sua Legislação Regulamentar. Não podemos esquecer, ainda, a mais recente revisão constitucional operada pela Lei Constitucional n.º 1/2004, de 24 de Julho, que aditou ao art. 13.º a proibição de discriminação em razão da orientação sexual o que, quanto a nós, representa uma mais valia segura na a defesa de certos grupos tradicionalmente discriminados[8].

Contudo é importante referir que existem ainda vários ordenamentos jurídicos que consideram a prática de actos homossexuais como crime, inclusive punível com a pena de morte[9].

Começaremos por referir alguns problemas que poderão surgir na fase prévia à celebração do contrato de trabalho e avaliar da possível reacção do candidato, passando depois a analisar algumas questões relacionadas com a possível tentativa do empregador em conhecer, controlar e sancionar factos da vida privada do trabalhador durante a execução do contrato de trabalho.

2. A conduta e a orientação sexuais na fase de acesso e formação do contrato de trabalho

A conduta e a orientação sexuais das pessoas estão abrangidas no conceito de reserva da vida privada e fazem parte da esfera mais íntima e reservada do ser humano[10] [11]. Trata-se de um direito de personalidade

---

[8] Contudo não podemos deixar de concordar em parte com os comentários de autores como ROGER RAUPP RIOS, *op.* cit., p. 162, que defendem que a discriminação por orientação sexual poderia considerar-se abrangida na discriminação em razão do sexo, dando como exemplo clássico o seguinte: "caso João se relacione com Maria, será tratado de uma forma; caso se relacione com José será tratado de forma diferente". Neste caso considera-se claro que o sexo da pessoa com quem João se relaciona é que determinará o tratamento por ele recebido.

[9] Ver os dados referidos por COnsuelo CHACARTEGUI JÁVEGA, *op.* cit., pp. 23-24, notas n.ºs 2 e 3.

[10] Em abstracto, o conteúdo da noção de vida privada engloba a informação a ela respeitante, à identidade da pessoa: impressões digitais ou o seu código genético, elementos concernentes à saúde; factos ou acontecimentos tais como encontros com amigos, deslocações, destinos de férias e outros comportamentos privados; os elementos inerentes à vida familiar, conjugal, amorosa e afectiva das pessoas; a vida do lar e os

indisponível e irrevogável. Assim o impõe o art. 81°, n.º 1, do C.C. que veda a limitação voluntária dos direitos de personalidade quando esta se mostre contrária aos princípios da ordem pública[12]. Tudo o que se refira à vida sexual releva somente da escolha dos trabalhadores e o empre-

---

factos que nela têm lugar, assim como noutros locais privados (ex: carro) ou mesmo públicos (ex: cabine telefónica); as comunicações por correspondência, quer com suporte em papel quer com suporte digital, e a informação patrimonial e financeira. Assim, o conceito de vida privada não pode ser reduzido a uma única fórmula onde estejam contemplados todos os aspectos merecedores da tutela do direito. Deve ser entendido como um *conceito aberto* onde estão em causa aspectos que se prendem com as "experiências, lutas e paixões pessoais de cada um e que não devem, enquanto tal, ser objecto da curiosidade do público". Cf. a este respeito GUILHERME DRAY, "Justa causa e esfera privada", *in Estudos do Instituto de Direito do Trabalho*, vol. II, *Justa causa de despedimento*, Instituto de Direito do Trabalho da Faculdade de Direito da Universidade de Lisboa, (coord. PEDRO ROMANO MARTINEZ), Almedina, Coimbra, 2001, p. 48, e PAULO MOTA PINTO, "A protecção da vida privada e a Constituição", *in B.F.D.U.C.*, n.º 76, 2000, pp. 167-169.

[11] Neste sentido aponta MENEZES CORDEIRO, "O respeito pela esfera privada do trabalhador", *in I Congresso Nacional de Direito do Trabalho – Memórias*, (coord. ANTÓNIO MOREIRA), Almedina, Coimbra, 1998, p. 37, que, a propósito da eventual suspensão do despedimento de uma trabalhadora acusada de manter no local de trabalho relações sexuais com um trabalhador, sendo que o acto foi presenciado através das frinchas na porta do gabinete onde ocorreu e alvo de comentários públicos, em que o Tribunal da R.E., em 7 de Abril de 1992, entendeu não se justificar a suspensão, defende que o despedimento é injustificado uma vez que as práticas sexuais estão sempre sob tutela da vida privada, tendo os trabalhadores em causa sido vítimas de violação do seu direito ao respeito da vida privada. Opinião diferente tem M.ª DO ROSÁRIO PALMA RAMALHO, "Contrato de Trabalho e Direitos Fundamentais da Pessoa", *in Estudos em Homenagem à Professora Doutora Isabel de Magalhães Collaço*, vol. II, Almedina, Coimbra, 2002, p. 411, considerando que "as situações jurídicas devem ser exercidas dentro dos limites de adequação funcional ou de admissibilidade para que foram conferidas" e, por isso, é justificado o despedimento devido a uma "inadequação do comportamento em questão ao local onde se desenrolou".

[12] Há que ter em atenção que há vários pressupostos para ocorrer uma limitação voluntária dos direitos de personalidade. Um dos primeiros é o da conformidade com os princípios da ordem pública e, por isso, esta limitação deve ter um âmbito precisamente demarcado, referido somente a determinados factos que estejam delimitados material, temporal ou espacialmente. Deve resultar de uma vontade esclarecida, consciente, ponderando os diferentes efeitos desta limitação. Ver neste sentido HEINRICH HÖRSTER, *A Parte Geral do Código Civil Português – Teoria Geral do Direito Civil*, Almedina, Coimbra, 1992, pp. 269-271 e PAULO MOTA PINTO, "A limitação voluntária do direito à reserva sobre a intimidade da vida privada", *in Estudos em Homenagem a Cunha Rodrigues*, vol. 2, Coimbra Editora, Coimbra, 2001, p. 546.

174   *VIII Congresso Nacional de Direito do Trabalho*

gador não se pode imiscuir. Mais ainda, se este pudesse indagar sobre a conduta e a orientação sexuais dos possíveis trabalhadores ocorreria uma estigmatização de determinados grupos sociais, como os homossexuais, consagrando os preconceitos que contra eles ainda existem.

2.1. Assim, um dos problemas fundamentais que se coloca no âmbito da discriminação por razão da conduta e orientação sexuais é, precisamente, na fase de acesso ao emprego em virtude de vários preconceitos enraizados na sociedade e dos quais se presume a inaptidão para determinados postos de trabalho dos trabalhadores com uma determinada conduta sexual ou com uma certa orientação sexual: homossexuais, bissexuais e transexuais[13]. A problemática ainda se torna mais densa se tivermos em atenção que é na fase de acesso que o trabalhador ou candidato se encontra mais fragilizado na medida em que é nessa altura que a desigualdade real entre ele e o empregador mais se evidencia, concretizada numa inferioridade pré-contratual derivada da sua "singular debilidade económica e da escassa expectativa de emprego, o que o induz a abdicar parcialmente da sua personalidade [...] em garantia de adesão do seu comportamento futuro à vontade ordenadora e dispositiva do empregador"[14]. Tendo em atenção estes aspectos e, ainda, o domínio económico e social de uma parte – o empregador –, não se pode invocar, sem mais, o princípio da liberdade contratual, para se poder escolher arbitrariamente a contraparte, isto é, o trabalhador. Nestes casos, surgindo este como a parte mais fraca e o empregador como a mais forte que pode, mesmo, *abusar* dos seus poderes, justifica-se uma intervenção legal no sentido de proteger a primeira evitando discriminações e indagações ilícitas[15]. Não se pode esquecer que parece ser nesta fase que

---

[13] Num estudo realizado nos E.U.A. sobre selecção de candidatos de vários tipos demonstrou-se que o candidato que mais dificilmente seria contratado seria o trabalhador homossexual, sendo o grupo de pessoas que mais facilmente seria discriminado na fase de acesso, já que os candidatos heterossexuais (quer fossem mulheres, homens, brancos ou negros) seriam seleccionados em primeiro lugar. Ver, com mais pormenor, STEPHEN CROW, LILLIAN FOK e J. HARTMAN, "Who is at the greatest risk of work-related discrimination – women, blacks, or homosexuals", *in Employee Responsibilities and Rights Journal*, vol. 11, n.º 1, 1998, pp. 20-21.

[14] GOÑI SEIN, *El respeto a la esfera privada del trabajador – un estudio sobre los límites del poder de control empresarial*, Civitas, Madrid, 1986, p. 39.

[15] *Vide* JOSÉ JOÃO ABRANTES, *Contrat de Travail et Droits Fondamentaux dans le Droit Portugais*, Tese de Doutoramento (policopiado), Universidade de Bremen, 1999, pp. 64-65.

Discriminação pela Conduta e Orientação Sexuais do Trabalhador 175

podem ocorrer as violações mais flagrantes da lei e dos direitos fundamentais dos trabalhadores sendo, por isso mesmo, necessária uma maior vigilância e protecção de possíveis intromissões na vida privada do candidato[16]. Este, com receio de ser excluído do processo de selecção, disponibilizar-se-á para mencionar dados e factos da sua vida privada que não facultaria numa situação normal, ocorrendo assim uma *limitação voluntária*[17] de um direito de personalidade nos termos do art. 81.º, n.º 2 do C.C., que excede muitas vezes o razoável e o necessário para o conhecimento da sua aptidão para o posto de trabalho em causa.

---

[16] M.ª DO ROSÁRIO PALMA RAMALHO, *Da Autonomia Dogmática do Direito do Trabalho*, Almedina, Coimbra, 2000, p. 775, considera que, com "referência à salvaguarda da intimidade da vida privada do trabalhador, são reconhecidos e têm sido invocados pela doutrina e pela jurisprudência direitos fundamentais dos trabalhadores contra excessos do empregador no *iter* negocial", defendendo ainda em "Contrato de Trabalho...", cit., p. 393, que os direitos fundamentais da pessoa do trabalhador têm "um relevante significado" em matéria de Direito do trabalho, designadamente "pela especificidade da prestação de trabalho, cuja inseparabilidade da pessoa do trabalhador torna mais prováveis as ameaças aos seus direitos fundamentais". Também em "O Novo Código do Trabalho – reflexões sobre a Proposta de Lei relativa ao novo Código do Trabalho", *in Estudos de Direito do Trabalho*, vol. I, Almedina, Coimbra, 2003, p. 35, refere a necessidade de proteger o trabalhador na fase de celebração do contrato de trabalho já que ele não está, na maior parte das vezes, em condições de debater com o empregador as cláusulas deste contrato.

[17] Colocamos em itálico pois não nos parece que, muitas vezes, esta limitação seja totalmente voluntária nem livre, resultando mais do medo do candidato em perder a possibilidade de celebrar o contrato de trabalho. A este propósito convém referir que o consentimento ou limitação realizada pelo candidato a trabalhador ou pelo próprio trabalhador deve ser devidamente esclarecido, informado, específico e livre. Ora, o grande problema que se levanta nesta fase é o da liberdade do consentimento já que o candidato pode não dispor da liberdade no sentido de limitar os seus direitos fundamentais por receio de represálias – *maxime* a exclusão do processo de selecção. Tal como PAULO MOTA PINTO, "A limitação voluntária...", cit., p. 539, é necessário atender à verificação da "integridade do consentimento, uma vez que, sobretudo em situações de necessidade, dependência ou simplesmente inferioridade de poder económico do titular do direito, as pessoas podem ser levadas a limitar a reserva sobre a sua vida privada por temerem as consequências de uma eventual recusa", dando como exemplos as relações entre trabalhador e empregador. Para M.ª DO ROSÁRIO PALMA RAMALHO, "Contrato de Trabalho...", cit., p. 414, o problema deste tipo de limitações poderá ser resolvido pela aplicação conjunta do regime previsto no art. 18.º da C.R.P. relativo à tutela dos direitos, liberdades e garantias, e do art. 81.º do C.C.. Ver também sobre esta problemática, ainda que no âmbito dos dados pessoais dos trabalhadores, CATARINA SARMENTO E CASTRO, "A protecção dos dados pessoais dos trabalhadores", *in Questões Laborais*, n.º 19, 2002, pp. 58-59.

O nosso ordenamento jurídico passou a abordar a questão no Código do Trabalho – artigos 22.º a 26.º – e, depois, com a sua Regulamentação – artigos 31.º a 35.º da Lei n.º 35/2004, de 29 de Julho. O Código do Trabalho prevê nos artigos 22.º e 23.º, relativos, respectivamente, ao direito à igualdade no acesso ao emprego e no trabalho, e proibição de discriminação que: "nenhum trabalhador ou candidato a emprego pode ser privilegiado, beneficiado, prejudicado, privado de qualquer direito ou isento de qualquer dever em razão, nomeadamente, de [...] orientação sexual", assim como "o empregador não pode praticar qualquer discriminação, directa ou indirecta, baseada, nomeadamente, na [...] orientação sexual", considerando, no entanto, no n.º 2 do artigo 23.º que "não constitui discriminação o comportamento baseado num dos factores indicados no número anterior, sempre que, em virtude da natureza das actividades profissionais em causa ou do contexto da sua execução, esse factor constitua um requisito justificável e determinante para o exercício da actividade profissional, devendo o objectivo ser legítimo e o requisito proporcional". Considera-se que estas disposições são bastante positivas mas, em relação à orientação sexual, há que ter várias cautelas na aplicação do n.º 2 do referido artigo. Não se pode esquecer que esta redacção resulta da transposição da Directiva n.º 2000/78/CE do Conselho, de 27 de Novembro, que estabelece um quadro geral de igualdade de tratamento no emprego e na actividade profissional[18] e que, no art. 4.º, n.º 1, estabelece que "os Estados-Membros podem prever que uma diferença de tratamento baseada numa característica relacionada com qualquer dos motivos de discriminação referidos no artigo 1 não constituirá discriminação sempre que, em virtude da natureza da actividade profissional em causa ou do contexto da sua execução, essa característica constitua um requisito essencial e determinante para o exercício dessa actividade, na condição de o objectivo ser legítimo e o requisito proporcional". Tendo em atenção estes preceitos não se visualizam situações onde a orientação sexual deva ser entendida como

---

[18] Publicada no J.O. n.º L 303, de 2000/12/02, p. 0016-0022 e que tem por objecto "estabelecer um quadro geral para lutar contra a discriminação em razão da [...] orientação sexual, no que se refere ao emprego e à actividade profissional, com vista a pôr em prática nos Estados-Membros o princípio da igualdade de tratamento", aplicando--se, nos termos do art. 3.º, n.º 1, "a todas as pessoas, tanto no sector público como no privado, incluindo os organismos públicos, no que diz respeito", alínea c), "às condições de emprego e de trabalho, incluindo o despedimento e a remuneração".

Discriminação pela Conduta e Orientação Sexuais do Trabalhador 177

um requisito essencial e determinante, preferindo o termo *essencial* da Directiva ao termo *justificável* do Código do Trabalho.

2.2. Esta discriminação pode manifestar-se de forma visível através de questionários que, directa ou indirectamente, indagam sobre a conduta e a orientação sexuais do trabalhador[19]. Tais questionários violam os art.13.º e 26º, n.º 1, da C.R.P., e são ilegais, pois supõem uma ingerência na esfera privada das pessoas ao pretenderem respostas a perguntas como: "sinto-me atraído por pessoas do mesmo sexo" e "nunca me entreguei a práticas sexuais fora do comum"[20]. Parece-nos que os art. 22.º e 23.º do Código do Trabalho proíbem este tipo de inquéritos. Há, ainda, que atender que a forma como o trabalhador decide relacionar-se na sua vida privada não pode constituir uma informação importante para o empregador e, por isso, não é uma aptidão profissional necessária para a execução da prestação laboral. Por esta razão, qualquer actuação do

---

[19] Relacionado um pouco com esta problemática, mas em sede de tratamento de transexuais, pode referir-se que no ordenamento jurídico inglês, segundo a secção 16(1) do *Theft Act*, de 1968, é uma ofensa punida criminalmente o facto de uma pessoa não referir ao seu empregador todos os seus nomes anteriores. Neste ordenamento jurídico é possível a uma pessoa alterar o seu nome de baptismo. Este direito é usado muitas vezes pelos transexuais mas é alvo de algumas cautelas ou reservas. Assim, se questionados pelo empregador para revelarem todos os nomes anteriores e não o fizerem pode ser considerado que foi cometida uma ofensa e originar um despedimento e, inclusive, uma indemnização por danos. Cf. decisão do T.E.D.H. – *I. v. Reino Unido*, de 11 de Julho de 2002, ponto 25. Esta problemática seria resolvida se se aceitasse a possibilidade de alteração do sexo no assento de nascimento, permitindo que os transexuais adoptassem plenamente todos os direitos e deveres do sexo a que pertencem após a operação. Foi a esta conclusão que este tribunal chegou declarando que a impossibilidade de os transexuais britânicos se casarem em conformidade com o seu novo sexo é contrária à Convenção Europeia dos Direitos do Homem referindo ainda que este ordenamento deveria encetar todos os esforços para regular esta matéria.

[20] Sirvam de exemplo os casos referidos por CONSUELO CHACARTEGUI JÁVEGA, *op. cit.*, pp. 99-100. A guarda de Valência, em 1995, obrigava os agentes da polícia a responder a um questionário onde se indagava sobre a orientação sexual dos polícias com questões às quais se deveria responder com verdadeiro ou falso, como: "sinto-me atraído por pessoas do mesmo sexo", "há algo errado com os meus órgãos genitais" ou "nunca me entreguei a práticas sexuais fora do comum". Também 365 professores em centros educativos do governo de Navarra tiveram que responder a um questionário sobre as suas inclinações sexuais e conduta sexual que integravam as provas a que eram submetidos os docentes que concorriam para a ocupação dos lugares da Comunidade Autónoma de Navarra.

empregador que tente indagar sobre estes factos, directa ou indirectamente, é ilícita e ao trabalhador é legítimo recusar-se a responder e, quando for mesmo necessário dar uma resposta, poderá não dar elementos, pois a não prestação de dados que não são relevantes para a celebração do contrato é lícita na medida em que se apresente como uma das possíveis defesas dos seus direitos fundamentais. A falta de resposta envolverá, por vezes, riscos acrescidos já que poderá não ser contratado e, por isso mesmo, o candidato poderá falsear os dados, isto é, mentir sobre a sua orientação sexual ou sobre a sua conduta sexual. Na verdade, não poderá o empregador mais tarde vir invocar a invalidade do contrato de trabalho com base em erro sobre as qualidades da pessoa ou sobre a sua identidade, nos termos do art. 251.º do C.C., se questionou abusivamente o trabalhador sobre factos da vida privada e este mentiu. Se o trabalhador tem determinados deveres de informação em relação ao empregador[21], não tem, contudo, que lhe fornecer informações sobre factos que não sejam <u>directamente pertinentes</u> para aferir da sua aptidão ou idoneidade para o posto de trabalho em causa. Como refere MENEZES CORDEIRO[22] "no tocante à pessoa do declaratário, o erro pode reportar-se à sua identidade ou às suas qualidades. Em qualquer dos casos, ele <u>só será relevante quando atinja um elemento concretamente essencial</u>[23], sendo – ou devendo ser – essa essencialidade conhecida pelo declaratário, pela aplicação do artigo 247.º"'.

Considera-se, ainda que deveriam ter-se em atenção os deveres de informação pré-contratuais que incumbem a ambas as partes num contrato de trabalho já que, se por um lado, a boa fé impõe uma conduta recta nos métodos de investigação e no desenvolvimento da negociação, por outro lado, postula que, na fase que antecede a realização do contrato,

---

[21] Estes deveres de informação estão previstos no art. 97.º do Código do Trabalho em termos idênticos aos do empregador. Contudo, entendemos, tal como M.ª DO ROSÁRIO PALMA RAMALHO, "O Novo Código do Trabalho...", cit., p. 30, que ao dever do empregador prestar informações foi contraposto um dever de informação do trabalhador "formulado em termos exactamente equivalentes mas cuja lógica não se descortina" e que resulta da *"preocupação de assegurar a posição igualitária das partes no contrato de trabalho"*, p. 29. Não concordamos com esta equivalência e, até consideramos que, da forma como está redigida, poderá levar à possível defesa de situações que violam claramente o direito à vida privada do trabalhador. Cf. os exemplos referidos por esta autora, última *op.* cit., p. 34.

[22] *Tratado de Direito Civil Português, I Parte Geral*, tomo I, 2.ª edição, Almedina, Coimbra, 2000, p. 614.

as partes actuem através de um comportamento honesto, correcto e leal. No art. 227.º do C.C. está consagrado o princípio da *culpa in contrahendo*, também com consagração no Código do Trabalho – art. 93.º.

Este princípio constitui "um campo normativo muito vasto que permite aos tribunais a prossecução de fins jurídicos com uma latitude grande de movimentos"[24], compreendendo os deveres de protecção, os deveres de informação e os deveres de lealdade. Releva mais aqui o segundo grupo que prescreve que as partes devem prestar todos os esclarecimentos necessários para a conclusão honesta do contrato. Contudo, os deveres de informação, em sede de Direito do trabalho, têm de ser entendidos *cum grano salis*. Na verdade, o trabalhador não está obrigado a expor espontaneamente circunstâncias que o possam vir a prejudicar. Assim, considera-se que as obrigações de informação que incumbem ao candidato a trabalhador incluem a de responder clara, correcta e veridicamente às questões relacionadas com a sua aptidão ou idoneidade para o trabalho, esclarecendo o empregador sobre todos aqueles erros ou falsas concepções que possam surgir nesta fase. Também deve comunicar, por sua própria iniciativa, todos os aspectos que não possam ser conhecidos pela contraparte, utilizando uma diligência normal, isto é, os que possam escapar, pelo seu carácter oculto, extraordinário ou excepcional, do círculo normal de indagação do empregador. Para além disto, não parece que exista mais algum dever de informação por parte do trabalhador. Só relativamente a estas situações é que pode mencionar-se uma possível *culpa in contrahendo*[25]. Nas restantes situações o candidato pode não responder mas, como a consequência mais natural da conduta omissiva é a exclusão do processo de selecção, pode mentir ou falsear os dados. Não nos parece que exista nestes casos qualquer quebra da boa fé por parte do candidato pois quem agiu ilicitamente foi o empregador. Não pode esquecer-se que este só pode questionar sobre o necessário, imprescindível e directamente conexo com a prestação laboral.

---

[23] Sublinhado nosso. No mesmo sentido pode referir-se MOTA PINTO, *Teoria Geral do Direito Civil*, 3.ª edição, Coimbra Editora, Coimbra, 1989, pp. 508-510, mencionando a essencialidade como uma das condições gerais para a relevância deste erro como motivo de anulabilidade do negócio.

[24] MENEZES CORDEIRO, *Da Boa Fé no Direito Civil*, reimp., Almedina, Coimbra, 1997, pp. 582-583.

[25] Ver neste sentido CALVO GALLEGO, *Contrato de Trabajo y Libertad Ideológica – Derechos fundamentales y Organizaciones de tendência*, CES, Madrid, 1995, p. 207.

Porém, um problema que poderá surgir nesta fase de formação do contrato de trabalho é o do trabalhador transexual que se apresenta como pertencendo a um determinado sexo e cujos documentos de identificação atestam o contrário[26]. Parece-nos que, tendo em atenção o dever de boa fé que incumbe a ambas as partes, e embora o empregador não possa indagar sobre este facto, o candidato poderá ter de informar o empregador sobre a sua situação. Porém, o empregador não o poderá discriminar, atendendo aos preceitos constitucionais, civis e laborais. Contudo, o problema parece que está na possibilidade de uma informação deste género originar para o futuro empregador um juízo de censura que conduzirá à exclusão do candidato do processo de selecção e a uma enorme dificuldade do candidato provar que foi excluído por este juízo. Esta situação parece-nos que poderia ser resolvida se se possibilitasse ao transexual a mudança de sexo no seu assento de nascimento e, consequentemente, em todos os documentos que o identificassem. Esta parece ser, aliás, a tendência na maior parte dos ordenamentos jurídicos da União Europeia onde tem sido aceite a possibilidade dos transexuais celebrarem casamento com base no seu novo sexo, o que implica o seu reconhecimento total. Socorrendo-nos dos exemplos referidos pelo Advogado-Geral DÁMASO COLOMBER, no processo C-117/01, nos ordenamentos jurídicos alemão, grego, italiano, holandês e sueco, o legislador regulou expressamente esta situação; no austríaco e dinamarquês, estipulou-se através de uma prática administrativa; e no belga, espanhol, finlandês, luxemburguês e português, através de interpretações jurisprudenciais.

Consideramos que, nos casos dos transexuais, deve reconhecer-se o direito de mudança de registo para evitar todas as situações embaraçosas que possam vir a ter e as discriminações que sofrerão ao longo da vida, principalmente nesta fase de acesso e formação do contrato de trabalho onde o candidato já se encontra numa posição de inferioridade pré-contratual em relação ao empregador.

2.3. Pode existir, também, uma discriminação indirecta e é em relação a esta que maiores problemas de prova se colocam. É que, sob a

---

[26] HEINRICH HÖRSTER, *op.* cit., p. 573, nota n.º 72, cita um caso julgado pelo BAG onde se admitiu como erro sobre as qualidades da pessoa o caso de um transexual, à procura de emprego, que se apresentou como mulher apesar de biologicamente ainda ser homem, quando o emprego em causa estava destinado a ser preenchido por uma mulher.

Discriminação pela Conduta e Orientação Sexuais do Trabalhador 181

capa aparente de critérios neutros, o empregador recusa a contratação baseado na orientação e conduta sexuais do candidato. Também este tipo de comportamentos é punido, e a consagração da proibição deste tipo de discriminação constitui um alargamento da protecção pois as pessoas ficam protegidas contra o tratamento injusto, mesmo no caso deste tratamento não ser intencional, como por exemplo no caso em que as pessoas responsáveis pela introdução de uma determinada prática não se aperceberam do efeito que esta teria em pessoas diferentes. Por isso, o que releva não é a intenção, mas sim as consequências do acto[27]. O art. 32.º da Regulamentação do Código do Trabalho tem uma definição de discriminação indirecta em termos semelhantes aos da Directiva, embora consideremos que talvez tivesse sido preferível a inclusão desta noção, assim como da discriminação directa, no próprio Código do Trabalho, na medida em que são conceitos que revestem uma importância fulcral.

O legislador comunitário teve em atenção a enorme dificuldade de provar todo este tipo de situações e, por isso, estabeleceu na directiva uma espécie de *partilha do ónus da prova* entre a parte demandante e a parte demandada, o que significa que a responsabilidade de provar ou não a razão do processo é partilhada entre as duas partes. Assim, o trabalhador ou candidato deve demonstrar em primeiro lugar que os factos são consistentes com a ocorrência de discriminação e o empregador tem de provar que não agiu de forma injusta e que existe uma razão legítima para o seu procedimento. A Directiva impõe, ainda, que as pessoas que apresentem queixa por discriminação sejam protegidas adequadamente contra actos de retaliação ou represálias que, caso não sejam controladas, as poderiam impedir de exercer o seu direito de igualdade de tratamento. Esta protecção também é válida para testemunhas em processos de discriminação como uma forma de incentivá-las a testemunhar. Como mais uma forma de proteger as vítimas de discriminação consagra-se também a proibição da "instrução no sentido de discriminar", que acontece quando alguém instrui outra pessoa no sentido de agir de forma discriminatória[28].

O nosso ordenamento jurídico transpôs também nesta parte a Directiva. Assim, o n.º 3 do art. 23.º do Código do Trabalho, consagra a inversão do ónus da prova, regra que já existia no nosso ordenamento jurídico

---

[27] Cf. *Relatório Anual sobre a Igualdade e a não discriminação em 2003 – A caminho da diversidade*, in www.stop-discrimination.info.

[28] Cf. *Relatório Anual sobre a Igualdade e a não discriminação em 2003 – A caminho da diversidade*.

a propósito do princípio da igualdade em função do sexo. Esta inversão parece-nos muito positiva pois torna-se muito difícil para o trabalhador e, ainda mais para o candidato, provar que uma exclusão do trabalho ou do processo de selecção teve por base algum dos factores de discriminação que constam do n.º 1 do art. 23.º. Contudo, considera-se que este artigo talvez pudesse ser um pouco mais claro já que uma interpretação literal pode conduzir-nos à ideia de que só há esta inversão do ónus da prova para os trabalhadores e não para os candidatos a trabalho, o que contrariaria a Directiva.

Por outro lado, alguns dos aspectos da Directiva, como a definição de discriminação directa e indirecta, a protecção contra actos de retaliação e a proibição da instrução no sentido de discriminar, estão consagrados na Regulamentação do Código do Trabalho e não no Código do Trabalho – arts. 32.º e 34.º. Pensa-se que talvez fosse preferível a consagração no próprio Código do Trabalho de todos ou, pelo menos, de parte destes aspectos.

2.4. A proibição geral de indagar sobre a conduta e a orientação sexuais dos trabalhadores tem algumas excepções nas organizações de tendência, sendo que as discriminações indirectas poderão aí ocorrer com mais frequência já que a linha de separação entre a liberdade de contratação do empregador e a vulneração de determinados direitos constitucionais é bastante disseminada.

No nosso ordenamento jurídico não existe qualquer diploma que se refira a este tipo de organizações nem o que deve ser entendido por tendência. A sua razão de ser é a de promoverem uma concreta opção ideológica, tendo como característica principal ou diferenciadora serem criadoras ou defensoras de uma determinada ideologia, sendo esta a sua *ratio essendi*. Incluem-se normalmente nestas organizações, *inter alia*, os partidos políticos, os sindicatos e os estabelecimentos confessionais. Considera-se, ainda, tal como GLORIA ROJAS RIVERO[29], que há que ter em atenção que nem todas as organizações com fins caritativos, educativos, científicos ou artísticos podem ser consideradas institucionalmente expressivas de uma determinada ideologia, não bastando uma abstracta finalidade moral mas sim a difusão de uma determinada e reconhecida ideologia ou concepção do mundo. Seria preferível que existisse um

---

[29] *La libertad de expresión del trabajador*, Editorial Trotta, Madrid, 1991, p. 190.

conceito de *tendência* que fixasse o conteúdo e individualizasse os efeitos e o respectivo campo de aplicação, sob pena de ocorrerem incomportáveis restrições aos direitos fundamentais dos trabalhadores.

Em primeiro lugar, assemelha-se-nos que, para aferir da eventual possibilidade de indagar sobre estes aspectos, convém separar as tarefas denominadas de *tendência* e as tarefas ditas *neutras*, ou seja, entre aqueles postos de trabalho sobre os quais recai a obrigação de transmitir e difundir a ideologia do centro, daqueles outros sobre os quais não existe uma relação directa com a ideologia da entidade. Neste últimos não parece de aceitar a legitimidade de indagações acerca da conduta e da orientação sexuais do candidato ao trabalho. Em relação às outras, ou seja, em relação aos postos de trabalho ideológicos, tem-se defendido que a conduta sexual ou a orientação sexual podem ser objecto de indagação e entende-se, por exemplo, que a heterossexualidade ou a homossexualidade são mais um elemento a ter em atenção na altura de comprovar a capacidade profissional do trabalhador, embora também se defenda que, neste último caso, não basta ser homossexual, tendo de existir um comportamento grave e notório que desacredite a ideologia da empresa. Para Consuelo Chacartegui Jávega[30], independentemente das tarefas serem de tendência ou neutras, a orientação sexual das pessoas não pode ser considerada como uma condição pessoal que afecte a ideologia da empresa. Mesmo no caso das tarefas ideológicas, o facto do trabalhador ser homossexual, bissexual ou transexual não impede que este tenha a qualificação profissional necessária para o correcto desempenho das funções. O único fundamento para impedir que uma pessoa possa ter acesso a um posto de trabalho de natureza ideológica é o de ter um comportamento que desacredite a ideologia da organização ou a credibilidade da mensagem que difunde e, por isso, defende que a orientação sexual não pode ser considerada como um factor a ter em conta na altura da contratação. A autora considera que admitir que a homossexualidade possa afectar a credibilidade da organização de tendência seria como afirmar que ser homossexual, bissexual ou transexual resulta moralmente reprovável, diferentemente daqueles trabalhadores que mantêm relações heterossexuais, os quais não necessitam de demonstrar que a sua opção sexual pode colocar em risco a ideologia do centro. Por este facto, a orientação sexual não pode supor uma condição pessoal que legitime a decisão do empregador de indagar sobre eles.

---

[30] *Op.* cit., p. 102.

Concorda-se com a posição desta autora já que nos parece que só podem ser excluídos os trabalhadores cujo comportamento e conduta sexuais desacreditem a ideologia da organização. O candidato a trabalhador só terá de ter capacidade para transmitir e conservar a ideologia professada pela organização, independentemente da sua orientação sexual, e, por isso, apenas as crenças e ideologia deverão relevar e não a orientação sexual que é uma condição pessoal que em nada parece afectar a prestação laboral. Por esta razão, parece-nos preferível a ideia de que não poderá ser a orientação sexual mas sim a conduta sexual que impedirá, em certos casos, o acesso a um posto de trabalho ideológico, *v.g.*, quando esta é manifestamente contrária à ideologia defendida pela organização de tendência.

2.5. O Direito comunitário teve grande importância na consagração da proibição de discriminar os trabalhadores por motivos da sua conduta sexual devendo referir-se o art. 21°, n.º 1, da *Carta dos Direitos Fundamentais da União Europeia* que prevê como um factor de interdição da discriminação a orientação sexual. Esta inclusão é bastante importante porque até à Carta este motivo de discriminação não tinha sido incluído numa norma sobre protecção dos direitos fundamentais. De relevo, também, é a Directiva 2000/78/CE que inclui no art. 1° a proibição de discriminação com base na orientação sexual em todas as fases do contrato de trabalho e que abrange também os candidatos. E o problema que se coloca é o de que não existe uma definição de orientação sexual o que origina polémica ao nível da identificação do grupo potencialmente discriminado. A Directiva tentou também que existisse um papel mais activo dos interlocutores sociais, ao nível da concertação social, na luta contra a discriminação e no controlo sobre as práticas discriminatórias no acesso ao trabalho e no local de trabalho.

A Directiva prevê uma excepção ao princípio da não discriminação no art. 4.° que ocorre quando o posto de trabalho se insere nas denominadas organizações de tendência. Novamente CONSUELO CHACARTEGUI JÁVEGA[31], numa opinião que perfilhamos, defende que este artigo deve ser interpretado restritivamente, interligando-se sempre o n.º 1 com o n.º 2. Assim, "se a causa determinante para impedir o acesso a um posto ideológico só pode ser o comportamento do trabalhador, quando este pode

---

[31] *Op.* cit., pp. 71-72.

Discriminação pela Conduta e Orientação Sexuais do Trabalhador   185

desacreditar a ideologia do centro, a conservação da imagem e a credibi-lidade externa da organização, esta circunstância dependerá unicamente da capacidade do trabalhador para transmitir e conservar a dita ideologia, independentemente da sua orientação sexual". Considera ainda que o art. 4.º, n.º 2, estabelece um limite genérico em função do qual a exigência de um requisito profissional essencial não pode cair nalguma das causas de discriminação previstas nas Constituições dos diferentes Estados-membros, assim como no art. 13.º do Tratado de Amesterdão e, entre eles, a discriminação por motivos de orientação sexual. Este artigo constitui um mecanismo de controlo para evitar que determinadas exigências de requisitos profissionais considerados como essenciais possam encobrir verdadeiras condutas discriminatórias por motivos de orientação sexual. Defende, ainda, que a ideologia destas organizações apenas pode servir de justificação para a limitação dos direitos e liber-dades individuais no pressuposto de que as crenças do trabalhador podem realmente afectar a ideologia daquelas, ficando de fora deste conceito as condições pessoais do trabalhador que em nada afectem a prestação laboral como é o caso da orientação sexual.

3. **A conduta e a orientação sexuais na fase de execução do contrato de trabalho**

3.1. A este nível a legislação e a jurisprudência da União Europeia têm desenvolvido um papel muito importante. Se o artigo 13.º do Tratado de Amesterdão poderia ser considerado um verdadeiro ponto de inflexão nas políticas comunitárias sobre discriminação por razão de orientação sexual na medida em que previu, pela primeira vez, a orientação sexual como motivo de discriminação, não pode esquecer-se toda a importante função que as instituições europeias já tinham vindo a desenvolver para a denúncia deste tipo de práticas[32].

3.1.1.Em 13 de Março de 1984 o Parlamento Europeu aprovou uma Resolução sobre as discriminações sexuais no local de trabalho, adver-

---

[32] Conforme se refere no *Green Paper – Equility and non-discrimination in na enlarged European Union*, apresentado pela Comissão em 28 de Maio de 2004, " a adopção do art. 13.º reflecte a crescente preocupação pela necessidade de desenvolver uma aproximação *coerente e integrada* na luta contra a discriminação."

186   *VIII Congresso Nacional de Direito do Trabalho*

tindo que na sua luta não poderiam omitir-se nem aceitar-se passivamente as discriminações concretizadas sobre as mais diversas formas contra os homossexuais. Manifestou-se, assim, abertamente contra este tipo de discriminação em homenagem ao princípio da dignidade e da liberdade do indivíduo e da justiça social, ligando esta ideia ao princípio da livre circulação de trabalhadores. Com a finalidade de remover os obstáculos que impedissem a igualdade entre os trabalhadores com base na sua orientação sexual, o Parlamento Europeu solicitou à Comissão que, em primeiro lugar, retomasse a iniciativa sobre os despedimentos individuais a fim de pôr termo à realização de decisões abusivas com base nestas razões; em segundo lugar, que apresentasse propostas destinadas a evitar que nos Estados-membros os homossexuais fossem vítimas de discriminações não só na contratação como no estabelecimento das condições de trabalho; e, em terceiro lugar, que fosse a representante dos Estados-membros na O.M.S. para conseguir que a homossexualidade fosse retirada da classificação internacional das doenças.

Na sequência desta medida legislativa surgiu, em 8 de Fevereiro de 1994, a Resolução do Parlamento Europeu sobre a igualdade de direitos entre os homossexuais e as lésbicas da Comunidade Europeia. Neste acto normativo o Parlamento Europeu manifestou-se favoravelmente em relação à igualdade de tratamento entre cidadãos e cidadãs independentemente da sua orientação sexual, instando todos os Estados-membros para que suprimissem o tratamento desigual das pessoas por razão da sua orientação homossexual nas disposições jurídicas e administrativas e que, em cooperação com as organizações nacionais de lésbicas e de homossexuais, adoptassem medidas e realizassem campanhas contra qualquer tipo de discriminação social dos mesmos[33].

3.2. No ordenamento jurídico português qualquer sanção aplicada ao trabalhador com base na sua orientação ou na sua conduta sexual será ilícita por violar o princípio da igualdade, da não discriminação e da protecção da reserva da vida privada. São aspectos desta que escapam ao crivo de qualquer juízo de censura emitido pelo empregador. A orientação ou a conduta sexuais do trabalhador são condições pessoais que não

---

[33] Veja-se, a este propósito, a evolução referida por CONSUELO CHACARTEGUI JÁVEGA, *op.* cit., pp. 39-45.

Discriminação pela Conduta e Orientação Sexuais do Trabalhador 187

afectam, em princípio, a sua capacidade profissional[34], não fazendo parte dos pressupostos necessários para a celebração dum contrato de trabalho e, consequentemente, não pode dar azo a um despedimento com justa causa já que esta só pode fundar-se num "comportamento culposo do trabalhador que, pela sua gravidade e consequências torne imediata e praticamente impossível a subsistência da relação de trabalho" – art. 396.º do Código do Trabalho. Um despedimento que se fundamente nalguma destas razões é discriminatório e será ilícito com todas as consequências que a lei determina. Só se a orientação ou a conduta se projectarem negativamente na relação de trabalho é que poderão ser alvo de medidas sancionatórias e, de qualquer modo, será esta projecção, e não a orientação ou a conduta sexuais, que poderá motivar o exercício do poder disciplinar.

Também não poderá existir nenhum tratamento discriminatório em relação às condições de trabalho, nomeadamente em relação à retribuição, sendo que existem estatísticas efectuadas nos E.U.A. que demonstram que trabalhadores que informaram sobre a sua orientação homossexual ou bissexual poderiam ser discriminados em matéria de retribuição.

---

[34] Imagine-se o caso de uma trabalhadora que foi contratada para modelo de uma marca de *lingerie* e resolve mudar de sexo. A transexualidade irá afectar a sua capacidade profissional na medida em que não vai poder mais exercer a actividade para a qual foi contratada. Também nos parece que a conduta sexual poderá afectar de certa forma a capacidade profissional pois nem todas são autenticamente válidas, nomeadamente aquelas que são ilegais por atentatórias da liberdade sexual das pessoas. Figure-se o caso de um professor que foi acusado de crimes de abuso de menores. Aceita-se aqui o despedimento deste trabalhador até porque este seu comportamento terá evidentes repercussões negativas na relação de trabalho, relevando estas para configurar justa causa de despedimento e, a manter-se o vínculo laboral, será a imagem e o prestígio da escola onde trabalha que serão postos em causa. M.ª DO ROSÁRIO PALMA RAMALHO, "Contrato de Trabalho...", cit., p. 413, refere como um dos casos onde o acto extra-laboral realizado pelo trabalhador pode afectar a confiança que o empregador tem de depositar no trabalhador para assegurar a manutenção do vínculo laboral o professor condenado por pedofilia. Defende que neste caso (assim como noutros referidos), "os interesses da organização – que, em certa medida, concretizam o direito fundamental de iniciativa económica do empregador – deverão prevalecer". Também ALICE MONTEIRO DE BARROS, *Proteção à intimidade do empregador*, Editora São Paulo, São Paulo, 1997, pp. 126-129, refere-se a esta possibilidade de sanção disciplinar dos trabalhadores, mencionando um caso em que a condenação criminal pela prática de crime contra a liberdade sexual por parte de um trabalhador de um estabelecimento de ensino em que a vítima era uma criança de sete anos originou um despedimento com justa causa.

188   *VIII Congresso Nacional de Direito do Trabalho*

Assim, trabalhadores homossexuais ou bissexuais poderiam ganhar entre 11% a 27% menos do que trabalhadores heterossexuais e que trabalhadoras homossexuais ou bissexuais poderiam ganhar entre 12% a 30% menos que as trabalhadoras heterossexuais[35].

3.3. O despedimento de um transexual poderá levantar alguns problemas, colocando-se a questão de saber se o comportamento do trabalhador que é contratado com um determinado sexo e que no decurso da relação contratual o muda, não avisando o empregador, poderá ser considerado uma quebra da boa fé contratual, fundamentando por isso o despedimento[36]. Afigura-se-nos que será discriminatório o despedimento que se baseie somente na mudança de sexo, sem qualquer outro motivo[37], já que o trabalhador não tem obrigação de manifestar as suas circunstâncias pessoais ou sociais prévias à contratação e também porque, em princípio, a transexualidade não afecta a sua capacidade profissional. Qualquer comportamento discriminatório basear-se-á, em regra, em juízos morais e preconceitos que não têm qualquer relação com a sua capacidade profissional. Mesmo que se pretenda fazer cessar o contrato com base na inaptidão para o trabalho não deverá ser, em regra, promovido porque, a admitir-se o contrário, significaria aceitar que há postos de trabalho para homens e postos de trabalho para mulheres. Contudo, poderão ocorrer situações excepcionais onde o sexo é determinante para o exercício das funções inerentes a um posto de trabalho. Assim, figure-se o caso já referido em que uma mulher é contratada para ser modelo de uma marca de *lingerie* feminina, ou o trabalhador que é contratado para representar

---

[35] Cf. M. V. BADGETT, "The Wage Effects of Sexual Orientation Discrimination", *in Industrial and Labor Relations Review*, vol. 48, n.º 4, 1995, pp. 737-738. Neste trabalho também se refere um inquérito realizado nos E.U.A. em 1987-88 a empregadores de Anchorage, no Alasca. Dos 191 empregadores questionados, 18% referiram que se pudessem despediriam homossexuais, 27% defenderam que nem sequer os contratariam e 26% assumiram que não os promoveriam.

[36] Recorde-se o caso referido anteriormente duma decisão judicial alemã em que estava em causa um transexual, à procura de emprego, que se apresentou como sendo mulher, apesar de, biologicamente, continuar a ser homem, em que se recorreu ao regime de erro sobre as qualidades da pessoa.

[37] *Vide* doutrina referida por CONSUELO CHACARTEGUI JÁVEGA, *op.* cit., pp. 116-117, neste mesmo sentido. Esta autora considera que a protecção dispensada no ordenamento jurídico espanhol pelo art. 14.º da C.E. deveria ser extensiva, também, às pessoas que não se tenham submetido ou não desejem submeter-se a uma mudança de sexo.

Discriminação pela Conduta e Orientação Sexuais do Trabalhador   189

um papel masculino num filme. São casos onde uma mudança de sexo torna inviável o contrato de trabalho por manifesta inaptidão do trabalhador[38]. Nestes casos parece-nos que, preenchidos todos os pressupostos, o contrato de trabalho poderá cessar por caducidade tendo em consideração uma impossibilidade superveniente, absoluta e definitiva. Porém, salvo raras excepções, como as referidas, não se considera que o contrato possa extinguir-se por essa razão e com essa fundamentação.

3.3.1. Poderá equacionar-se uma outra situação onde o trabalhador objecto de mudança de sexo poderá ser alvo de comentários trocistas e até discriminatórios por parte dos colegas e do empregador e, até, eventualmente, embora numa situação limite, objecto de agressões físicas para além de psicológicas, podendo rescindir o contrato de trabalho com justa causa, nomeadamente com base na alínea f), do n.º 2, do art. 441.º do C.T., tendo direito a uma indemnização nos termos do art. 443.º, na medida em que a sua mudança de sexo em nada afectou a sua capacidade profissional nem o ambiente de trabalho. Parece-nos, ainda que esta situação poderá ser enquadrada no art. 24.º do C.T. se estiverem preenchidos todos os pressupostos e o trabalhador vir a ser indemnizado pelos danos patrimoniais e não patrimoniais que lhe forem causados.

3.3.2. O mesmo parece dever ser defendido para as organizações de tendência e, por isso, só a manifestação pública de ideias contrárias à ideologia da organização que impliquem um verdadeiro prejuízo ou reflexo negativo é que deve ser relevante. Este reflexo pode ocorrer de várias formas, quer através da afectação da imagem da organização, quer na deserção dos fiéis de uma determinada comunidade religiosa, na depreciação da doutrina defendida, mas é imprescindível que ocorra um prejuízo ou reflexo negativo que origine a perda de confiança do empregador em termos tais que deixe de acreditar-se que o trabalhador consiga desempenhar cabalmente as suas tarefas, intimamente ligadas à difusão da ideologia do empregador. OLIVIER DE TISSOT[39] sustenta, mesmo, que é necessário que "este prejuízo não seja somente eventual. O *escândalo* evocado por ocasião deste tipo de acontecimentos é, muito frequen-

---

[38] *Vd.* sobre tudo isto CONSUELO CHACARTEGUI JÁVEGA, *op.* cit., pp. 118-119.

[39] "Pour une meilleure définition du regime juridique de la liberté d'expression individuelle du salariè", *in D.S.*, n.º 12, 1992, p. 959.

temente, a máscara de irritação do empregador perante o não conformismo das opiniões expressas pelo trabalhador. A menos que ele traga para a empresa demissões em cadeia, uma fuga dos aderentes ou dos seus «clientes», um abandono dos seus *sponsors* ou mecenas, o dito «escândalo» não deve poder ser considerado como um prejuízo certo sofrido pela empresa".

DIA 5 DE NOVEMBRO DE 2004

9h 30m

TEMA IV

CÓDIGO DO TRABALHO E JUSTIÇA LABORAL

Presidência
Dr. Paulo Morgado de Carvalho
Inspector-Geral do Trabalho

Prelectores
Dr.ª Albertina Pereira
Juiz dos Tribunais do Trabalho
e Professora da Universidade Lusíada de Lisboa
Dr. João Correia
Advogado e Vice-Presidente do Conselho Geral
da Ordem dos Advogados
Dr. João Soares Ribeiro
Delegado da IGT

ALGUMAS NOTAS SOBRE CRIMES LABORAIS E DE PROMOÇÃO DA SEGURANÇA

João Soares Ribeiro

Delegado da IGT

ALGUMAS NOTAS SOBRE CRIMES LABORAIS E DE PROMOÇÃO DA SEGURANÇA

JOÃO SOARES RIBEIRO

Delegado da IGT

1. Introdução

O legislador do Código do Trabalho decidiu, e bem, incluir um capítulo do seu Livro II sobre a responsabilidade penal. Nela englobou os crimes de **utilização indevida de trabalho de menor**, que pode vir a transformar-se em **crime de desobediência** se, alertado pela IGT, o empregador não fizer cessar de imediato a actividade laboral daquele, de **violação da autonomia e independência sindicais**, **retenção de quota**, **violação do direito à greve** e prática de *lock-out*.

Por outro lado, depois de afirmar categoricamente a responsabilização das pessoas colectivas[1], especifica que podem cometer determinadas sanções acessórias as que utilizem indevidamente menores em trabalho subordinado ou que, alertadas pela Administração do Trabalho, não ponham de imediato termo à relação laboral[2].

A consagração da responsabilidade das pessoas colectivas que constitui, como é sabido, uma excepção ao regime regra do Código Penal (art. 11.º), e a inserção sistemática do preceito – a seguir aos crimes por violação do trabalho de menores e antes dos restantes crimes – poderiam levar a crer que apenas naquele caso (de violação das regras do trabalho de menores) seria imputável a responsabilidade a entes colectivos[3].

---

[1] Cf. art. 607.º do Código do Trabalho (CT)

[2] Cf. art. 610.º do CT.

[3] Sobre a temática da responsabilidade penal das pessoas colectivas pode ver-se, recentemente, um estudo de JORGE DOS REIS BRAVO, Procurador da República, intitulado

196   *VIII Congresso Nacional de Direito do Trabalho*

Todavia, não é assim. Trata-se, a nosso ver, duma discutível inserção sistemática[4], tão clara é a letra do preceito do art. 607.º e a referência à punição com multa das *entidades* e *organizações* que infrinjam a autonomia e independência sindicais no n.º 1 do art. 611.º[5].

Mas tratar-se-á de eventual deficiência de sistematização, ou mais do que isso?

A referência legal (610.º) à acumulação da pena de multa com outras penas acessórias[6] inculca a ideia que nos outros crimes não se poderiam aplicar sanções acessórias[7].

Será isso verdade?

Por força da regra do concurso de infracções contida no art. 20.º do Dec-Lei n.º 433/82, de 27/10, *se o mesmo facto constituir simultaneamente crime e contra-ordenação, será o agente sempre punido a título de crime, sem prejuízo da aplicação das sanções acessórias previstas para a contra-ordenação.* Ora, consta do capítulo da responsabilidade contra-ordenacional que, quer a violação da autonomia e independência sindicais[8], quer a retenção do quota sindical[9], quer a proibição de substituição de grevistas[10] ou a discriminação de trabalhadores por aderirem ou não a greve[11] ou, finalmente, a prática do *lock-out[12]* constituem contra-ordenação. Só que, no caso da violação da autonomia ou independência sindicais, a contra-ordenação é meramente grave, enquanto nas restantes situações a contra-ordenação é muito grave. Porque assim é, poderiam

---

"*Critérios de imputação Jurídico-Penal de Entes Colectivos (elementos para uma dogmática alternativa da responsabilidade penal de entes colectivos),* publicado na RPCC, Ano 13, n.º 2 Abril/Junho 2003, pp. 207 a 250.

[4] Discutível porque, na verdade, não havia necessidade de criar um preceito autónomo para o efeito. Bastaria que a punição constasse dos tipos legais respectivos.

[5] No sentido da posição assumida no texto, vd. também MARIA MANUELA F. BARATA VALADÃO SILVEIRA, – "*Alguns comentários a propósito da Responsabilidade Penal no Código do Trabalho*", *in* Prontuário de Direito do Trabalho 67, p. 68 e ss..

[6] A interdição temporária do exercício da actividade de 2 meses a 2 anos e a privação de subsídios de 1 a 5 anos.

[7] Vd, sobre "Sanções das (e para as) Pessoas Colectivas, MÁRIO PEDRO MEIRELES, Juiz de Direito, i RPCC, Ano 10, 4.º Out/Dez 2000, pp. 511 a 534.

[8] Cf. art. 682.º.

[9] Cf. art. 683.º.

[10] Cf. art. 689.º.

[11] Cf. art. 689.º.

[12] Cf. art. 689.º.

Algumas Notas Sobre Crimes Laborais e de Promoção da Segurança   197

aos agentes dos crimes, quando simultaneamente reincidissem[13] em contra-ordenações muito graves, ser aplicáveis, com a pena criminal as sanções acessórias de interdição temporária do exercício de actividade até 6 meses, privação de participar em arrematações ou concursos até 6 meses ou até publicidade da decisão condenatória[14].

Todavia, a ilação a extrair é a de que se, com excepção da violação da autonomia ou independência sindicais, em que a contra-ordenação é grave, em todos os outros crimes previstos no Código se poderiam aplicar sanções acessórias, essa não foi por ora a opção do legislador. É que se compulsarmos a secção das contra-ordenações em especial[15] verificamos que apenas a violação dos direitos de personalidade, das normas sobre a igualdade, sobre o **trabalho de menores** ou sobre a retribuição podem dar origem à aplicação de sanção acessória e sempre, e só, a sanção de publicidade. Resta, como conclusão, a constatação de que, afinal, para além das sanções acessórias de interdição temporária (de 2 meses a 2 anos) e de privação do direito a subsídios ou subvenções (de 1 a 5 anos), também à violação dos deveres de respeitar a idade mínima e a necessidade de escolaridade obrigatória se pode aplicar a sanção de publicidade.

2. Violação das regras sobre trabalho de menores

Detenhamo-nos um pouco mais no crime de utilização indevida de trabalho de menores.

Trata-se não só, como é sabido, de um flagelo social português, o que já era muito, como ainda de uma problemática com que por várias vezes o nosso país se tem defrontado na cena internacional, alimentada quiçá por Estados que nem são sequer sobre tais matérias um exemplo de boas práticas, mas que pelo jogo de interesses associados com outras manobras podem ter fortes repercussões políticas e económicas.

---

[13] No regime contra-ordenacional vigente até à entrada em vigor do Código (L. 116/99, de 4/8) as sanções acessórias, designadamente a publicidade, podiam aplicar-se com a primeira infracção. Agora só em caso de reincidência (art. 627.º).

[14] Cf. art. 627.º.

[15] Arts. 641.º a 689.º.

198 VIII Congresso Nacional de Direito do Trabalho

Não admira, por isso, o cuidado do legislador em erigir a tutela do trabalho dos menores como um valor jurídico fundamental a preservar neste diploma estruturante da relação jurídica do trabalho subordinado. Fê-lo pensando a idade de 16 anos como padrão de início da vida activa. Todavia, considerando as vicissitudes várias da vida dos jovens, sopesando a escassez de recursos de várias famílias e o nível sócio-cultural de determinados estratos sociais que compõem o país, admitiu excepções àquele limite mínimo de idade de começo de um trabalho remunerado.

Assim, o indivíduo que não tenha atingido os 16 anos de idade, pode ser admitido ao trabalho desde que:

– tenha concluído a escolaridade obrigatória que é, neste momento, de nove anos – o que aponta para que a criança que seja admitida na escolaridade obrigatória aos seis anos a conclua aos quinze, um ano antes de perfazer a idade mínima; e

– seja admitido para prestar trabalhos leves, que legislação especial se encarrega de definir[16], mas que nunca poderão pôr em causa a sua segurança, saúde, desenvolvimento físico, psíquico, moral, intelectual, cultural e que não prejudiquem a assiduidade escolar e formação.

Por isso, quando o legislador, no artigo 608.º /1 – utilizando uma técnica legislativa própria[17] e diferente da do Código Penal, para construir o tipo legal[18] – remete para a violação do artigo 55.º /1, que prescreve que *só pode ser admitido ao trabalho... o menor que tenha completado a idade mínima, tenha concluído a escolaridade obrigatória e disponha de capacidade física e psíquica adequadas ao posto de trabalho,* não está a delimitar rigorosamente o tipo legal de crime. É que

---

[16] Cf. o art. 115.º da Lei Regulamentadora do Código do Trabalho (L 35/2004, de 29/7).

[17] Técnica essa que vai adoptar também para a definição dos tipos legais de contra-ordenações – vd. arts. 641.º e ss..

[18] Embora seja cada vez mais frequente a utilização pelo legislador do Código Penal da técnica do reenvio – remetendo para outras normas penais, ou mesmo não penais, como é, por exemplo, o caso do art. 277.º /1, de que falaremos adiante, quando determina que faz parte do elemento do tipo a violação de "normas legais regulamentares ou técnicas", pelo que muitas delas se poderão encontrar no âmbito do direito administrativo ou mesmo no contra-ordenacional.

Algumas Notas Sobre Crimes Laborais e de Promoção da Segurança   199

pode bem ser lícita a admissão de menor sem a idade mínima e sem a escolaridade obrigatória cumprida.

Na verdade, do elenco de condições do art. 55.º /1 do CT, só a condição da *capacidade física e psíquica* é absoluta; não admite excepções. A *idade mínima*, que o art. 55.º /2 define como sendo aos 16 anos, é excepcionada para trabalhos leves (art. 55.º /3)[19], assim como o são também a *escolaridade obrigatória* e a *qualificação profissional* nas circunstâncias do art. 56.º.

E a condição da capacidade física e psíquica do trabalhador não poderá, também ela, ser relativizada por legislação especial, nos termos do que dispõe o art. 60.º /2?

Seguramente que não. O que pode ser condicionado (ou proibido) por legislação especial[20] não é, naturalmente, a capacidade do trabalhador menor, mas, antes, a prestação de trabalhos que pela sua natureza, ou pelas condições em que são prestados, sejam prejudiciais ao desenvolvimento dos trabalhadores que não tenham atingido a maioridade em termos civis[21].

Numa como noutra destas situações, ou seja, em caso de violação do art. 55.º /1 ou do art. 60.º /2, a pena de prisão até 2 anos ou a multa até 240 dias pode ser agravada.

Se é isso o que resulta do teor literal da norma do art. 608.º há, contudo, que atentar na parte do inciso que determina *se pena mais grave não couber por força de outra disposição legal*. Ora, bem vistas as coisas, se, por exemplo, se verificarem os pressupostos objectivos do art. 152.º do Código Penal, ou seja, se o empregador – além de admitir um menor sem perfazer 16 anos e sem escolaridade obrigatória – o puser a exercer actividades perigosas, desumanas, proibidas (arts. 116.º a 121.º da Lei 35/2004) ou o sobrecarregar com trabalhos excessivos, deverá concluir-se que à penalização do art. 55.º /1 se substitui a daquele art. 152.º: a pena de prisão passará a ser de 1 a 5 anos, ou mesmo de 2 a 10 anos[22].

---

[19] Vd. sobre a definição de trabalhos leves o art. 115.º /1 da L. 35/2004.

[20] Cf. da Lei Regulamentadora (L 35/2204) os arts 116.º a 121.º sobre actividades, processos e condições de trabalho proibidos e 122.º a 126.º sobre trabalhos condicionados a menores.

[21] Cf. o art. 122.º do CC.

[22] Cf. art. 152.º /4 do CP (redacção da Lei 7/2000, de 27/5).

200 *VIII Congresso Nacional de Direito do Trabalho*

Mas, por seu lado, já não parece possível que a pena de multa possa, também ela, ser agravada. Pela simples razão que, ao que parece, a inclusão desta pena tem por objectivo ser aplicada não já, ou não só, às pessoas singulares responsáveis pelo crime de utilização indevida de menores, mas, antes, pelas *pessoas colectivas*, nos termos do artigo 610.º . E se assim for, como julgamos que é, não poderá ser trazida à colação nenhuma norma do Código penal para agravar a multa, pois que em nenhuma das disposições da parte especial (arts. 131.º e ss.) este diploma pune pessoas colectivas[23]. Neste caso, o que sucederá é que a moldura da pena de multa (até 240 dias) se mantém, apenas se verificando a possibilidade de a ela acrescerem as sanções de interdição temporária do exercício de actividade de 2 meses a 2 anos ou a privação da obtenção de subsídios por um período de um e cinco anos e a publicidade nos termos supra.

Do mesmo modo, à previsão do art. 60.º /2 parece que será sempre sobreposta a do art. 152.º . Queremos dizer com isto que – talvez exceptuando a situação da prestação de trabalhos condicionada a menores com idade igual ou superior a 16 anos[24] – sempre que o menor esteja a realizar os trabalhos proibidos, constantes dos arts. 116.º a 121.º da Lei n.º 35/2004 (ou outros proibidos por outras leis), não parece de aplicar a sanção do art. 608.º , mas antes a do 152.º por ser mais grave. De novo vale a ideia de que se tratando de pena de prisão apenas aos legais responsáveis da sociedade poderá ser aplicada, ficando a pessoa colectiva eventualmente responsável pela pena de multa, a que se somam as sanções da segunda parte da norma do art. 610.º e ainda a da publicidade a que se refere o n.º 5 do art. 644.º . Contudo, esta sanção da publicidade, ao contrário das anteriores que são de aplicação exclusivamente judicial, poderá ser aplicada pela Administração, se se não verificar situação de concurso com crime.

---

[23] Cf. os arts. 11.º e 12.º .
[24] Arts. 122.º a 126.º da Lei 35/2004, de 29/7.

Algumas Notas Sobre Crimes Laborais e de Promoção da Segurança

3. Os crimes de infracção das regras de segurança e da infracção das regras de construção

Vale a pena, aqui e agora, lembrar um tipo legal de crime que foi introduzido pela reforma penal de 1998[25] o que fez alterar a epígrafe do art. 152.º do Código Penal de *maus tratos ou sobrecarga de menores, de incapazes ou do cônjuge* para **maus tratos e infracção das regras de segurança**, sendo então aditado um número (3)[26], que é o que por agora interessa, segundo o qual:

"*A mesma pena* [de 1 a 5 anos] *é aplicável a quem não observando disposições legais ou regulamentares, sujeitar trabalhador a perigo para a vida ou a perigo de grave ofensa para o corpo ou a saúde*".

Trata-se pois de um tipo que, inserido nos *crimes contra as pessoas*, no capítulo dos **crimes contra a integridade física**, é, tal como o crime de infracção das regras de construção um **crime de perigo** tendo como bem jurídico a preservar a **segurança e a saúde**. Há pois que, atendendo à elevada taxa de incidência de sinistralidade laboral, não apenas no sector da construção para que rege o tipo de que falaremos adiante, mas genericamente em toda a actividade de trabalho jurídica ou economicamente subordinado, cada vez mais apelar à sua relevância e sensibilizar todos os operadores judiciários para a necessidade da sua aplicação quando tal se mostre justificado. Assim propiciando o necessário efeito dissuasor e contribuindo para se criar, ou arreigar, uma "cultura de segurança" suficientemente interiorizada pelos empregadores, integrando a "cultura organizacional" das empresas,.

E, igualmente como o crime de infracção de regras de construção também o de infracção das regras de segurança, apesar de desinserido do capítulo respectivo, se poderá ter como um crime de perigo, onde, por isso, o dano não faz parte do tipo e de perigo comum, que tem "*como elemento característico a susceptibilidade de ocorrer um dano não controlável (difuso), com potência expansiva, apto a causar alarme social*"[27]

---

[25] Lei 65/98, de 2 de Setembro.

[26] Que passou a n.º 4 pela reforma da l. 7/2000, de 27 de Maio.

[27] Cf. RUI PATRÍCIO "*Apontamentos sobre um crime de perigo comum e concreto complexo*" – afirmação produzida, porém, apenas a propósito do art. 277.º – Revista do M.º P.º , n.º 81 (Novembro/1999), pp. 91 a 127. Frase citada no texto, a p.102.

202   VIII Congresso Nacional de Direito do Trabalho

Entretanto, sob a epígrafe *infracção de regras de construção, dano em instalações e perturbação de serviços,* com contornos de vários tipos legais que já constavam da primitiva redacção do Código Penal[28], reza o art. 277.º do Código Penal (na parte que aqui interessa assinalar):

1. Quem:

a) No âmbito da sua actividade profissional infringir regras legais, regulamentares ou técnicas que devam ser observadas no planeamento, direcção ou execução de construção, demolição ou instalação ou na sua modificação;

b) Destruir, danificar ou tornar não utilizável, total ou parcialmente, aparelhagem ou outros meios existentes em local de trabalho e destinados a prevenir acidentes ou, infringindo regras legais, regulamentares ou técnicas, omitir a instalação de tais meios ou aparelhagem;

...

e criar deste modo perigo para a vida ou para a integridade física de outrem, ou para bens patrimoniais alheios de valor elevado, é punido com pena de prisão de 1 a 8 anos.

2. Se o perigo referido no número anterior for criado por negligência, o agente é punido com pena de prisão até 5 anos.

3. Se a conduta referida no n.º 1 for praticada por negligência, o agente é punido com pena de prisão até 3 anos ou com pena de multa.

Um como outro dos crimes, inserem-se na chamada política de *neocriminalização,* por isso de sentido contrário ao da *descriminalização* da década de sessenta do século passado, que veio a originar o ramo do direito de mera ordenação social, e significa o reconhecimento social da perigosidade dos comportamentos descritos, que até há décadas atrás não mereciam relevo à comunidade jurídica.

Em ambos os tipos, ou mais precisamente nos tipos legais dos segmentos transcritos das normas, estamos perante **crimes específicos,** na medida em que exigem uma certa qualidade de agente. Todavia, enquanto na infracção das regras de segurança com a referência à designação de *trabalhador* se parece exigir uma relação de subordinação

---

[28] Essencialmente, o tipo do crime do art. 277.º correspondia na redacção do CP/ 82 aos arts. 263.º – violação das regras de construção, 264.º – danos em aparelhagem destinada a prevenir acidentes, 265.º – perturbação do funcionamento dos serviços públicos e 266.º – dano ou destruição de instalações de interesse público.

Algumas Notas Sobre Crimes Laborais e de Promoção da Segurança 203

jurídica, mesmo que ilegal, no de violação das regras de construção para o preenchimento do tipo objectivo basta a mera *actividade profissional*, isto é, pode tratar-se de trabalho não subordinado, de trabalho autónomo, portanto.

É sintomático constatar que o exemplo que o Prof. Taipa de Carvalho, anotador do art. 152.º no Comentário Conimbricense ao Código Penal dava para a utilização do subordinado em actividades perigosas em relação à idade era o do emprego de um menor na fabricação de objectos pirotécnicos[29]. Esta é a situação que a lei regulamentadora do Código do Trabalho veio proibir[30], e cuja conduta tipifica o crime do art. 608.º , mas cuja parte final remete para este art. 152.º do CP. Aliás, todas as *actividades, processos e condições de trabalho proibidos a menor*, (constantes dos artigos 116.º a 121.º da Lei 35/2004), sendo considerados contra-ordenação muito grave (art. 476.º /1 da mesma L 35/2004) constituem simultaneamente aquele crime do art. 608.º do CT, ou melhor, quanto a nós, do art. 152.º /1/b) do CP por conter pena mais grave.

Também num e noutro dos tipos legais estamos perante **crimes de perigo concreto**, pelo que não o presumindo o legislador, ter-se-á de fazer a demonstração dos elementos que constituem o perigo, entendido como o conjunto de elementos de uma situação não normal, de acordo com o qual se torna provável a verificação do dano. Mas perigo concreto **complexo** porque, para além da verificação do perigo, se torna ainda necessária a violação[31] de uma ou algumas regras legais regulamentares ou técnicas

Sobre o tipo subjectivo do ilícito, enquanto no crime de infracção das regras de segurança é necessário o **dolo**, embora mero dolo de perigo para a vida ou perigo de grave ofensa para o corpo ou a saúde, sendo, por isso necessária a verificação dos elementos cognoscitivo, volitivo e de vontade livre, já no crime de infracção das regras de construção o preenchimento do tipo se basta com a **negligência** ou do **perigo** (277.º /2) ou da **conduta** (277.º /3). Poderá por isso aqui verificar-se que entre o perigo e a conduta se interponham uma relação de dolo/negligência, de negligência/dolo ou tão só de negligência/negligência.

---

[29] Cf. Comentário Conimbricense ao Código Penal. T. I, p. 333.

[30] Cf. art. 120.º /b) da L 35/2004, de 29/7.

[31] "Com e por violação de regras", afirma RUI PATRÍCIO, ob. cit. p. 99.

204 VIII Congresso Nacional de Direito do Trabalho

Podendo um e outro destes crimes ser **agravados pelo resultado**, conforme resulta do disposto no art. 152.º /5[32] e 285.º , deve observar--se o disposto no art. 18.º do CP, segundo o qual "*a agravação é sempre condicionada pela possibilidade de imputação desse resultado ao agente pelo menos a título de negligência*" e que, portanto, não existe agravação quando se não verificar, num juízo de prognose posterior, a previsibilidade objectiva.

Isto, porém, não pode, a nosso ver, servir de alibi para a impunibilidade da conduta principal.

Glosando uma recente decisão judicial[33] em que, verificado um acidente mortal de um trabalhador por soterramento no fundo de uma vala, três arguidos (o empregador, o encarregado e o operador da máquina retroescavadora) foram acusados simultaneamente de um crime de homicídio por negligência e de um crime de infracção das regras legais e regulamentares da construção – dos poucos crimes que chegam aos tribunais, sabe-se que, normalmente só aí chegam aqueles em que há essa agravação, ou seja, em que da infracção das regras resultou a morte do trabalhador – dado como provado que nenhum dos arguidos tinha, directa ou indirectamente, dado ordens ao trabalhador para se deslocar ao fundo da vala (com 2,75m de largura e 4,5m de profundidade), trabalhador esse que gestualmente sinalizava a operação para o operador da máquina de escavação, cuja pá ele não conseguia ver do seu local de trabalho, decidiu-se (crê-se que bem) absolvê-los do crime de homicídio.

Mas provado também que o rampeamento dos taludes da terra colocada no bordo da parte superior da vala tinha uma inclinação de 90%, muito superior aos 45%, permitidos pelos regras dos arts. 66.º e 67.º do regulamento de segurança da construção civil, aprovado pelo Decreto n.º 41.821, de 11 de Agosto de 1958[34], os mesmos arguidos foram também absolvidos do crime de infracção das regras de construção. É aqui que divergimos.

Escreveu-se assim na parte final da decisão: *Ora, aplicando a teoria ao caso concreto, e considerando o que acima ficou exposto quanto ao*

---

[32] Redacção da L. 7/2000, de 27/5.

[33] De 28/06/2004, inédita.

[34] Que é indubitavelmente um corpo de normas regulamentares que integra o elemento objectivo do tipo de crime do art. 277.º /1a), apesar de não constar do elenco apresentado por PAULA RIBEIRO DE FARIA, ilustre anotadora do preceito no Comentário Conimbricense ao Código Penal, T. II, p. 917.

Algumas Notas Sobre Crimes Laborais e de Promoção da Segurança 205

crime de homicídio por negligência, e que neste tipo legal o resultado morte tem de ser imputado ao agente pelo menos a título de negligência, teremos necessariamente que absolver os arguidos – se se considerou que a conduta dos arguidos não foi negligente para lhes imputar o crime p.e p. pelo art. 137.º , também nunca lhe poderemos imputar a prática do crime p. e p. pelos arts. 277.º , n.º 1, al. a), n.º 3 e 285.º do Código Penal, uma vez que o resultado morte tem de ser imputado pelo menos a título de negligência.

Ora, salvo o devido respeito, a penúltima afirmação do texto é incorrecta. Não há dúvida de que o resultado morte tem de ser imputado ao agente, pelo menos a título de negligência (art. 18.º do CP), mas apenas para efeito da **agravação** da pena. O crime de infracção das regras de construção por violação de regras legais, regulamentares ou técnicas, todavia, existe mesmo que não se prove (ou que não tenha ocorrido) a agravação. E para que o crime exista basta que se prove: i) que a infrac-ção das regras regulamentares ou técnicas – no caso a colocação das terras do talude num ângulo de 90% de inclinação fora feita com conhe-cimento de que não era permitida, e tal conhecimento tem de existir, necessariamente, para as pessoas ligadas a empresas de construção civil[35]; e ii) que a situação de perigo – a possibilidade do deslizamento, escorregamento ou desmoronamento das terras – existia, mesmo que nem tivesse sido sequer representada pelos agentes (negligência inconsciente) ou representando-a, com ela se não tivessem conformado (negligência consciente). Ora, que o perigo existia, demonstra-o a morte do traba-lhador.

4. A responsabilidade das pessoas colectivas para além do trabalho de menores e a agentes não empregadores

Embora, como é natural, os falados crimes previstos nos arts. 152.º e 277.º do Código Penal sejam *crimes específicos*, no sentido em que o seu autor tem de possuir determinadas qualidades, e normalmente a "qualificação de autor" exigida seja a de *empregador*, ou a de *entidade empregadora* – tal como sucede com a utilização indevida do trabalho de menores, de desobediência, de retenção da quota sindical, de violação do

---

[35] As chamadas *"lege artis"*.

direito à greve ou de prática do *lock-out* – do elenco dos tipos legais resulta que nem sempre assim sucede.

O próprio legislador prescreve que também podem ser autores do crime de **violação da autonomia e independência sindicais** os *administradores*, *directores* ou *gerentes* e até os *trabalhadores que ocupem lugares de chefia*[36] ou até *dirigentes e delegados sindicais*[37]. Pareceria assumida aqui a opção do legislador pela clássica teoria do domínio do facto em detrimento da célebre teoria da violação de dever expendida por Roxin na sua tese de habilitação e com vários desenvolvimentos posteriores[38]. Embora o dever de respeitar a autonomia e independência das estruturas de representação colectiva dos trabalhadores seja titulado pelas empresas e respectivas associações, o certo é que quem na maioria das vezes tem o *domínio do facto,* a possibilidade de ingerir ou de perturbar o exercício dos seus direitos são os seus legais representantes que, por isso, podem ser penalmente responsabilizados, só ou conjuntamente com as próprias organizações. Como é sabido, é doutrinariamente reconhecida a responsabilização conjunta da pessoa colectiva e dos seus órgãos[39] ou representantes como, a propósito da responsabilidade criminal e contra-ordenacional, claramente definiu o conselho consultivo da PGR: "*A responsabilidade da pessoa colectiva,* qua tale, *normalmente cumula-se com a responsabilidade individual dos agentes que levaram a cabo a prática da infracção*"[40]. Só assim não será, ficando excluída a responsabilidade do ente colectivo, quando os titulares do órgão actuam contrariando ordens da própria pessoa colectiva ou quando actuam no seu exclusivo interesse.[41]

---

[36] Art. 611.º /2.

[37] Art. 611.º /3.

[38] Sobre estas teorias e sua eventual aplicação no CP, vd. Teresa Pizarro Beleza – "A Estrutura da Autoria nos Crimes de Violação do Dever: Titularidade versus Domínio do Facto"

[39] *Recte* titulares dos órgãos.

[40] Cf. o Parecer da PGR no Processo 10/94, in DR, 2ªs, de 2874/95, pp. 4576 a 4584.

[41] Não nos vamos aqui imiscuir num outro problema, de índole exclusivamente contra-ordenacional e que respeita ao <u>critério legal</u> de imputação da responsabilidade ao ente colectivo. Ou seja, quando é que se pode afirmar que um agente ao actuar faz repercutir a responsabilidade na pessoa por conta de quem age. Ou, dito ainda de outro modo, qual é o leque de pessoas físicas que, cometendo um ilícito, o fazem imputar à pessoa colectiva. Nos termos do disposto no artigo 7.º /2 o critério legal é meramente orgânico,

Algumas Notas Sobre Crimes Laborais e de Promoção da Segurança 207

Mas decorre do próprio enunciado da norma legal sobre o direito à autonomia e independência das estruturas representativas dos trabalhadores[42] que, para além dos empregadores e suas associações, também **associações de outra natureza, instituições religiosas, partidos políticos** ou até o próprio **Estado**, podem cometer o crime de violação do direito daquelas estruturas se as ingerirem ou financiarem, podendo, por isso, ser condenadas a pena de multa[43].

Comungando de algumas opiniões que já foram expressas[44], independentemente da posição doutrinária referida, não nos parece indiferente a posição assumida pelo legislador ao utilizar nas diferentes normas duas designações diferentes: nuns casos a de *empregador*[45], noutros a de *entidades*[46]. Antes pensamos ter sido de caso pensado que o legislador as empregou para significar a imputação de responsabilidade pessoal no primeiro caso e colectiva no segundo.

Neste enquadramento de responsabilidades pessoais ou colectivas que perpassa por todo o capítulo da responsabilidade penal do Código, a **não retenção e entrega da quota sindical** parece ser imputável não à pessoa colectiva mas, antes, ao empregador, ou seja ao seu representante que tiver praticado o facto. É que não faria qualquer sentido uma interpretação que tivesse em conta uma distinção entre empregadores titulares de empresas em nome individual e os restantes, cujas empresas são tituladas por uma sociedade. Além de não fazer sentido, era contraditória, na exacta medida em que eram mais agravadamente penalizados aqueles (com penas de prisão) que estes (que responderiam com penas de multa).

---

isto é, só os titulares do órgão é que têm essa capacidade, e não quaisquer outros como os representantes, agentes ou meros trabalhadores. Sobre esta problemática, vd. TERESA SERRA *"Contra-Ordenações: Responsabilidade de Entidades Colectivas"*– RPCC 9 (1999), pp. 187 a 212.

[42] Consagrado no art. 452.º do Código do Trabalho.

[43] E podem, simultaneamente, cometer a contra-ordenação tipificada no art. 682.º, o que levantaria o problema de saber se o próprio Estado também pode cometer contra-ordenações ou se lhe poderão aplicar coimas. Sobre o tema vd. o Parecer da PGR n.º 102/89, in DR, 2ªs. de 7/3/91, que conclui pela irresponsabilidade contra-ordenacional do Estado.

[44] Como é o caso de MARIA MANUELA F. BARATA VALADÃO SILVEIRA, in *"Alguns comentários a propósito da Responsabilidade Penal no Código do Trabalho"*, citada, in Prontuário de Direito do Trabalho 67, p. 70

[45] Cf. art. 612.º do Código do Trabalho

[46] Cf. art. 611.º /1.

208   *VIII Congresso Nacional de Direito do Trabalho*

Quanto à **violação do direito à greve** que se desdobra nos crimes de **substituição dos grevistas** (596.º) e de **discriminação por adesão, ou não à greve** (603.º), sendo aplicável a pena de multa, que é adequada a aplicar-se às pessoas colectivas, parece contudo ser de restringir ao empregador no primeiro caso e poder abranger os dois no segundo.

Também a prisão ou multa devidas pela prática do *lock-out* podem ser aplicadas ao empregador, autor material do crime, como à pessoa colectiva, como é permitido pelo artigo 12.º /1 do CP:

"É punível quem age voluntariamente como titular de um órgão de uma pessoa colectiva, sociedade ou mera associação de facto, ou em representação legal ou voluntária de outrem, mesmo quando o respectivo tipo de crime exigir: a) Determinados elementos pessoais e estes só se verificarem na pessoa do representado; ou b) Que o agente pratique o facto no seu próprio interesse e o representante actue no interesse do representado".

5. Os crimes da lei regulamentadora do Código

A Lei n.º 35/2004, nos artigos 465.º a 468.º , aditou ao elenco dos crimes do Código mais os seguintes:

- Crime de encerramento ilícito, seja temporário (296.º) seja definitivo (299.º);
- Crime da prática de actos proibidos em caso de encerramento temporário (297.º);
- Crime da prática de actos proibidos em caso de incumprimento do contrato (301.º /1);
- Crime de desobediência qualificada por não apresentação à IGT de documentos que interessem ao esclarecimento de situações laborais ou sua ocultação, destruição ou danificação.

Semelhantemente com o que se passa com os crimes previstos no Código, também o crime de *encerramento ilícito*, apesar da falta de referência expressa, pareceria poder ser imputado, para além do agente ou pessoa física, à própria pessoa colectiva. Para tanto, além da pena de prisão contém o tipo legal a pena de multa que, mais do que representar uma alternativa à pena de prisão – e por isso há dúvidas, aqui como relativamente aos crimes de utilização indevida de trabalho de menores ou da violação da autonomia e da independência sindicais, sobre a

Algumas Notas Sobre Crimes Laborais e de Promoção da Segurança 209

aplicabilidade do critério da escolha preferencial da pena não privativa da liberdade[47] – parece ser uma pena específica para aplicar aos entes colectivos. Todavia falta na Lei regulamentadora do Código uma norma semelhante à do artigo 607.º do Código do Trabalho, pelo que nos inclinamos a seguir aqui a regra geral do art. 11.º do Código Penal e, por isso, não será este crime imputável às entidades colectivas

O mesmo se diga quanto aos crimes de *prática pelo empregador de actos proibidos* – tais como distribuição de lucros ou dividendos, remuneração dos membros dos corpos sociais em percentagem superior à dos trabalhadores, comprar-lhe ou vender-lhe acções ou quotas, efectuar pagamentos a credores não titulares de garantia ou privilégio superior ao dos trabalhadores, pagar aos trabalhadores para além da sua quota-parte no rateio, efectuar liberalidades, renunciar a direitos, celebrar contratos de mútuo ou proceder a levantamentos de tesouraria – prática essa durante o encerramento temporário ou durante a situação de falta de pagamento pontual de retribuições. Ou ainda no caso do crime de desobediência qualificada.

Também aqui, como no caso dos crimes do Código, o legislador usa a expressão *empregador* para significar a imputação da responsabilidade à pessoa física e concomitantemente inclui no tipo unicamente pena de prisão e não também pena de multa.

6. O elemento subjectivo nos crimes previstos nas leis laborais

Porque nem o Código do Trabalho nem a Lei Regulamentadora a não prevê em nenhum dos crimes aí tipificados, resulta do disposto no art. 13.º do CP, que só será punível o facto praticado com dolo, sendo penalmente irrelevante a mera negligência.

O que, atenta a circunstância de nas contra-ordenações laborais a negligência ser sempre sancionável[48], nos leva para a possibilidade de sempre que houver, como há, por vezes, sobreposição entre os elementos objectivos do tipo legal de crime e contra-ordenação ser <u>decisiva a indagação da existência de dolo</u> para concluir por uma ou por outra das modalidades de ilícito.

---

[47] Cf. art. 70.º do CP: *"Se ao crime forem aplicáveis, em alternativa, pena privativa e não privativa da liberdade o tribunal dá preferência à segunda sempre que esta realizar de forma adequada e suficiente as finalidades da punição".*

[48] Cf. art. 616.º do CT.

É o que se verificará em todas as hipóteses de concurso de contra-ordenações e crimes, sempre que *o mesmo facto constituir simultaneamente crime e contra-ordenação*[49].

Mas isto pode levar-nos a um interessante problema de fundo: o saber se afinal a negligência não é o elemento subjectivo típico da contra-ordenação tal como o dolo é o elemento típico do crime.

Claro que isto não quer dizer que não possa a contra-ordenação ser imputada ao agente a título de dolo. O que queremos significar é outra coisa, concretamente uma tendência para que os bens jurídicos possam ser protegidos por condutas tipificadas que, conforme o grau de culpa, ora são crimes ou contra-ordenações.

Entre os diversos casos dos tipos de crimes previstos no capítulo da responsabilidade penal, podemos ver um afloramento desta concepção no artigo 486.º da Lei Regulamentadora do CT que, precisamente sobre o encerramento temporário, define que *constitui contra-ordenação muito grave a violação não dolosa do disposto nos artigos 296.º e 299.º* . Assim, relativamente a todos os tipos legais de crimes laborais é, parece-nos, claro concluir que, para além desta situação de crime por encerramento temporário olícito, a mesma solução se verifica em todas as situações em que há coincidência entre o tipo legal objectivo dos dois tipos de condutas.

Neste contexto, o caso porventura mais interessante diz respeito ao novo tipo legal de crime de **desobediência qualificada** previsto no art. **486.º** da Lei 35/2004, quando comparado com a contra-ordenação prevista no n.º 2 do art. 13.º do Dec-Lei n.º 102/2000, de 2/6:

" *A falta de apresentação de documentos ou registos requisitados nos termos da alínea e) do artigo 11.º constitui contra-ordenação leve, sem prejuízo do disposto relativamente a documentos ou registos obrigatórios*", preceituando a referida alínea (e)) que o inspector de trabalho pode "*requisitar, com efeitos imediatos ou para apresentação nos serviços da Inspecção-Geral do Trabalho, examinar e copiar documentos e outros registos que interessem para o esclarecimento das relações de trabalho e das condições de trabalho, nomeadamente da avaliação dos riscos profissionais, do planeamento e programação da prevenção e dos seus resultados, bem como do cumprimento das normas sobre emprego, desemprego e pagamento das contribuições para a segurança social*".

---

[49] Cf. 1ª parte do art. 20.º do DL 433/82, de 27/10.

Algumas Notas Sobre Crimes Laborais e de Promoção da Segurança　　　211

Ora, dispondo, por seu lado, o artigo 468.º que *"o empregador incorre no crime de desobediência qualificada sempre que não apresentar à Inspecção-Geral do Trabalho os documentos e outros registos por esta requisitados que interessem para o esclarecimento de quaisquer situações laborais"[50]* parece não haver grandes dúvidas que o tipo legal objectivo deste crime é, se não o mesmo que o da contra-ordenação leve prevista no Estatuto, pelo menos muito semelhante.

Põe-se, assim, o problema de saber qual deles prevalece ou se prevalece algum.

Ora, não tendo a contra-ordenação do Estatuto sido revogada expressamente, parece que também o não foi tacitamente.

É, pois, mais um caso em que o elemento subjectivo do tipo legal fará a caracterização de uma ou outra das infracções.

Não se esqueça, contudo, que a tipificação do crime tenderá sempre a ser mais rigorosa. Neste contexto, para além de ter de se demonstrar a existência do dolo, necessário se torna: i) que a requisição dos documentos assuma a forma de ordem inequívoca; ii) que seja dada por quem de direito; iii) que seja transmitida por forma legal; e iv) contenha a advertência para as consequências do seu incumprimento.

Poder-se-ia ser levado a pensar que também integrava o tipo objectivo do crime a própria existência do documento ou registo cuja não apresentação é requisitada pela IGT. Na verdade, assim será, na generalidade dos casos. Mas a lei tipifica também como crime a ocultação, a destruição ou danificação dos documentos ou registos. O que nos leva para a questão de saber por quanto tempo devem os empregadores conservar em seu poder os documentos. Na falta de uma norma geral, ou de aplicação supletiva, só naqueles casos em que a lei determina concretamente esse período de tempo[51] se poderá imputar o crime quando for invocada pelo empregador a sua destruição.

---

[50] Aditando o seu n.º 2 que *"Incorre ainda no crime de desobediência qualificada o empregador que ocultar, destruir ou danificar documentos ou outros registos que tenham sido requisitados pela Inspecção-Geral do Trabalho"*

[51] Como é, por exemplo, o caso do registo do trabalho suplementar (art. 204.º /5 do CT), mas não já o registo das sanções disciplinares (art. 376.º do CT), do registo de pessoa (art. 120, al j) do CT), do registo dos trabalhadores em regime de turnos (art. 191.º), etc. ou do registo das horas prestadas (162.º do CT) embora, neste caso, subsista um dever suplementar de o conservar pelo menos por 30 dias (art. 257.º /2 da LR)

Se faltar qualquer destes elementos, ou se a notificação for dirigida à pessoa colectiva, quando este crime, em nossa opinião, é de imputação pessoal, parece-nos que a infracção, a existir, será sempre desgraduada em mera contra-ordenação leve.

Vila Nova de Gaia, 2 de Novembro de 2004

DIA 5 DE NOVEMBRO DE 2004

11h 15m

TEMA V

CADUCIDADE DO CONTRATO DE TRABALHO, CÓDIGO DA INSOLVÊNCIA E CONTRATO DE TRABALHO E ESTATUTO JURÍDICO LABORAL DO TRABALHADOR DIRIGENTE

Presidência
Dr. Fernando Ribeiro Lopes
Director-Geral do Emprego e das Condições de Trabalho

Prelectores
Mestre Joana Vasconcelos
Universidade Católica de Lisboa
Mestre Luís Miguel Monteiro
Instituto Superior de Ciências Sociais e Políticas
Mestre Pedro Furtado Martins
Universidade Católica de Lisboa e Advogado

INSOLVÊNCIA DO EMPREGADOR, DESTINO DA EMPRESA E DESTINO DOS CONTRATOS DE TRABALHO

Joana Vasconcelos

Assistente da Faculdade de Direito
da Universidade Católica Portuguesa

INSOLVÊNCIA DO EMPREGADOR, DESTINO DA EMPRESA E DESTINO DOS CONTRATOS DE TRABALHO[*]

JOANA VASCONCELOS

*Assistente da Faculdade de Direito
da Universidade Católica Portuguesa*

1. O art. 277.º do CI e a delimitação dos estatutos falimentar e contratual

O Código da Insolvência (CI)[1] contém uma norma que, em geral, trata dos efeitos da declaração de insolvência do empregador nos contratos de trabalho com os respectivos trabalhadores – o art. 277.º, segundo o qual, "os efeitos da declaração de insolvência relativamente a contratos de trabalho e à relação laboral regem-se exclusivamente pela lei aplicável ao contrato de trabalho".

Este preceito procede, antes de mais, a uma delimitação recíproca do estatuto falimentar e do estatuto laboral, retirando do âmbito das

---

[*] O texto que agora se publica corresponde, no essencial, à nossa intervenção no VIII Congresso Nacional de Direito do Trabalho, em 5 de Novembro de 2004. Na sua revisão a que, entretanto, procedemos, limitámo-nos a introduzir correcções formais e a acrescentar notas com indicações bibliográficas relativas aos diversos pontos versados. Para maiores desenvolvimentos sobre o tema, v. o nosso estudo – que o presente texto segue, no essencial – "Insolvência do Empregador e Contrato de Trabalho" in Estudos em Homenagem ao Professor Doutor Manuel Henrique Mesquita (em curso de publicação).

[1] O Código da Insolvência e da Recuperação de Empresas, aprovado pelo DL n.º 53/2004, de 14 de Março e alterado pelo DL n.º 200/2004, de 18 de Agosto, entrou em vigor em 18 de Setembro de 2004, revogando o Código dos Processos Especiais de Recuperação de Empresas e da Falência (CPEREF) (arts. 13.º e 10.º, n.º 1, do DL n.º 53/ /2004, de 18 de Março).

218 *VIII Congresso Nacional de Direito do Trabalho*

normas concursais a matéria das repercussões na relação de trabalho da declaração de insolvência do empregador e submetendo-a unicamente ("exclusivamente") ao Direito do Trabalho[2] – tal como fazia o art. 172.º do CPEREF[3].

Cessa, no entanto, aqui, o paralelismo entre as duas disposições, já que, no tocante à indicação das normas laborais aplicáveis, o art. 277.º se afasta significativamente da norma que o antecedeu.

Integrado num capítulo que agrupa "normas de conflitos" e com uma formulação que reproduz, com ligeiras alterações, o art. 10.º do Regulamento CE n.º 1346/2000[4], este artigo 277.º constitui, sistemática e estruturalmente, uma regra de conflitos, que determina, não directamente (indicando a conexão relevante) mas indirectamente (remetendo para outras regras de conflito, no caso as constantes das normas de DIP

---

[2] Perante o sentido inequívoco deste preceito, que afasta a disciplina pelas normas falimentares dos efeitos da insolvência nos contratos de trabalho, não podemos concordar com Pedro Romano Martinez quanto à aplicabilidade aos contratos de trabalho do art. 111.º do CI, relativo a contratos de "prestação duradoura de serviço" (*Apontamentos sobre a Cessação do Contrato de Trabalho à Luz do Código do Trabalho*, AAFDL, Lisboa, 2004, pp. 51-52; *Da Cessação do Contrato*, Almedina, Coimbra, 2005, pp. 417--418). Reforça este nosso entendimento a inadequação do disposto no art. 111.º (bem como no art. 108.º, para o qual este remete) face à especificidade dos vínculos laborais (e que, de resto, o A. não deixa de apontar). V., porque especialmente esclarecedoras, as objecções aduzidas por Luís Carvalho Fernandes, "Efeitos da Declaração de Insolvência no Contrato de Trabalho segundo o Código da Insolvência e da Recuperação de Empresas" in RDES, 2004, n.ºs 1-2-3, pp. 19-20, e, ainda, Luís A. Carvalho Fernandes/ João Labareda, *Código da Insolvência e da Recuperação de Empresas Anotado*, Vol. I, Quid Iuris, Lisboa, 2005, pág. 419.

[3] V., sobre este preceito, Luís Carvalho Fernandes/João Labareda, *Código dos Processos Especiais de Recuperação da Empresa e de Falência Anotado*, 3.ª ed., Quid Iuris, Lisboa, 1999, pág. 439; Luís Carvalho Fernandes, "Repercussões da Falência na Cessação do Contrato de Trabalho" in *Estudos do Instituto de Direito do Trabalho*, Vol. I, Almedina, Coimbra, 2001, pág. 428.

[4] Regulamento CE n.º 1346/2000, do Conselho, de 29 de Maio (*in* JOCE n.º L 160, de 30 de Junho de 2000). Sobre esta disposição, v. Luigi Fumagalli, "Il Regolamento Comunitario sulle Procedure di Insolvenza" in *Rivista di Diritto Processuale*, Ano LVI (2001), n.º 3, pág. 699; Luigi Daniele, "Legge Applicabile e Diritto Uniforme nel Regolamento Comunitário relativo alle Procedure di Insolvenza" in *Rivista di Diritto Internazionale Privato e Processuale*, Ano XXXVIII, 2002, n.º 1, pp. 42 segs.; Luís Carvalho Fernandes/João Labareda, *Insolvências Transfronteiriças – Regulamento (CE) n.º 1346/2000 do Conselho – Anotado*, Quid Iuris, 2003, pp. 58 segs.

português), o ordenamento que irá reger os efeitos da declaração de insolvência nos contratos de trabalho[5].

Significa isto que o art. 277.º do CI remete, antes de mais, para o art. 6.º da Convenção de Roma sobre a lei aplicável às Obrigações Contratuais[6], o qual prevê diversos critérios tendentes a determinar a lei aplicável ao contrato de trabalho. E que unicamente quando da aplicação de tal preceito resulte ser o direito laboral português o aplicável aos contratos de trabalho celebrados por um empregador visado num processo aberto em Portugal e regido pelo CI, caberá às normas do Código do Trabalho (CT) determinar quais as repercussões, nesses contratos, da declaração de insolvência que venha a ser proferida.

2. Efeitos da declaração de insolvência na relação laboral: destino dos contratos de trabalho e tutela dos créditos laborais. Normas aplicáveis

Não obstante, e apesar dos termos latos com que o art. 277.º do CI remete para o Direito do Trabalho, os "efeitos dos processos de insol-

---

[5] Neste sentido, Luís Carvalho Fernandes, "Efeitos da Declaração de Insolvência no Contrato de Trabalho segundo o Código da Insolvência e da Recuperação de Empresas" cit., pp. 20-21; Luís Menezes Leitão, Anotação ao art. 277.º in *Código da Insolvência e da Recuperação de Empresas Anotado*, 2.ª ed., Almedina, Coimbra, 2005. Mais exactamente, tanto o art. 277.º do CI, como o art. 10.º do citado Regulamento n.º 1346/2000, que o inspirou, constituem normas de conflitos de primeiro grau, que cometem a determinação da lei aplicável ao contrato de trabalho (para a qual remetem a regulação dos efeitos da insolvência sobre o contrato e a relação de trabalho) para uma outra norma de conflitos, de segundo grau, pertencente ao sistema de DIP do Estado do foro.

[6] E não para o art. 6.º do CT, que reproduz, com alterações, o disposto nos arts. 3.º, 6.º e 7.º da Convenção de Roma, em razão do princípio da universalidade desta (afirmado no seu art. 2.º). A questão tem suscitado alguma perplexidade na nossa doutrina, que sobre ela se tem pronunciado em sentidos não convergentes (Dário Moura Vicente, "O Direito Internacional Privado no Código do Trabalho" in *Estudos do Instituto de Direito do Trabalho*, Vol IV, Almedina, Coimbra, 2003, pp. 23 segs.; Pedro Romano Martinez, Anotação ao art. 6.º, in Pedro Romano Martinez/Luís Miguel Monteiro/Joana Vasconcelos/Pedro Madeira de Brito/Guilherme Dray/Luís Gonçalves da Silva, *Código do Trabalho Anotado*, 4ª ed., Almedina, Coimbra, 2005, pp. 85-86; Luís Menezes Leitão, Anotação ao art. 6.º in *Código do Trabalho Anotado*, 2.ª ed., Almedina, Coimbra, 2004; Luís Carvalho Fernandes, "Efeitos da Declaração de Insolvência no Contrato de Trabalho segundo o Código da Insolvência e da Recuperação de Empresas" cit., pág. 21).

vência nos contratos de trabalho e na relação laboral" a submeter "exclusivamente" às respectivas normas parecem limitar-se ao destino desses mesmos contratos após a declaração de insolvência do empregador. Com efeito, toda a matéria da tutela dos créditos laborais em caso de declaração de insolvência – i.e., a situação do trabalhador enquanto credor da empresa (manutenção ou não de privilégios creditórios, direitos de participação no processo de insolvência) – é regulada, em paralelo com a dos demais credores, pelo CI[7]. Só acessoriamente, e na medida em que o CI salvaguarda o essencial do estatuto dos créditos laborais dos trabalhadores enquanto créditos privilegiados[8], as correspondentes normas laborais são chamadas a intervir no âmbito do processo de insolvência.

Depois, e quanto ao destino dos vínculos laborais, importa ainda ter presente que o CT, mantendo a orientação do direito anterior, afirma expressamente que os contratos de trabalho não cessam com a declaração de insolvência do empregador, mas unicamente com o encerramento da empresa[9]. Ora este encerramento é decidido durante o processo de insolvência e segundo as suas regras próprias, pela assembleia de credores (ou, verificadas certas condições, pelo administrador da insolvência[10]). Acresce que o CI, pese embora a finalidade essencialmente liquidatória do processo de insolvência (afirmada nos seus arts. 1.º e 192.º), admite, ao longo do seu articulado, que a mesma assembleia de credores decida, em vez do encerramento, a continuação da laboração da empresa, a sua venda ou de um seu estabelecimento (ou mesmo de bens essenciais ao seu funcionamento).

Significa isto que o destino dos contratos de trabalho é indissociável do destino que venha a ter a empresa do insolvente, pelo que é unicamente a partir das concretas opções que quanto a esta venham a ser tomadas no processo de insolvência que o ordenamento laboral irá determinar a sorte dos vínculos com os respectivos trabalhadores. É, pois, à luz desta necessária articulação dos regimes laboral e falimentar que deve ser entendida a "exclusividade" das normas laborais nesta matéria, afirmada no art. 277.º do CI.

---

[7] V., entre outros, os arts. 20.º, n.º 1, al. g), iii), 84.º, 97.º do CI.

[8] V., em especial, os arts. 97.º, 140.º, 164.º, n.º 1, 174.º, n.º 1, e 175.º do CI.

[9] V. adiante, o n.º 3.

[10] V. adiante o n.º 4.1

Porque o tempo de que dispomos não é muito, deixaremos de lado as questões relativas à tutela dos créditos emergentes do contrato de trabalho no processo de insolvência para nos centrarmos nas repercussões, no contrato de trabalho, de declaração de insolvência do empregador. Referir-nos-emos, sucessivamente, às hipóteses de encerramento, de manutenção da laboração e de alienação da empresa ou de estabelecimentos ou partes desta.

3. A não cessação dos contratos em resultado da declaração de insolvência do empregador

Antes de prosseguir importa, contudo, salientar que o CT manteve, no seu art. 391.º, n.º 1, o princípio – já consagrado no direito anterior[11] – de que a declaração de insolvência do empregador não extingue, *ipso iure*, os contratos de trabalho.

Tais contratos mantêm-se e continuam a ser executados, mas com uma significativa alteração: os direitos e obrigações pertencentes ao empregador passam a ser exercidos pelo administrador da insolvência. É o que resulta dos arts. 55.º, n.ºs 1, al. b) e 5, e 81.º, n.ºs 1 e 4, do CI, que se referem, respectivamente, à função de administração da massa insolvente que a este cabe (e que inclui "a continuação da exploração da empresa") e à privação do insolvente dos seus poderes de administração e de disposição os quais, como efeito imediato da declaração de insolvência, são cometidos ao administrador da insolvência, que assume, ainda, a representação do insolvente "para todos os efeitos de carácter patrimonial que interessem à insolvência"[12]. No mesmo sentido, o art.

---

[11] Art. 56.º, n.º 1, da LDesp. Sobre este preceito, v. António Nunes de Carvalho, "Reflexos Laborais do Código dos Processos Especiais de Recuperação da Empresa e de Falência" in *RDES*, Ano XXXVII, 1995, n.º 4, pág. 335; Luís Carvalho Fernandes/João Labareda, *Código dos Processos Especiais de Recuperação da Empresa e de Falência Anotado*, cit., pág. 439; Luís Carvalho Fernandes, "Repercussões da Falência na Cessação do Contrato de Trabalho" cit., pág. 429.

[12] O art. 81.º, n.º 1, referido no texto, exceptua, contudo, o disposto no Título X do CI, que regula a hipótese de a administração da massa insolvente que compreenda uma empresa ser atribuída ao próprio devedor até à liquidação. Sobre esta hipótese, v. Catarina Serra, "As novas tendências do direito português da insolvência – comentário ao regime dos efeitos da insolvência sobre o devedor no projecto de Código da Insolvência" in Ministério da Justiça – Gabinete de Política Legislativa e Planeamento, *Código da*

222   *VIII Congresso Nacional de Direito do Trabalho*

391.º, n.º 1, *in fine*, do CT, manda o administrador da insolvência, "continuar a satisfazer integralmente as obrigações que dos referidos contratos resultem para os trabalhadores, enquanto o estabelecimento não for encerrado".

4. Destino da empresa e destino dos contratos de trabalho após a declaração de insolvência

4.1 *Encerramento da empresa*

A decisão de encerrar definitivamente a empresa cabe, em regra, à assembleia de credores de apreciação do relatório, a que se refere o art. 156.º do CI[13]. Excepcionalmente, admite-se que o administrador da insolvência, em momento anterior a esta assembleia, decida o encerramento antecipado de um ou mais estabelecimentos da empresa, verificadas as condições enunciadas no art. 157.º do CI[14]

Insolvência e da Recuperação de Empresas, Coimbra Editora, 2004, pp. 28-29; *O Novo Regime Português da Insolvência – Uma Introdução,* Almedina, Coimbra, 2004, pp. 24-25; Luís Carvalho Fernandes, "Efeitos da Declaração de Insolvência no Contrato de Trabalho segundo o Código da Insolvência e da Recuperação de Empresas" cit., pp. 14-17; Luís A. Carvalho Fernandes/João Labareda, *Código da Insolvência e da Recuperação de Empresas Anotado*, Vol. I cit., pág. 339.

[13] Esta assembleia visa uma primeira apreciação do "modo de promover a satisfação dos interesses dos credores e correspondente desenvolvimento do processo" (Luís A. Carvalho Fernande /João Labareda). Para tanto, deve o administrador da insolvência preparar três documentos: um inventário dos bens e direitos integrados na massa insolvente, uma lista provisória de credores e um relatório sobre a situação económica, financeira e contabilística do devedor, que deverá, ainda, pronunciar-se sobre "as perspectivas de manutenção da empresa (…) no todo ou em parte, a conveniência de elaborar um plano de insolvência" e as consequências, para os credores, dos "diversos cenários figuráveis" (arts. 153.º, 154.º e 155.º do CI). É este relatório (a que são anexados os outros dois documentos) que será submetido à assembleia de credores, a qual – após ouvir, sobre o mesmo, o devedor, a comissão de credores e a comissão ou os representantes dos trabalhadores – deliberará o encerramento ou a manutenção em actividade de todos ou só de alguns estabelecimentos, ou, ainda, cometer ao administrador da insolvência a elaboração de um plano de insolvência (podendo, neste caso, suspender a liquidação e partilha da massa insolvente). Sobre este ponto, v. Catarina Serra, *O Novo Regime Português da Insolvência* cit., pág. 57; Luís A. Carvalho Fernandes / João Labareda, *Código da Insolvência e da Recuperação de Empresas Anotado*, Vol. I cit., pág. 524.

[14] O art. 157.º do CI permite o encerramento antecipado, pelo administrador da insolvência, de um ou vários estabelecimentos, havendo parecer favorável da comissão de

Insolvência do Empregador, Destino da Empresa e Destino dos Contratos de Trab. 223

O encerramento da empresa determina a cessação dos contratos de trabalho. Trata-se de uma situação prevista no CT (art. 391.º, n.ᵒˢ 1 e 3), que claramente a reconduz a uma hipótese de caducidade, incluindo-a entre os casos regulados nos seus arts. 387.º e segs. e suprimindo-a, de entre os motivos do despedimento colectivo enumerados no art. 397.º[15]. Não obstante, esta cessação dos contratos de trabalho é – como já o era no direito anterior[16] – procedimentalizada: o n.º 3 do art. 391.º prescreve que, salvo nas microempresas[17], a extinção dos contratos deverá ser antecedida do procedimento previsto nos artigos 419.º e segs. para o despedimento colectivo, "com as necessárias adaptações".

---

credores. Não existindo esta, esse encerramento é possível desde que o devedor não se oponha, ou, não obstante a oposição do devedor, se o juiz o autorizar, com fundamento em que "o adiamento de tal medida até à data da referida assembleia acarretaria uma diminuição considerável da massa insolvente". Sobre este preceito v. Luís A. Carvalho Fernandes / João Labareda, *Código da Insolvência e da Recuperação de Empresas Anotado*, Vol. I cit., pp. 528-529.

[15] A LDesp continha uma única referência geral ao "encerramento definitivo da empresa" no seu art. 16.º, entre os fundamentos do despedimento colectivo. E muito embora a doutrina sublinhasse que, nas situações previstas no seu art. 6.º, o verdadeiro facto extintivo dos contratos de trabalho não era a morte ou a extinção do empregador, mas, antes o encerramento definitivo da empresa de que aquele era titular, a sua relevância como causa de caducidade cingia-se a estes casos. Fora destas hipóteses, o encerramento definitivo da empresa relevava exclusivamente como motivo justificativo do despedimento colectivo. Sobre as dificuldades que esta situação gerava perante casos de encerramento "alheios à vontade do empregador e insusceptíveis de recondução ao despedimento colectivo enquanto figura extintiva que pressupõe uma declaração de vontade da entidade patronal especificamente dirigida a fazer cessar o contrato de trabalho" (destruição das instalações por incêndio ou explosão ou encerramento por acto de autoridade pública), designadamente pelas dúvidas que se suscitavam quanto à atribuição, ou não, aos trabalhadores, de uma indemnização de antiguidade v., por todos, com indicações de doutrina e jurisprudência, Pedro Furtado Martins, *Cessação do Contrato de Trabalho*, 2.ª ed., Principia, São João do Estoril, 2002, pp. 46 segs.

[16] Por força do disposto no art. 56.º da LDesp., que mandava aplicar o regime previsto nos seus arts. 16.º a 25.º para o despedimento colectivo. Sobre este ponto, v. António Nunes de Carvalho, op. cit., pág. 335; Luís Carvalho Fernandes, "Repercussões da Falência na Cessação do Contrato de Trabalho" cit., pp. 430 segs.; Pedro Furtado Martins, *Cessação do Contrato de Trabalho* cit., pág. 52.

[17] A cessação dos contratos de trabalho decorrente do encerramento da microempresa segue o disposto no art. 390.º, n.ᵒˢ 4 e 5, do CT: os trabalhadores devem ser informados do encerramento com, pelo menos, sessenta dias de antecedência e têm direito à compensação prevista no art. 401.º.

Quanto ao que sejam essas "necessárias adaptações", o art. 431.º, n.º 2, dispensa, tal como sucedia já no direito anterior[18], a prévia colocação à disposição dos trabalhadores dos montantes da compensação, bem como de outros créditos emergentes do contrato de trabalho que, nos termos do seu n.º 1 constitui, em geral, condição de licitude do despedimento colectivo[19].

Mas para além desta derrogação expressa, são várias as soluções que integram o regime do despedimento colectivo cuja aplicação à cessação de contratos de trabalho decorrente do encerramento definitivo da empresa decidido em processo de insolvência se mostra claramente desajustada. Assim sucede, antes de mais, com as exigências quanto à fundamentação da cessação dos contratos, constantes do art. 419.º, n.º 1, al. a), do CT, bastando, nesta hipótese, a mera invocação da situação de insolvência e da decisão de encerramento definitivo da empresa[20]. Igualmente de excluir é a "eventual compensação genérica a conceder aos trabalhadores" que o art. 419.º, n.º 1, al. f) do CT admite, em acréscimo à indemnização prevista no art. 401.º do CT, por ser dificilmente concebível que, face à proibição de criar encargos ou de agravar a situação da empresa que sobre o administrador da insolvência, em geral, impende (art. 55.º, n.º 1, al. b), do CI), este possa oferecer aos trabalhadores atingidos pelo encerramento definitivo mais do que a compensação

---

[18] Art. 24.º, n.º 3, da LDesp.

[19] Este crédito dos trabalhadores é, contudo, especificamente acautelado através da sua qualificação como "dívida da massa insolvente" (porque resultante da actuação do administrador da insolvência no exercício das suas funções, prevista na al. d) do n.º 1 do art. 51.º) que, nos termos dos arts. 46.º, n.º 1, e 172.º, n.º 1, será paga com preferência sobre as "dívidas da insolvência" – é o que defende Luís Carvalho Fernandes, "Efeitos da Declaração de Insolvência no Contrato de Trabalho segundo o Código da Insolvência e da Recuperação de Empresas" cit., pág. 26. No direito anterior – e perante a solução paralela constante do art. 24.º, n.º 3, da LDesp – sustentavam que este crédito dos trabalhadores deveria ser pago prioritariamente à custa da massa falida, enquanto despesa de liquidação, nos termos do art. 208.º do CPEREF, António Nunes de Carvalho, op. cit., pp. 87-88 e 339; Luís Carvalho Fernandes, "Repercussões da Falência na Cessação do Contrato de Trabalho" cit., pág. 433.

[20] Neste sentido, referindo-se já ao CT, Luís Carvalho Fernandes, "Efeitos da Declaração de Insolvência no Contrato de Trabalho segundo o Código da Insolvência e da Recuperação de Empresas" cit., pág. 29. Defendiam tal solução perante o direito anterior António Nunes de Carvalho, op. cit., pág. 337; Maria do Rosário Epifânio, op. cit., pág. 391; Luís Carvalho Fernandes, "Repercussões da Falência na Cessação do Contrato de Trabalho" cit., pp. 433-435.

calculada nos termos do art. 401.º do CT a que se refere o art. 390.º, n.º 5, do CT.[21]. Refira-se, finalmente, a abertura de uma fase de informações e de negociações entre o empregador e a estrutura representativa dos trabalhadores com vista a "um acordo sobre a dimensão e efeitos das medidas a aplicar e, bem assim, sobre a aplicação de outras medidas que reduzam o número de trabalhadores a despedir" (art. 420.º, n.º 1), já que tais medidas (suspensão e redução da prestação do trabalho, reconversão e reclassificação profissional, reformas antecipadas e pré-reformas, conforme exemplificam as als. a) a d) do n.º 2 do art 420.º), não só envolvem um acréscimo de encargos para o património do insolvente, como pressupõem uma continuidade da empresa que, manifestamente, não ocorrerá[22]

---

[21] Neste sentido, referindo-se especificamente ao CT e ao CI, mas reiterando a posição assumida já em face dos dos arts. 17.º, n.º 1, al. f) da LDesp, e 145.º, n.º 1, al. a) do CPEREF, Luís Carvalho Fernandes, "Efeitos da Declaração de Insolvência no Contrato de Trabalho segundo o Código da Insolvência e da Recuperação de Empresas" cit., pág. 29.

[22] Esta orientação pacífica da nossa doutrina perante o direito anterior (v., entre outros, António Nunes de Carvalho, op. cit., pág. 337; Maria do Rosário Epifânio, *Os Efeitos Substantivos da Falência*, Publicações Universidade Católica, Porto, 2000, pág. 391; Luís Carvalho Fernandes, "Repercussões da Falência na Cessação do Contrato de Trabalho" cit., pp. 431 e 433-435) foi reafirmada, já na vigência do CT, por Luís Carvalho Fernandes, "Efeitos da Declaração de Insolvência no Contrato de Trabalho segundo o Código da Insolvência e da Recuperação de Empresas" cit., pág. 29. Veja-se, contudo, o recente Ac TJCE, de 12 de Outubro de 2004 (Proc n.º C-55/02), que condenou a República Portuguesa por incumprimento das "obrigações que lhe incumbem por força dos artigos 1.º e 6.º da Directiva 98/59/CE do Conselho, de 20 de Julho de 1998, relativa à aproximação das legislações dos Estados Membros respeitantes aos despedimentos colectivos", onde, a propósito da inviabilidade (invocada pelo Estado português) da aplicação integral do regime da directiva, mais exactamente das consultas aos representantes dos trabalhadores, às situações de caducidade decorrentes da cessação definitiva da actividade da empresa, se afirma que tais consultas "não têm unicamente como objectivo reduzir ou evitar despedimentos colectivos, mas incidem, entre outros, sobre as possibilidades de atenuar as consequências de tais despedimentos, recorrendo a medidas sociais de acompanhamento destinadas, nomeadamente, a auxiliar a reintegração ou a reconversão dos trabalhadores despedidos", pelo que "seria contrário ao espírito da directiva reduzir o âmbito de aplicação desta disposição através de uma interpretação restritiva do conceito de despedimento" (nela não incluindo os despedimentos "por todas as razões não inerentes à pessoa dos trabalhadores", como seria o caso dos despedimentos efectuados na sequência de uma declaração de falência, mas também nos casos de cessação de actividade da empresa por incêndio ou outro caso de força maior, ou por morte do empresário).

4.2 *Manutenção da laboração da empresa*

O CI admite claramente a opção de manter a empresa (ou estabe-lecimentos desta) em funcionamento, ao prever que as "perspectivas de manutenção da empresa (...) no todo ou em parte" sejam indicadas no relatório a submeter à assembleia de credores (art. 155.º, n.º 1, al. c))[23]; que esta possa decidir a "manutenção em actividade do estabelecimento ou estabelecimentos", em vez do seu encerramento (art. 156.º, n.º 2); que o plano de insolvência preveja a "manutenção em actividade da empresa" na titularidade do próprio devedor[24] ou de terceiro (arts. 195.º, n.º 2, al. c) e 202.º, n.º 1). Qualquer que seja a modalidade adoptada – manutenção da laboração no todo ou em parte, a cargo do administrador da insol-vência, do devedor ou de terceiro – o objectivo desta solução parece ser sempre assegurar o pagamento aos credores a partir dos rendimentos produzidos (als. b) e c) do n.º 2 do art. 195.º),

A decisão de manter a empresa em actividade pode implicar a cessação de contratos de trabalho com trabalhadores não essenciais – por estes serem em número excessivo ou por se ter optado por uma laboração meramente parcial. A verificar-se tal situação, o CT permite, no art. 391.º, n.º 2, que o administrador da insolvência faça cessar os contratos de trabalho dos trabalhadores cuja colaboração "não seja indispensável à manutenção do funcionamento da empresa"[25]. Esta cessação segue, com as necessárias adaptações, o regime previsto nos arts. 419.º e segs. para o despedimento colectivo[26], salvo tratando-se de microempresa[27]. No que

---

[23] Cfr. *supra* a n. 13

[24] Cfr. supra a n. 12

[25] A noção de trabalhadores dispensáveis ou não indispensáveis à manutenção da laboração remete-nos para um cenário em que, podendo o empregador receber a prestação do trabalho (logo, inexistindo uma situação de impossibilidade) esta se mostra inconve-niente ou desvantajosa na perspectiva da rentabilidade da empresa. Quanto à qualificação, ou não, como caducidade, da hipótese de cessação dos contratos prevista no n.º 2 do art. 391.º do CT, v., em sentidos opostos, Pedro Romano Martinez, *Apontamentos sobre a Cessação do Contrato de Trabalho à Luz do Código do Trabalho* cit., pág. 55; *Da Cessação do Contrato* cit., pág. 420, e Luís Carvalho Fernandes, "Efeitos da Declaração de Insolvência no Contrato de Trabalho segundo o Código da Insolvência e da Recupe-ração de Empresas" cit., pág. 25.

[26] A mesma solução resultava já do art. 56.º, n.º 2, da LDesp.. Sobre este ponto, v. António Nunes de Carvalho, op. cit., pp. 335 e segs.; Luís Carvalho Fernandes, "Repercussões da Falência na Cessação do Contrato de Trabalho" pp. 429 segs.

[27] Cfr. *supra* a n. 17.

Insolvência do Empregador, Destino da Empresa e Destino dos Contratos de Trab. 227

se refere especialmente à sua fundamentação, o administrador da insolvência terá que demonstrar a dispensabilidade, para a manutenção em funcionamento da empresa, dos trabalhadores visados. Quanto às demais adaptações a proceder, parecem-nos ter aqui plena aplicação, atenta a identidade de situações, as razões *supra* aduzidas para afastar, quer a atribuição aos trabalhadores de qualquer outra compensação, para além da prevista no art. 401.º do CT, quer a abertura de uma fase de negociações visando um acordo quanto à aplicação medidas tendentes a reduzir o número de trabalhadores a despedir, pelo que para aí se remete.[28]

Ainda a propósito da manutenção da laboração da empresa, importa referir o art. 55.º, n.º 4, do CI, que permite ao administrador da insolvência contratar, a termo certo ou incerto, os trabalhadores necessários à continuação da exploração da empresa. Trata-se de uma novidade relativamente ao direito anterior: o art. 173.º do CPEREF admitia apenas a contratação, nos mesmos moldes, dos "trabalhadores necessários à liquidação"[29], hipótese que o art. 55.º, n.º 4, manteve.

Estes "novos contratos" – quer se destinem a assegurar a "continuação da exploração da empresa", quer visem a "liquidação da massa insolvente" – caducam no momento do encerramento definitivo do estabelecimento onde os trabalhadores prestam a sua actividade ou, no caso dos primeiros no momento da sua transmissão (salvo convenção em contrário[30]). Trata-se, pois, de contratos temporários, destinados a satisfazer necessidades não permanentes da empresa[31]. Esta transitoriedade,

---

[28] V. *supra* o n.º 4.1

[29] Sobre este preceito, v. Luís Carvalho Fernandes/João Labareda, *Código dos Processos Especiais de Recuperação da Empresa e de Falência Anotado*, cit., pág. 441; Luís Carvalho Fernandes, "Repercussões da Falência na Cessação do Contrato de Trabalho" cit., pág. 436.

[30] Estabelecida logo no momento da celebração dos contratos ou posteriormente, no momento da transmissão do estabelecimento (Luís A. Carvalho Fernandes/João Labareda, *Código da Insolvência e da Recuperação de Empresas Anotado*, Vol. I cit., pág. 261).

[31] O art. 55.º, n.º 4, do CI surge, pois, como mais uma concretização do critério enunciado no art. 129.º, n.º 1, do CT, sujeita, contudo a um particular regime de caducidade, que tanto pode resultar da verificação do termo certo ou incerto, como da ocorrência de determinados eventos relativamente à empresa (encerramento, transmissão), se anterior àquela. E é precisamente da especificidade deste regime de caducidade que decorre, segundo Luís Carvalho Fernandes ("Efeitos da Declaração de Insolvência no Contrato de Trabalho segundo o Código da Insolvência e da Recuperação de Empresas" cit., pág. 37) a necessidade de o contrato indicar, para além das menções obrigatórias constantes do art. 131.º do CT, o "estabelecimento onde o trabalhador vai prestar serviço, se o insolvente tiver mais de um".

228 VIII Congresso Nacional de Direito do Trabalho

mais evidente nos contratos destinados à liquidação da massa insolvente, marca também os contratos para continuar a exploração da empresa, cuja celebração só se justifica perante um horizonte temporal limitado (v.g. a venda da empresa ou do estabelecimento[32]) pelo que não podem, obviamente, ser utilizados para assegurar indefinidamente a laboração daquela (v.g. quando o plano de insolvência elaborado pelo administrador da insolvência ou pelo próprio devedor preveja a manutenção em actividade da empresa, sendo os credores pagos pelos rendimentos assim gerados)[33].

Paralelamente, parece-nos que só será de admitir a contratação de novos trabalhadores para assegurar a liquidação da massa insolvente e, sobretudo, a continuação da exploração da empresa se tal objectivo não puder (v.g. por razões técnicas), ser alcançado com recurso aos efectivos disponíveis[34]. E que, tendo sido despedidos trabalhadores não indispensáveis à manutenção da laboração, não possam ser contratados, ainda que transitoriamente, ao abrigo deste art. 55.º, n.º 4, do CI, novos trabalhadores para desempenhar as mesmas funções.

4.3 *Alienação da empresa*

Finalmente, e no que e refere à alienação da empresa, são muitas as possibilidades que nos surgem ao longo do articulado do CI – "venda da empresa, do estabelecimento ou da totalidade das existências" (art. 161.º, n.º 3, al. a)); "alienação de bens necessários à continuação da exploração da empresa, anteriormente ao respectivo encerramento" (art. 161.º, n.º 1, al. b)); alienação de qualquer bem da empresa (art. 161.º, n.º 3, al. g)); alienação da empresa como um todo (art. 162.º, n.º 1); alienação separada de certas partes (art. 162.º, n.º 1, *in fine*); alienação da empresa do devedor ou dos seus estabelecimentos (art. 162.º, n.º 2); saneamento por transmissão de estabelecimentos (art. 199.º)[35] – as quais se reconduzem,

---

[32] V., infra, o n.º 4.3.

[33] Arts. 192.º e segs., em especial 195.º, n.º 2, als. b) e c), e dos arts. 223.º e segs. do CI.

[34] Neste sentido, Luís Carvalho Fernandes, "Efeitos da Declaração de Insolvência no Contrato de Trabalho segundo o Código da Insolvência e da Recuperação de Empresas" cit., pág. 35.

[35] Que envolve a constituição, prevista no plano de insolvência, "de uma ou mais sociedades (...) destinadas à exploração de um ou mais estabelecimentos adquiridos à massa insolvente mediante contrapartida adequada" (art. 199.º).

Insolvência do Empregador, Destino da Empresa e Destino dos Contratos de Trab. 229

contudo, a uma de duas hipóteses: venda de bens ou elementos patrimoniais da empresa (implicando a cessação da actividade e o desmantelamento da organização produtiva) e venda da própria empresa ou dos seus estabelecimentos (como um todo organizado, e em funcionamento).

E é justamente nesta última situação que cabe questionar o que sucede aos contratos de trabalho dos respectivos trabalhadores: transmitem-se, juntamente com a empresa ou o estabelecimento, como é regra no nosso Direito do Trabalho (art. 37.º, n.º 1, da LCT e, agora, art. 318.º, n.º 1, do CT)? E, em caso afirmativo, essa transmissão segue o disposto nos arts. 318.º a 321.º do CT?

Perante o direito anterior, a nossa doutrina convergia, quer quanto à transmissão dos contratos de trabalho juntamente com a empresa ou o estabelecimento alienado, quer quanto à aplicação a essa transmissão do disposto no art. 37.º da LCT[36], a qual se faria, contudo, com os ajustamentos impostos pela particular situação do empregador-transmitente.[37]

Passando a apreciar as questões enunciadas à luz do novo quadro normativo, formado pelo CI e pelo CT, é certo que o CI, em mais de uma disposição, claramente sugere que a transmissão da empresa ou do estabelecimento incluídos na massa insolvente inclui, em regra, os contratos de trabalho com os respectivos trabalhadores – refiram-se, porque

---

[36] António Nunes de Carvalho, op. cit., pág. 337, n. 25; Luís Carvalho Fernandes/ João Labareda, *Código dos Processos Especiais de Recuperação da Empresa e de Falência Anotado*, cit., pág. 440; Maria do Rosário Epifânio, op. cit., pág. 384, n. 998; Luís Carvalho Fernandes, "Repercussões da Falência na Cessação do Contrato de Trabalho" cit., pp. 438-439; Pedro Romano Martinez, *Direito do Trabalho*, Almedina, Coimbra, 2002, pág. 828, n. 1. Refira-se, aliás, que a inclusão na parte final do art. 172.º do CPEREF, pelo DL n.º 315/98, de 20 de Outubro, de uma expressa salvaguarda, da "transmissão de contratos que acompanhe a alienação de estabelecimentos industriais e comerciais", foi considerada redundante já que tal solução resultaria já "da remissão genérica contida na versão primitiva do art. 172.º". V. sobre este ponto Luís Carvalho Fernandes / João Labareda, *Código dos Processos Especiais de Recuperação da Empresa e de Falência Anotado*, 3ª ed. cit., pág. 440.

[37] V. sobre este ponto, Luís Carvalho Fernandes / João Labareda, *Código dos Processos Especiais de Recuperação da Empresa e de Falência Anotado*, 3ª ed. cit., pp. 440--441; Luís Carvalho Fernandes, "Repercussões da Falência na Cessação do Contrato de Trabalho" cit., pp. 438-439. Sobre a aplicabilidade do regime constante do art. 37.º da LCT às providências de recuperação da empresa que envolvessem a transmissão de empresas ou estabelecimentos (acordo de credores, reestruturação financeira, gestão controlada) e as adaptações de regime a que haveria que proceder, v. António Nunes de Carvalho, op. cit., pp. 326-328.

230   *VIII Congresso Nacional de Direito do Trabalho*

especialmente ilustrativos, e para além das várias normas citadas no início desta secção, o art. 5.º, que define empresa como "organização de capital e de trabalho destinada ao exercício de qualquer actividade económica" e o art. 55.º, n.º 4, que, ao determinar a caducidade dos "novos" contratos de trabalho no momento da transmissão da empresa[38], permite concluir, *a contrario,* que os demais se transmitem com aquela. Contudo, e por força da remissão constante do art. 277.º, a resposta a tais questões deverá buscar-se, primordialmente, nas normas laborais – mais exactamente nos arts. 318.º e segs. do CT[39] e na directiva n.º 2001/23/ /CE[40], por estes transposta para o direito português[41] e à luz de cujas disposições devem ser interpretados.

E é precisamente o texto da directiva, mais exactamente no seu art. 5.º, cujo n.º 1, que suscita a dúvida quanto à aplicabilidade às alienações efectuadas no processo de insolvência do regime constante dos arts. 318.º a 321.º do CT. Segundo este preceito "salvo determinação em contrário dos Estados membros", os respectivos arts. 3.º e 4.º (relativos à manuten-ção de direitos dos trabalhadores e que foram vertidos no art. 318.º do CT[42]) não se aplicam "quando o cedente for objecto de um processo de falência ou de um processo análogo por insolvência promovido com vista à liquidação do seu património"[43]. Não obstante, o n.º 2 do mesmo art. 5.º da directiva considera aplicáveis às transmissões efectuadas "no

---

[38] Cfr. *supra* o n.º 4.2.

[39] Sobre o novo regime laboral da transmissão da empresa ou estabelecimento v. a nossa Anotação aos artigos 318.º a 321.º in Pedro Romano Martinez/Luís Miguel Monteiro/Joana Vasconcelos/Pedro Madeira de Brito/Guilherme Dray/Luís Gonçalves da Silva, *Código do Trabalho Anotado,* 4ª ed. cit.

[40] Directiva n.º 2001/23/CE do Conselho de 12 de Março de 2001, relativa à aproximação das legislações dos Estados membros respeitantes à manutenção dos direitos dos trabalhadores em caso de transferência da empresas ou estabelecimentos ou de partes de empresas ou estabelecimentos (JOCE n.º L 082 de 22 de Março de 2001, pp. 16-20), que revogou a directiva n.º 77/187, de 14 de Fevereiro de 1977, alterada pela Directiva n.º 98/50/CE do Conselho, de 29 de Junho de 1998.

[41] Art. 2.º, al. q), da Lei n.º 99/2003, de 27 de Agosto.

[42] V a nossa Anotação I ao art. 318.º in Pedro Romano Martinez/Luís Miguel Monteiro/Joana Vasconcelos/Pedro Madeira de Brito/Guilherme Dray/Luís Gonçalves da Silva, *Código do Trabalho Anotado,* 4.ª ed. cit.

[43] Sobre esta norma v. Marta Fernandez Prieto, *La Transmission de Empresas en Crisis – Incidência de La Ley Concursal* Ediciones Laborum, Múrcia, 2004, pp. 59 segs e 79 segs; Antoine Mazeaud, "Le Transfert d'Enterprise dans le Cadre dês Procedures Collectives" in *Droit Social,* 2005, n.º 2, pp 134-135.

Insolvência do Empregador, Destino da Empresa e Destino dos Contratos de Trab. 231

decurso de um processo de insolvência que tenha sido instaurado em relação a um cedente (independentemente do facto de tal processo ter ou não sido instaurado com o objectivo de proceder à liquidação do seu património), os referidos arts. 3.º e 4.º, permitindo aos Estados membros a introdução de duas derrogações à respectiva disciplina, uma relativa à transmissão para o adquirente das dívidas emergentes dos contratos de trabalho e outra relativa à possibilidade de, por acordo com os sindicatos, poderem vir a ser acordadas alterações nas condições de trabalho dos trabalhadores abrangidos pela transmissão[44]. Significa isto que, no que se refere à aplicabilidade às transmissões de empresas efectuadas em processos concursais ou de recuperação do respectivo regime de manutenção dos direitos dos trabalhadores, a directiva n.º 2001/23 admite duas hipóteses, conferindo, em qualquer delas, larga margem de decisão ao legislador interno. Contudo, e em qualquer dos casos, o silêncio deste reveste um claro significado: inaplicabilidade das garantias constantes dos arts. 3.º e 4.º da directiva, nos casos previstos no n.º 1, aplicabilidade na íntegra dos mesmos, nos casos previstos no n.º 2.

Ora, não contendo o CT qualquer disposição sobre este ponto[45], o sentido a atribuir a esta omissão vai depender da recondução das alienações de empresas ou estabelecimentos permitidas pelo CI às hipóteses recortadas no n.º 1 ou no n.º 2 do referido art. 5.º da Directiva.

Importa, pois, que nos debrucemos sobre estas duas normas, cuja delimitação recíproca se faz, não tanto pela natureza do processo em causa (falência ou recuperação) mas antes pela finalidade prosseguida com as alienações nele efectuadas: enquanto o n.º 1 abrange as alienações efectuadas em processo de falência com intuito puramente liquidatório (i.e. não dirigidas ao prosseguimento da exploração da empresa ou do estabelecimento alienados), as situações contempladas no n.º 2 implicam a continuação da empresa ou estabelecimento alienados, ainda que a sua transmissão ocorra no contexto de um processo destinado a liquidar um

---

[44] Sobre esta norma e seus antecedentes, v. Marta Fernandez Prieto, *La Transmission de Empresas en Crisis – Incidência de La Ley Concursal* cit., pp. 59 segs. e 84 segs..

[45] O Anteprojecto de Código do Trabalho estabelecia expressamente no n.º 3 do seu art. 250.º – e em derrogação ao princípio enunciado no art. 249.º, n.º 1 (actual 318.º, n.º 1) que as dívidas emergentes dos contratos de trabalho abrangidos pela transmissão poderiam não se transmitir para o adquirente, se a empresa estivesse em recuperação ou falência.

232   VIII Congresso Nacional de Direito do Trabalho

património. Donde a aplicação a estes casos do regime da directiva, todo ele orientado para a manutenção dos direitos dos trabalhadores num cenário de continuidade.

Voltando ao CI, resulta inequivocamente do respectivo articulados – e houve já ocasião de o sublinhar – que a finalidade primordialmente liquidatória do processo de insolvência[46] tanto é prosseguida pela alienação de bens ou de elementos produtivos da empresa, como pela alienação da própria empresa ou de um ou mais estabelecimentos que a integrem, enquanto unidades produtivas e em funcionamento e destinadas a manter-se como tal na esfera do adquirente. Sendo assim, enquanto as alienações compreendidas na primeira hipótese correspondem às previstas no n.º 1 do art. 5.º da directiva, já as diversas situações de transmissão da empresa ou estabelecimento que integram a segunda hipótese referida claramente se reconduzem às contempladas no n.º 2 do mesmo art. 5.º, pelo que estarão, em princípio, submetidas ao regime de protecção dos trabalhadores previsto nos seus arts. 3.º e 4.º e concretizado nos arts. 318.º a 321.º do CT.

A terminar, cumpre todavia sublinhar que a aplicação deste regime às transmissões de empresas ou estabelecimentos efectuadas no processo de insolvência, apesar de não atenuada pelas derrogações consentidas pelo legislador comunitário, sempre se fará com as adaptações impostas pela especificidade própria de tais situações que, naturalmente, não atinjam os seus elementos essenciais. Será, porventura o caso da responsabilidade solidária do transmitente pelos créditos emergentes dos contratos de trabalho transmitidos com a empresa ou o estabelecimento alienados (art. 318.º, n.º 2, do CT)[47], que não se justificará quando a alienação ocorra no contexto de um processo de insolvência.

---

[46] Que, conforme houve já ocasião de referir (v. *supra* o n.º 4.2) não inviabiliza que a satisfação dos credores seja prosseguida pela via da recuperação da empresa, nos termos do plano de insolvência (arts. 1.º e 195.º e segs.). V. sobre este ponto, Luís Carvalho Fernandes, "Repercussões da Falência na Cessação do Contrato de Trabalho" cit., pp. 8-12.

[47] Esta responsabilidade solidária do transmitente decorre de uma mera permissão da directiva (art. 3.º, n.º 1, *in fine*), que não impõe a sua consagração no direito interno. Sobre este ponto, v. a nossa Anotação III ao art. 318.º in Pedro Romano Martinez/Luís Miguel Monteiro/Joana Vasconcelos/Pedro Madeira de Brito/Guilherme Dray/Luís Gonçalves da Silva, *Código do Trabalho Anotado*, 4ª ed. cit. Defende a aplicabilidade com adaptações do regime dos arts 318.º segs. do CT, mas apontando um elenco mais vasto de soluções legais a afastar, Luís Carvalho Fernandes, "Repercussões da Falência na Cessação do Contrato de Trabalho" cit., pp. 30-34.

ALGUMAS NOTAS SOBRE O TRABALHADOR DIRIGENTE

Luís Miguel Monteiro

Instituto Superior de Ciências Sociais e Políticas

ALGUMAS NOTAS SOBRE
O TRABALHADOR DIRIGENTE*

Luís Miguel Monteiro

*Instituto Superior de Ciências Sociais
e Políticas*

Sumário: §1. Introdução. §2. O dirigente máximo da estrutura empresarial. § 3. O trabalhador administrador. §4. Outros dirigentes. §5. A "alta direcção" da empresa. §6. A direcção intermédia. §7. Estatuto laboral do trabalhador dirigente (síntese).

§1. O estudo da figura do trabalhador dirigente da empresa e das regras que fixam as suas condições de trabalho supõe a prévia delimitação da categoria de dirigente e o isolamento, de entre os indivíduos que a integram, daqueles que podem ser qualificados como trabalhadores subordinados.

Esta indagação é particularmente importante no nosso ordenamento jurídico, pois não existe classificação legal de trabalhadores, nem são conhecidos regimes laborais específicos para classes ou grupos de trabalhadores[1]. A lei limita-se a associar aspectos parcelares da sua regu-

---

* O texto corresponde, com alterações, à intervenção feita no VIII Congresso Nacional de Direito do Trabalho, realizado em Lisboa, nos dias 4 e 5 de Novembro de 2005, sob a organização da livraria Almedina e coordenação científica do Professor Doutor António Moreira e da Mestre Teresa Coelho Moreira, a quem se reitera o agradecimento pelo convite formulado para a participação nos trabalhos e se saúda por mais esta relevante iniciativa. A intervenção então feita teve por título "estatuto laboral dos trabalhadores dirigentes".

[1] Não obstante reconhecer-se que, por força de sucessivas intervenções legislativas, "a noção de trabalhador unitário começa a esfumar-se, admitindo-se a existência de tipos

236   *VIII Congresso Nacional de Direito do Trabalho*

lamentação a trabalhadores identificados por características da prestação – *v.g.*, os que exercem cargos ou desempenham funções de confiança [Código do Trabalho[2], art.ºs 107.º/*b*) e 177.º/1, *a*)] ou que supõem "especial relação de confiança" (art.º 146.º/5); aqueles a quem são cometidas funções de fiscalização [art.º 177.º/1, *a*)]; os que ocupam "cargos de complexidade técnica [art.ºs 107.º/*b*) e 406/2]; os que dispõem de "poder de decisão autónomo" (art.ºs 175.º/3 e 176.º/2); aqueles a quem são cometidas funções de responsabilidade (art.º 447.º/2) ou de "elevado grau de responsabilidade" [art.º 107.º/*b*)].

O recorte da figura do trabalhador dirigente da empresa é, por isso, tarefa de interpretação e conjugação de aspectos regimentais dispersos, tendo como finalidade a detecção dos elementos característicos comuns que permitem afirmar a existência de classe profissional autónoma.

A importância desta reflexão prévia sobre a identidade do dirigente e a sua qualificação como trabalhador subordinado acentua-se na exacta medida em que são conhecidas, no nosso ordenamento, regras oriundas de outros ramos do Direito, que não o Direito do Trabalho, disciplinadoras de funções de direcção e gestão de unidades empresariais, de que é exemplo, talvez o mais significativo, a regulamentação comercialista da administração e gestão societárias.

Por isso, analisar a figura do dirigente e conhecer as regras que definem o respectivo estatuto jurídico enquanto trabalhador, implica, antes de mais, definir as características daquele e determinar que dirigentes são trabalhadores.

§2. O desenvolvimento da economia de mercado tem assentado, entre outros instrumentos, na estrutura jurídica da sociedade comercial. Esta foi, basicamente, uma condição de consolidação da empresa e do seu crescimento para além dos limites controláveis por uma pessoa ou grupo de pessoas[3].

Este desenvolvimento conduziu ao desdobramento de duas funções distintas, por um lado a do capitalista, do investidor, do titular do capital,

---

diferenciados de trabalhadores" (Pedro Romano Martinez, *Direito do Trabalho*, Almedina, Coimbra, 2002, p. 115).

[2] A este Código pertencem todas as disposições legais citadas sem indicação de origem.

[3] Cfr. Ángel Luis de Val Tena, *El Trabajo de Alta Dirección – Caracteres y Régimen Jurídico*, Civitas, Madrid, 2002.

Algumas Notas Sobre o Trabalhador Dirigente 237

e, por outro, a do que controla o processo de produção, que dirige a organização. O detentor dos bens e equipamentos empregues na realização de determinada actividade produtiva ou o titular do capital necessário ao financiamento desta deixou de ser, cada vez mais, quem controla ou organiza essa mesma actividade.

A esta tendência evolutiva associou-se a dispersão da titularidade do capital social, cujo paradigma estrutural é a sociedade anónima, e a progressiva importância, no processo produtivo, dos aspectos técnicos, científicos e organizativos, conduzindo necessariamente à especialização dos dirigentes das estruturas empresariais.

A interacção destes elementos permite explicar a posição de supremacia alcançada na empresa pelo grupo profissional dos dirigentes da empresa. Grupo caracterizado – numa síntese suficientemente abrangente para abranger configurações diversas – pela posição de topo que ocupa na hierarquia funcional da empresa e pela legitimidade conferida pelos órgãos de representação dos titulares da empresa, quer através da confirmação das decisões tomadas, quer por via do instituto da delegação de poderes[4].

Em traços grosseiramente sumários, esta é a génese e, em simultâneo, a caracterização da classe ou grupo dos dirigentes da empresa. A ela se referem diversas normas legais de natureza laboral, de que são exemplos as dos artigos 166.º/2, *a)* [período de referência de seis meses para a determinação, em termos médios, do período normal de trabalho dos cargos de administração], 176.º/2 (dispensa da observância de onze horas consecutivas de descanso entre dois períodos normais de trabalho consecutivos), 177.º/1, *a)* [situação a que se mostra aplicável o regime de isenção de horário de trabalho] e 244.º (cargo susceptível de exercício em regime de comissão de serviço).

§3. Um dos problemas jurídicos suscitados pelo tratamento dos dirigentes da empresa enquanto grupo profissional reside na circunstância de este ser encabeçado pelos titulares dos órgãos executivos ou de direcção da sociedade comercial, cujas figuras centrais são, no nosso ordenamento, os administradores das sociedades anónimas e os gerentes das sociedades por quotas.

É entendimento relativamente generalizado que estes dirigentes societários, *maxime* os administradores das sociedades anónimas, não

---

[4] Val Tena, *op. cit.*, p. 103.

238 VIII Congresso Nacional de Direito do Trabalho

podem ser trabalhadores subordinados, isto é, não podem exercer os respectivos cargos enquanto partes de relação de trabalho subordinado. Sublinha-se esta impossibilidade – para uns de natureza lógica, para outros de fonte legal – pois através dela se afirma o postulado da incompatibilidade entre estatuto societário ou comercial, por um, lado, e estatuto laboral, por outro.

A aceitar-se a aludida impossibilidade de o administrador societário ser, enquanto tal, trabalhador subordinado da sociedade que administra, tornar-se-ia necessário delimitar um conceito especificamente laboral de dirigente, distinto daquele que abrangesse os que, sendo dirigentes, não sejam trabalhadores. Para além disso, impor-se-ia conhecer o verdadeiro sentido das referências à "administração" e aos "cargos de administração" constantes das normas de Direito do Trabalho.

Prosseguir nesta via interpretativa implica, porém, tornar como certa a mencionada incompatibilidade entre o cargo de administrador societário e a prestação subordinada de trabalho, o que se entende não corresponder à correcta aplicação dos dados normativos disponíveis[5].

Desde logo, no que respeita ao estatuído no artigo 398.º do Código das Sociedades Comerciais, disposição que, como se sabe, tem sido invocada para concluir "que o vínculo estabelecido com o administrador societário não é um contrato de trabalho"[6]. No entanto, o número 1 daquele artigo limita-se a estabelecer que "durante o período para o qual foram designados, os administradores não podem exercer, na sociedade ou em sociedades que com esta estejam em relação de domínio ou de grupo, quaisquer funções temporárias ou permanentes ao abrigo de contrato de trabalho, subordinado ou autónomo, nem podem celebrar quaisquer desses contratos que visem uma prestação de serviços quando

---

[5] Nesta parte seguir-se-ão, de perto, as considerações feitas no nosso "Regime jurídico do trabalho em comissão de serviço", in *Estudos de Direito do Trabalho em Homenagem ao Professor Manuel Alonso Olea*, Almedina, Coimbra, 2004, p. 510 e ss.

[6] Romano Martinez, *op. cit.*, p. 315. No mesmo sentido, Mário Pinto, Pedro Furtado Martins e António Nunes de Carvalho, *Comentário às Leis do Trabalho*, volume I, Lex, Lisboa, 1994, nota 6 ao artigo 1.º da LCT, p. 29, segundo os quais "(...) longamente se discutiu na doutrina e na jurisprudência a exacta natureza do vínculo existente entre uma sociedade e os seus gerentes ou administradores. No tocante aos administradores de sociedades anónimas, a resposta acha-se hoje contida no art. 398.º do Código das Sociedades Comerciais, onde expressamente se veda a possibilidade de coexistência efectiva de um vínculo laboral com o exercício de tal função".

Algumas Notas Sobre o Trabalhador Dirigente 239

cessarem as funções de administrador". E o número 2 acrescenta que "quando for designada administrador uma pessoa que, na sociedade ou em sociedades referidas no número anterior, exerça qualquer das funções mencionadas no mesmo número, os contratos relativos a tais funções extinguem-se, se tiverem sido celebrados há menos de um ano antes da designação, ou suspendem-se, caso tenham durado mais do que esse ano".

As disposições citadas não disciplinam a relação entre sociedade e administrador, nem depõem sobre a natureza desta. Visam, antes, proibir a coexistência do vínculo de administração societária com outra relação jurídica de trabalho, subordinado ou autónomo, entre o mesmo administrador e a sociedade administrada, para o que criam impedimento ou incompatibilidade inerente ao exercício de funções de administração. A lei recusa a cumulação ou a pluralidade de vínculos jurídicos entre sociedade e administrador, impedindo que este esteja adstrito a qualquer outra prestação, distinta da que constitui o objecto da sua administração. Fá-lo para evitar que a posição de supremacia e de participação na formação da vontade societária inerente àquele cargo redunde em benefício ou proveito pessoal.

Tem-se, por isso, como seguro que do artigo 398.º do Código das Sociedades Comerciais não se retiram argumentos para a qualificação jurídica da relação de administração, nem quanto à sua incompatibilidade genética com o trabalho subordinado. Nem mesmo, acrescenta-se, quanto ao regime a que a administração societária fica submetida[7].

O preceituado no artigo 398.º/2 do Código das Sociedades Comerciais fornece mesmo argumento adicional para leitura oposta à tradicionalmente feita. A resultar do preceito verdadeiro impedimento ao exercício das funções de administração em regime de trabalho subordinado, idêntica resistência aquele ofereceria à qualificação dessas funções como mandato, pelos menos para efeitos de aplicação supletiva do respectivo regime legal. É que a proibição constante da norma abrange o "trabalho

---

[7] Em sentido contrário, Luís Brito Correia (*Os Administradores de Sociedades Anónimas*, Almedina, Coimbra, 1993, pp. 592 e 593), para quem o mesmo preceito "pressupõe também, embora menos seguramente, que o regime da relação de administração não se identifica nem com o regime do contrato individual de trabalho, nem com o regime do contrato de prestação de serviço (trabalho autónomo): tem um regime distinto".

autónomo", isto é, a prestação de serviços[8], de que o mandato é modalidade (Código Civil, art.º 1155.º). A crer nesta interpretação, o legislador também teria impedido que a administração societária fosse qualificável como mandato e, obviamente, lhe fosse aplicável o respectivo regime. Ora, a circunstância do administrador não poder prestar (outro) serviço à sociedade não é obstáculo a que preste um serviço, ou exerça o cargo sujeito às regras do mandato, enquanto administra a sociedade.

Por outro lado, a entender-se que a mencionada proibição expressaria a incompatibilidade entre a natureza da prestação do administrador e a do trabalhador subordinado, ela teria de abranger os cargos directivos noutros tipos societários. A incompatibilidade seria genética, derivaria da própria natureza da função desempenhada, pelo que se estenderia necessariamente a outros cargos, *maxime*, aos gerentes das sociedades por quotas, atenta a inexistência de diferenças estruturais entre uns e outros.

Porém e na ausência de regra expressa, tem-se concluído pela aplicação exclusiva do artigo 398.º às sociedades anónimas[9]. O reconhecimento de que funções materialmente idênticas, se desempenhadas em sociedades por quotas, podem ser enquadradas no trabalho subordinado, demonstra a inexistência de incompatibilidade entre administração societária e trabalho subordinado, pelo menos no que respeita à natureza das prestações.

Outro argumento com frequência esgrimido para afastar a eventual natureza laboral da administração societária respeita à confusão entre o titular do poder directivo e o vinculado à direcção, isto é, à reunião, na mesma pessoa, da entidade com competência para dirigir o trabalho e punir disciplinarmente quem incumpra as suas obrigações, por um lado, e, por outro, da pessoa obrigada àquela direcção e sujeita a esta punição.

Ainda aqui não existe fundamento suficiente para afirmar a incompatibilidade entre trabalho subordinado e administração societária, pois o órgão, enquanto centro de imputação de interesses da pessoa colectiva,

---

[8] *Vide* Raúl Ventura, *Novos Estudos Sobre Sociedades Anónimas e Sociedades em Nome Colectivo*, Almedina, Coimbra, 1994, p. 193; Pupo Correia, *Direito Comercial*, Ediforum, Lisboa, 2001, p. 550, nota 532.

[9] Os tribunais portugueses têm decidido reiteradamente que o artigo 398.º do Código das Sociedades Comerciais não é susceptível de aplicação (analógica) à hipótese de acumulação de funções de gerente de sociedade por quotas e de trabalhador: vide, por exemplo, o Acórdão do Supremo Tribunal de Justiça de 29 de Setembro de 1999 (*Acórdãos Doutrinais do Supremo Tribunal Administrativo*, 461.º/784).

Algumas Notas Sobre o Trabalhador Dirigente 241

não deve ser confundido com o respectivo titular. A circunstância da relação entre assembleia geral e administração não revestir as características da direcção/subordinação não depõe em sentido contrário ao afirmado. No caso em apreço, a subordinação verifica-se, na maioria das vezes, entre o administrador subordinado e o órgão de administração cuja vontade é formada por intervenção decisiva de outra pessoa singular, a qual, em razão da sua participação directa no capital social ou da representação de sócio com participação relevante neste capital, molda efectivamente a vontade da pessoa colectiva.

Esta análise não conduz, obviamente, à conclusão de que a administração societária tem necessária natureza laboral. Pode tê-lo ou não, consoante se verifique, ou não, que a prestação é oferecida em termos laboralmente relevantes, isto é, que é executada de modo subordinado ou autónomo[10].

É que não se afigura possível afirmar a natureza necessariamente subordinada de certas prestações. Não existem actividades humanas por definição prestadas no âmbito do contrato de trabalho, mas situações jurídicas em que o modo de prestar revela a existência de subordinação. No fundo, todas as prestações de *facere* podem ser cumpridas autónoma ou subordinadamente – a opção não se faz entre a natureza das prestações, mas entre a posição do sujeito que as presta[11].

---

[10] Como se sabe, a subordinação jurídica, entendida como o dever de obediência do trabalhador às ordens e instruções emergentes do credor da prestação de trabalho (art.º 10.º), constitui o elemento identificador central da relação de trabalho subordinado e o critério de distinção desta face a figuras próximas.

[11] Ver, por todos, Maria do Rosário Palma Ramalho, *Da Autonomia Dogmática do Direito do Trabalho*, Almedina, Coimbra, 2001, p. 70 e ss., particularmente pp. 96 a 105. A autora distingue, dentro da actividade ou prestação laborativa, correspondente à ideia de conduta produtiva livre para outrem e que constitui "o denominador comum às várias formas de prestação de trabalho valoradas pela ordem jurídica" (trabalho gratuito ou oneroso, de forma autónoma ou dependente, no contexto de um negócio jurídico privado ou de direito público) [p. 78], a actividade laboral, caracterizada "pela adição, ao binómio objectivo de troca entre a actividade laborativa e a remuneração, de um binómio subjectivo, atinente ao modo como as partes se relacionam com vista ao desenvolvimento da prestação laborativa – o binómio subordinação do trabalhador-domínio do empregador" (pp. 104-105). Assim, a subordinação não é característica do trabalho – "este é subordinado não porque a actividade laborativa o seja mas porque o trabalhador o é ao sujeitar--se aos poderes de direcção e disciplina do empregador (*idem*, p. 104), o que permite concluir pela "possibilidade de desempenho da mesma actividade produtiva num enquadramento jurídico laboral ou num enquadramento jurídico de outro tipo" (p. 105).

242 VIII Congresso Nacional de Direito do Trabalho

O vínculo jurídico de administração societária não tem obrigatória natureza laboral, nem tão pouco natureza oposta a esta. Tê-la-á em função do que for possível apreender sobre o modo como são exercidas as funções. Ou seja, tê-lo-á se e na medida em que a subordinação jurídica for apreensível, pela mesma forma e segundo o mesmo critério que o tem sido a propósito de outras distinções[12].

Entende-se, por isso, que o administrador societário pode ser trabalhador subordinado[13]. Verificar as situações em que o é, de facto, não constitui objecto do presente estudo. No âmbito deste cumpre apenas constatar que, por assim ser, as disposições que no Código do Trabalho fazem referência às funções ou ao cargo de administração podem ser interpretadas em sentido próprio, permitindo deste modo a integração do administrador societário na classe ou grupo profissional dos trabalhadores dirigentes.

§4. Esta conclusão não esgota, porém, o elenco dos cargos ou funções recondutíveis ao grupo profissional dos dirigentes de empresa. As mesmas normas que, no Código do Trabalho, admitem condições

---

[12] As modernas formas de organização da actividade produtiva e, em concreto, a dissociação entre unidade da empresa, enquanto realidade económica, e pluralidade de pessoas jurídicas em que aquela assenta, multiplicam as situações em que o vínculo jurídico que titula o exercício de funções de administração preenche características típicas da subordinação jurídica. A título de exemplo, são recorrentes as situações em que trabalhador subordinado de determinada sociedade é "chamado" a ocupar o cargo de administrador de outra sociedade integrada no mesmo grupo económico, fazendo-o em termos materialmente idênticos àqueles em que oferecia a sua prestação laboral. Sobre estas hipóteses, vide Júlio Gomes, "Da validade do contrato de trabalho com uma sociedade de um grupo para o exercício de funções de administração social noutra sociedade do mesmo grupo", *Estudos de Direito do Trabalho em Homenagem ao Professor Manuel Alonso Olea*, Almedina, Coimbra, 2004, p. 433 e ss.

[13] Sem prejuízo de se reconhecer que, em diversas matérias, o regime laboral não se mostra adequado a regular a realidade da administração societária, devendo ceder perante as disposições constantes do Código das Sociedades Comerciais, que fornecem tutela mais adequada aos interesses em presença. Afigura-se, de resto, ser esta a verdadeira razão por que alguma doutrina e jurisprudência recusam de modo sistemático a qualificação de determinados vínculos de administração como relações laborais – não por não reconhecerem neles as características do trabalho subordinado, mas por entenderem desnecessária a protecção a que este conduziria. Esta constatação em nada depõe contra a conclusão preconizada no texto. No limite, tratar-se-á, somente, de questão de concurso de normas, a resolver segundo os critérios gerais.

Algumas Notas Sobre o Trabalhador Dirigente 243

especiais para a prestação de trabalho dos administradores ou a submetem a aspectos regimentais específicos, também são aplicáveis, de modo expresso, aos trabalhadores que ocupam cargos ou desempenham funções de direcção [cfr., *v.g.*, art.ºs 166.º/2, *b)*, 169.º/4, 175/3, 176.º/2, 177.º/1, *a)*, 194.º/4, 207.º/3, 244.º, 256.º/4]. A referência simultânea aos dois cargos – administração e direcção – evidencia a existência de duas realidades distintas que embora possam filiar-se no grupo mais vasto do trabalhador dirigente, não descrevem prestações funcionalmente idênticas. Para a lei do trabalho, o trabalhador dirigente não se esgota no administrador[14].

Cumpre, por isso, conhecer o que são estes dirigentes e como devem definir-se estes cargos ou funções de direcção.

Numa primeira aproximação, a categoria do trabalhador com funções de direcção pode ser delimitada negativamente. Desde logo, não deve ser confundida com os trabalhadores que exercem cargos ou ocupam lugares de "chefia", como se demonstra pela referência, individualizada, a ambas estas realidades em diversas normas legais, designadamente as constantes dos artigos 354.º/3, *e)*, e 611.º/2. O que permite concluir que a "chefia" em causa nestas normas fica aquém da autoridade inerente ao cargo de direcção, em termos de enquadramento hierárquico, autonomia decisória, responsabilidade funcional e estatuto sócio-profissional. Dito de outro modo: sendo o trabalhador com funções de direcção um "chefe", no sentido em que detém responsabilidades de orientação e fiscalização do trabalho de outros empregados, o conteúdo funcional da

---

[14] Com apoio no que neste mesmo texto se disse a propósito da utilização rigorosa da expressão "administração", interpretada como aludindo aos administradores societários trabalhadores subordinados, seria possível ler a expressão "direcção" ou "director" como fazendo referência ao cargo societário com igual designação [cfr. Código das Sociedades Comerciais, art.ºs 278.º/1, *b)*, e 424.º e ss.]. Esta interpretação não faz sentido, pois a ser assim o legislador não teria nomeado e, por isso, teria deixado de fora deste regime laboral, sem razão aparente, os titulares dos órgãos executivos de outros tipos de sociedades comerciais, *maxime*, o gerente da sociedade por quotas. Situações idênticas devem ser tratadas da mesma forma, pelo que se entende que a expressão "administração" utilizada na lei do trabalho designa, potencialmente, todos os órgãos societários de natureza executiva. Apenas no artigo 379.º se afigura ter o legislador laboral conferido às designações "gerente", "administrador" e "director" o mesmo sentido que lhes é dado pela lei comercial, como resulta, desde logo, da remissão feita para os artigos 78.º e 79.º do Código das Sociedades Comerciais (cfr. Pedro Romano Martinez e Outros, *Código do Trabalho Anotado*, Almedina, Coimbra, 2005, notas VII. e VIII. ao artigo 379, pp. 627 e 628).

244   *VIII Congresso Nacional de Direito do Trabalho*

sua prestação vai para além delas, abarcando outras competências e níveis de responsabilidade.

Por identidade de razões, também os trabalhadores com funções de direcção não devem ser confundidos com os "quadros" [*v.g.*, art.º 354.º/3, *e)*], "quadros superiores" [art.ºs 107.º/*c)*] ou "quadros técnicos" (cfr. Lei 35/2004, de 29 de Julho, art.º 255.º/2). Estas designações descrevem funções com elevada importância técnica, exercidas num contexto de notável autonomia quanto aos aspectos técnicos e supondo o exercício de poderes de direcção sobre outros trabalhadores[15].

A leitura conjugada dos diversos preceitos legais permite ainda reconhecer nas funções de direcção um conteúdo autónomo face às realidades a que a lei alude como cargos de (elevada) "responsabilidade" [art.ºs 107.º/*b)* e 447.º/2], funções dotadas de "poder de decisão autónomo" (art.ºs 166.º/2, 169.º/4, 175.º/3, 176.º/2, 194.º/4, 207.º/3) ou com poderes de representação (art.º 447.º/2). Mais do que individualizarem cargos ou conteúdos funcionais autónomos, estas expressões identificam características típicas de determinadas prestações laborais, as quais podem estar presentes no cargo de direcção, mas não o individualizam, isto é, não são suficientes para o autonomizarem face a realidades próximas.

A delimitação negativa da figura do trabalhador subordinado com funções de direcção da empresa não é, porém, suficiente. Há que procurar avançar na identificação dos elementos constitutivos deste grupo profissional, de modo a poder determinar a que trabalhadores podem ser aplicadas as regras que definem, de modo específico, as respectivas condições de trabalho.

§5. Esta determinação pode fazer-se identificando este grupo profissional com o que, em diversas ordens jurídicas, se convencionou chamar a "alta direcção" da empresa. Dir-se-ia mesmo ser isso que resulta da análise dos dados legais disponíveis, os quais, por fazerem referência a cargos ou funções próximos, mas necessariamente distintos, daqueles que são ocupados ou desempenhados pelos trabalhadores directores, impõem que se reserve esta designação para aqueles a quem se encontram cometidas as mencionadas funções de alta direcção. Apenas assim seria possível traçar distinção clara face a outras prestações caracterizadas pela "chefia" de trabalhadores, ou com a importância técnica própria dos "quadros" da empresa.

---

[15] Cfr., *v.g.*, Bernard Teyssié, *Droit du Travail*, 1, Litec, Paris, 1992, p. 353.

Algumas Notas Sobre o Trabalhador Dirigente 245

A doutrina e jurisprudência estrangeiras têm identificado o trabalhador investido em cargo de alta direcção a partir de diversos critérios, que podem sintetizar-se em torno de três características principais[16].

Desde logo, quando investido em cargo de alta direcção, o trabalhador ocupa a posição mais elevada na estrutura hierárquica da empresa, excepção feita aos titulares dos órgãos estatutários da pessoa colectiva empregador ou ao empregador singular.

Este destaque hierárquico implica, tipicamente, a ausência de vínculo de sujeição hierárquica face a outros trabalhadores, pois mesmo nas estruturas com pluralidade de directores, o exercício de funções de direcção faz-se em coordenação com os outros e não em subordinação aos outros. A isso acresce a direcção da totalidade da organização ou de um dos seus sectores autónomos e o exercício, por delegação, do poder de direcção sobre os restantes trabalhadores, a que normalmente anda associada a existência de poderes de representação do empregador.

Por outro lado, nesta acepção o trabalhador dirigente também é identificado pela plena autonomia e discricionariedade das decisões tomadas, o que tem como reverso nível de responsabilidade funcional pelas consequências das opções feitas.

Por último, a actuação funcional nos cargos de alta direcção tem incidência sobre os objectivos da empresa, não se limitando à respectiva prossecução. Os poderes próprios destes dirigentes afectam e implicam com os objectivos gerais da empresa ou, pelo menos, de um dos seus ramos autónomos. A sua actuação dá "governo" à empresa, influenciando toda a actividade da estrutura empresarial que dirigem, quer no plano interno, quer perante terceiros.

Esta caracterização torna elemento determinante para a identificação dos cargos de alta direcção a forte presença do elemento fiduciário, da especial relação de confiança que se estabelece com o titular da empresa. Por isso, este trabalhador dirigente é não raras vezes descrito como o "alter-ego" do empregador[17].

---

[16] *Vide*, por exemplo, Giovanni Nicolini, *Manuale di Diritto del Lavoro*, Giuffrè Editore, Milão, s.d. (3ª edição), p. 325 e ss.; G. Amoroso e Outros, *Il Diritto del Lavoro*, vol. II, Giuffrè Editore, Milão, 2001, p. 292 e ss.; Val Tena, *op. cit.*, p. 107 e ss.

[17] A expressão surge, por exemplo, em Renato Scognamiglio, *Diritto del Lavoro*, Jovene Editore, Nápoles, 2000, p. 251. Giovanni Nicolini, *op. cit.*, p. 326, prefere considerar estes trabalhadores "uma espécie de super-substitutos do empregador".

246   *VIII Congresso Nacional de Direito do Trabalho*

Inequivocamente, os trabalhadores assim caracterizados podem ser contratados em comissão de serviço (art.º 244.º) e podem prestar trabalho de acordo com esquemas temporais menos rígidos, como em regime de isenção de horário de trabalho [art.º 177.º/1, *a)*], renunciando mesmo à respectiva retribuição especial (art.º 256.º/4), ou durante maior número consecutivo de horas, quer por via da redução ou exclusão do intervalo de descanso (art.º 175.º/3), quer pela ausência de período mínimo fixo de descanso entre dois períodos diários de trabalho consecutivos (art.º 176.º/2). São os mesmos trabalhadores que podem ser despedidos por incumprimento de objectivos previamente fixados (art.º 406.º/2) e a quem pode ser recusada a reintegração em caso de despedimento (art.º 438.º/2). São ainda os que podem vincular-se ao cumprimento de prazos alargados para a denúncia do contrato de trabalho (art.º 447.º/2), bem com os que criminalmente responsáveis pela violação da autonomia e independência sindicais (art.º 611.º/2).

§6. A questão final relativa à fixação do conteúdo da figura do trabalhador dirigente respeita à extensão desta. Em termos simples, há que saber se a delimitação deste grupo profissional deve concluir-se com a integração nele do trabalhador investido em funções de alta direcção, ou se, ao invés, é possível alargá-lo a outros directores da empresa, aos quais, em consequência, é possível aplicar o mesmo regime jurídico.

Se é certo que, como se disse no início do número anterior, a referência feita em diversas normas jurídicas a cargos ou funções próximos, embora correspondentes a realidades distintas, pareça impor a utilização de conceito mais restrito de direcção empresarial, não deixa de se constatar que alguns elementos interpretativos parecem permitir leitura mais lata do conceito, susceptível de abranger outros cargos.

O mais significativo destes elementos é dado pelo regime da comissão de serviço e, em concreto, pela delimitação do respectivo âmbito de aplicação. Em comissão de serviço podem ser contratados, para além dos cargos de administração, já referidos, os "de direcção dependentes da administração" (art.º 244.º).

A principal diferença desta estatuição normativa face à que lhe correspondia no regime anterior ao Código do Trabalho, constante do Decreto-Lei n.º 404/91, de 16 de Outubro, consiste na eliminação do advérbio "directamente", que antes se exigia como característica da relação de dependência entre administrador e director para que este pudesse ser contratado em regime de comissão de serviço (cfr. Decreto-Lei n.º 404/91, art.º 1.º/1).

Esta diferença entre anterior e actual regime da comissão de serviço tem um significado que se projecta no âmbito deste estudo, pois permite conceber como cargos de direcção não apenas os que se situam em plano imediatamente inferior ao da administração empresarial – *maxime*, o cargo de director-geral ou outros de natureza semelhante – mas também outras funções de superintendência ou comando que não correspondem, no entanto, a lugares de cúpula na empresa.

Estes últimos cargos, aos quais se convencionou chamar de direcção intermédia ou de "segunda linha", supõem ainda o exercício de funções de direcção de outros trabalhadores, com relevantes exigências de especialização ou de habilitação técnica. Porém, já se encontram sujeitos a vínculos de dependência hierárquica face a outros trabalhadores, com a consequente limitação da sua autonomia decisória. Por outro lado, não determinam, mas apenas participam, na prossecução dos objectivos da empresa[18].

Embora se afigure defensável admitir esta extensão da figura do trabalhador dirigente às funções de direcção intermédia, entende-se como certo que só assim podem ser considerados os cargos que suponham a chefia de chefias. É o que resulta ainda do regime da comissão de serviço, cujo âmbito de aplicação se limita aos cargos de coordenação indirecta de trabalhadores, ficando excluídos deste modo de contratação os cargos de chefia exercida directamente sobre trabalhadores.

A esta conclusão não obsta o facto de o Código do Trabalho não conter norma correspondente à do artigo 1°/2 do Decreto-Lei n.° 404/91. Esta regra apenas se tornou desnecessária face à limitação do âmbito subjectivo do regime operada pelo Código do Trabalho, no qual deixa de ser possível contratar em comissão de serviço os "dirigentes ou directores máximos de estabelecimentos com não mais de vinte trabalhadores, desde que o cargo de direcção envolva capacidade de gestão e chefia com ligação directa à administração da empresa" (Decreto-Lei n.° 404/91, artigo 1°/2, *in fine*).

§7. Concluído o percurso pelos possíveis conteúdos funcionais da figura do dirigente empresarial, cumpre por último aludir sinteticamente aos elementos normativos, com origem na lei, especialmente aplicáveis ao trabalho do dirigente da empresa. Conjunto de regras que, longe de

---

[18] Val Tena, *op. cit.*, p. 111.

248   *VIII Congresso Nacional de Direito do Trabalho*

constituírem o estatuto legal específico do trabalhador dirigente, apenas procedem à adaptação de aspectos parcelares do regime jurídico da prestação de trabalho subordinado às particulares exigências e condições de trabalho do dirigente empresarial.

Estas regras podem ser organizadas em torno de quatro aspectos principais da relação de trabalho subordinado: *(i)* a contratação, *(ii)* o regime de prestação de trabalho, *(iii)* a cessação do contrato e *(iv)* a responsabilidade pela observância de regras relativas à protecção do trabalhador e das suas estruturas de representação colectiva.

O trabalhador dirigente é o destinatário principal do regime específico de celebração do contrato de trabalho em comissão de serviço (art.º 244.º)[19], cujas especificidades incidem, de modo particular, nas matérias relativas à alteração da categoria e da retribuição do trabalhador – na medida em que se admite a regressão a estatuto profissional inferior [cfr. art.º 247.º/1, *a)*] – bem como ao modo de cessação da relação contratual, operável por denúncia de qualquer das partes (art.º 246.º).

Ainda no que respeita ao regime da contratação laboral, ao trabalhador dirigente é aplicável maior duração do período experimental, quando esteja ao serviço por tempo indeterminado [art.º 107.º/c)].

Já em sede de cumprimento do contrato de trabalho, as particularidades a que pode ficar submetida a prestação laboral em apreço incidem de modo significativo sobre o regime da organização do tempo de trabalho.

Assim e desde logo, é de seis meses o período de referência para determinação da duração média do trabalho, caso o período normal de trabalho seja definido em termos médios [art.º 166.º/2, *b)*].

Relativamente ao dirigente que trabalhe em regime de isenção de horário, não é aplicável o limite de quarenta e oito horas para a duração média do trabalho semanal, incluindo o suplementar (art.º 169.º). No que constitui desvio à regra geral, o mesmo dirigente pode prestar mais de seis horas consecutivas de trabalho, por efeito da redução ou dispensa do intervalo de descanso (art.º 175.º/3)[20], desde que nisso acorde e seja

---

[19] Sem prejuízo da aplicação deste regime ao preenchimento de cargos de direcção por trabalhadores já ligados à empresa, possibilidade que pode ser designada como "comissão de serviço interna" (cfr. o já citado "Regime jurídico do trabalho em comissão de serviço", p. 508).

[20] Apesar da letra do preceito se afigurar menos explícita do que as dos artigos 169.º/4 ou 176.º/2, a referência à isenção de horário de trabalho constante do artigo 175.º/3

Algumas Notas Sobre o Trabalhador Dirigente 249

obtida autorização da Inspecção-Geral do Trabalho (*idem*, n.º 2). Na mesma linha, encontra-se a possibilidade de inobservância do período mínimo de onze horas de descanso entre dois períodos diários de trabalho consecutivos (art.º 176.º/2), substituído pelo tempo de repouso que permita a recuperação do trabalhador (art.º 178.º/4).

O trabalho dirigente constitui fundamento autónomo para a prestação de trabalho em regime de isenção de horário [art.º 177.º/1, *a)*], com possibilidade de renúncia à respectiva retribuição especial (art.º 256.º/4). Ainda no pressuposto de que o dirigente presta trabalho em regime de isenção, não lhe são aplicáveis os limites à prestação de trabalho nocturno em regime de adaptabilidade constantes dos números 1 e 3 do artigo 194.º, nem a imposição de período de onze horas de descanso em acréscimo ao dia de descanso semanal obrigatório (cfr. art.º 207.º/1 e 3).

O exercício de cargos dirigentes constitui ainda fundamento de recusa, pelo empregador, do exercício do direito do trabalhador a licença sem retribuição, caso a substituição deste durante o período de licença não possa fazer-se sem prejuízo sério para o funcionamento da empresa ou do serviço [art.º 354.º/3, *e)*].

No que respeita ao regime da cessação do contrato de trabalho, o exercício de funções de direcção da empresa propicia a aplicação de causa específica de despedimento por inadaptação, a verificar-se o incumprimento de "objectivos previamente fixados e formalmente aceites por escrito, sendo tal determinado pelo modo de exercício de funções e desde que se torne praticamente impossível a subsistência da relação de trabalho" (art.º 406.º/2).

O empregador pode opor-se à reintegração do trabalhador dirigente ilicitamente despedido, alegando que aquela perturba gravemente o normal exercício da actividade empresarial (art.º 438.º/2). A proceder esta oposição, o trabalhador tem direito a indemnização substitutiva cujo limite máximo é igual ao dobro da indemnização a que teria direito, nas mesmas circunstâncias de cessação contratual, se por ela optasse.

---

também abrange os cargos de administração e de direcção. De resto, nenhuma razão justificaria o tratamento distinto das situações, sendo que na génese de todas as normas referidas está o artigo 17.º/1 da Directiva n.º 93/104/CE do Conselho, de 23 de Novembro de 1993, que também não estabelece qualquer diferença entre elas. Acresce, por último, que a utilização da expressão isentos no masculino plural só pode ser entendida como abrangendo, para além das pessoas com poder de decisão autónomo, os trabalhadores que ocupem cargos de administração e de direcção.

A liquidação desta indemnização é, em todos os casos de despedimento ilícito, indirectamente influenciada pelas funções exercidas, pois o tribunal deve fixar o respectivo montante "atendendo ao valor da retribuição". No caso do trabalhador dirigente, este critério aponta para a parte inferior da moldura de que o tribunal pode servir-se para o cálculo do valor indemnizatório, atento o facto de o dirigente auferir valores retributivos por vezes significativamente superiores aos dos restantes trabalhadores[21].

O prazo de aviso prévio para a denúncia do contrato por iniciativa do trabalhador dirigente pode estender-se até seis meses, se isso resultar do acordo das partes ou de disposição do instrumento de regulamentação colectiva de trabalho aplicável à relação contratual (art.º 447.º/2).

Por último, o trabalhador com funções de direcção encontra-se adstrito a especial dever de cooperação com os serviços de segurança, higiene e saúde no trabalho, com vista à execução das medidas de prevenção e vigilância da saúde (Lei 35/2004, de 29 de Julho, art.º 255.º/2). Atenta a sua especial posição no seio da empresa, o trabalhador dirigente pode ser objecto de sanção penal pela violação de regras que protegem a autonomia e independência sindicais (art.º 611.º/2).

Lisboa, Outubro de 2005

---

[21] Cfr. Pedro Romano Martinez e Outros, *Código do Trabalho Anotado cit.*, nota II. ao artigo 439.º, p. 715.

DIA 5 DE NOVEMBRO DE 2004

14h 30m

TEMA VI

NEGOCIAÇÃO COLECTIVA, LUTAS LABORAIS, DEVER DE PAZ SOCIAL E SERVIÇOS MÍNIMOS. TRABALHO TEMPORÁRIO

Presidência
Prof. Doutor Mário Pinto
Universidade Católica e Presidente da Associação Portuguesa
de Direito do Trabalho

Prelectores
Prof. Doutor Bernardo Xavier
Universidade Católica de Lisboa e Presidente da Academia
Ibero-Americana de Direito do Trabalho
Dr. Fernando Ribeiro Lopes
Universidade Autónoma e Director-Geral do Emprego
e das Condições de Trabalho
Mestre Luís Gonçalves da Silva
Faculdade de Direito da Universidade Clássica de Lisboa
Mestre Pedro Madeira de Brito
Faculdade de Direito da Universidade Clássica de Lisboa e Advogado

CONSIDERAÇÕES GERAIS SOBRE A REFORMA DA LEI DO TRABALHO TEMPORÁRIO

Luís Gonçalves da Silva

Mestre em Direito
Assistente da Faculdade de Direito de Lisboa
Consultor Jurídico do Secretário de Estado Adjunto e do Trabalho

CONSIDERAÇÕES GERAIS SOBRE
A REFORMA DA LEI DO TRABALHO TEMPORÁRIO[1]

LUÍS GONÇALVES DA SILVA

Mestre em Direito
Assistente da Faculdade de Direito
de Lisboa
Consultor Jurídico do Secretário
de Estado Ajunto e do Trabalho

SUMÁRIO: § 1.°) Breve Enquadramento. § 2.°) Subsidiariedade do Código do Trabalho. § 3.°) Traços Estruturantes da Reforma.

§ 1.°) BREVE ENQUADRAMENTO

I. A regulação do regime do trabalho temporário surgiu em Portugal, na sequência da Lei de autorização legislativa n.° 12/89, de 16 de Junho, através do Decreto-Lei n.° 358/89, de 17 de Outubro, não obstante em 1985 ter estado em discussão pública um projecto para regular a matéria (*Boletim de Trabalho e Emprego*, de 21 de Março de 1985, separata n.° 2). O diploma – fortemente inspirado pela legislação francesa (Lei de 3 de Janeiro de 1972, com sucessivas alterações) – enquadrou

---

[1] O presente texto corresponde à intervenção (oral) realizada no VIII Congresso Nacional de Direito do Trabalho, no dia 5 de Novembro de 2004, tendo sido eliminadas as palavras de circunstância. Agradecemos o convite do Senhor Professor Doutor António José Moreira para participar no Congresso, aproveitando para felicitar o Senhor Professor e o Senhor Eng.° Carlos Pinto (Livraria Almedina), pelo evento que muito tem contribuído para o desenvolvimento do Direito do Trabalho.

Todos os elementos constantes deste texto reportam-se naturalmente à data da conferência.

pela primeira vez a actividade do trabalho temporário com, conforme refere o preâmbulo, "... *objectivos de clarificação e de protecção social*", regulando a actividade da empresa de trabalho temporário, contrato de utilização de trabalho temporário, contrato de trabalho temporário e ainda a cedência ocasional, figura que o legislador considerou ser próxima.

Tratou-se de regular uma actividade que devido à "*falta de regulamentação ... tem conduzido ao seu desenvolvimento com foros de marginalidade*", conforme se pode ler no preâmbulo do diploma.

II. Em 1996 (Lei n.º 39/96, de 31 de Agosto) foram introduzidas alterações na versão inicial do diploma que tiveram como objecto a matéria da responsabilidade do utilizador (artigo 16.º) e a duplicação do montante das coimas (artigo 31.º).

III. Passados três anos, foi feita nova alteração através da Lei n.º 146/99, de 1 de Setembro, tendo as modificações introduzidas abrangido a maior parte dos preceitos do diploma, mais exactamente vinte e quatro artigos. As alterações incidiram, em síntese, sobre a actividade das empresas de trabalho temporário, os requisitos da celebração dos contratos de utilização, uma nova modalidade de cedência temporária de trabalhadores (contrato de trabalho por tempo indeterminado), os requisitos para a celebração dos contratos de trabalho temporário e, finalmente, a matéria das contra-ordenações.

IV. A evolução da sociedade, a identificação de novos problemas, a existência de dúvidas de interpretação e a entrada em vigor do Código do Trabalho, que por si só seria factor suficiente, são elementos mais do que justificativos para se afirmar que o regime do trabalho temporário carece de intervenção legislativa.

Intervenção legislativa que assume cada vez mais especial relevância face ao desenvolvimento deste tipo de actividade e ao crescente número de trabalhadores envolvidos. De acordo com dados de meados de 2004, podemos construir o seguinte quadro:

EMPRESAS DE TRABALHO TEMPORÁRIO

	Ano 2001	Ano 2002	Ano 2003	Ano 2004 (até Maio)
EMPRESAS QUE FORAM AUTORIZADAS	43	27	40	11
EMPRESAS A EXERCER A ACTIVIDADE	240	251	266	258
Nº DE CONTRATOS DE TRABALHADORES CEDIDOS (aproximadamente)	189 371	212 237	224 205	—
IRCT ESPECÍFICOS PARA O TRABALHO TEMPORÁRIO				Existentes em 2004 2

V. Foi então neste quadro que o Governo apresentou, no âmbito da Comissão Permanente de Concertação Social (CPCS), em Junho de 2004, uma Proposta de alteração ao regime do trabalho temporário, regime que foi considerado pelo legislador como especial, razão pela qual não integrou o Código do Trabalho. Diversamente a Proposta não continha a regulação da cedência ocasional, pois esta já tinha sido integrada no Código do Trabalho (artigos 322.º a 329.º e artigo 21.º, n.º 1, alínea n), da Lei n.º 99/2003, de 27 de Agosto).

A matéria está presentemente em fase de discussão na CPCS.

VI. Naturalmente que qualquer intervenção legislativa tem de ter presente – logicamente para além das internas – as fontes externas conformadoras da situação a regular. Entre essas fontes, assume cada vez maior relevância o Direito Comunitário. Relativamente a este, recorde-se que no início da década de 90 – aliás, na sequência de outras tentativas nos anos 80 (por exemplo, proposta de Directiva de 7 de Maio de 1982) e de uma Resolução no final dos anos 70 (18 de Dezembro de 1979) –, foi apresentado pela Comissão um conjunto de propostas de Directivas que visavam áreas específicas da situação laboral: os contratos de trabalho a termo, o trabalho a tempo parcial e o trabalho temporário.

Em meados dos anos 90 (1995), a Comissão consultou os parceiros ao nível comunitário sobre a flexibilidade do tempo de trabalho e a segurança dos trabalhadores. As consultas deram lugar a negociações sobre cada um dos três temas.

Sobre o trabalho a tempo parcial, houve um acordo entre os parceiros sociais que foi concretizado através da Directiva 97/81/CE do Conselho, de 15 de Dezembro de 1997; sobre os contratos de trabalho a termo houve também acordo, que foi aplicado através da Directiva 1999/ /70/CE do Conselho, de 28 de Junho de 1999; as negociações sobre o trabalho temporário acabaram (em Maio de 2001), sem acordo.

Em Março de 2002, foi então apresentada uma Proposta de Directiva, ainda em fase de discussão, num ambiente de aumento quantitativo da utilização deste instituto – note-se que, entre 1991 e 1998, se verificou um acréscimo anual de 10% do trabalho temporário, conforme refere a Exposição de Motivos da Directiva –, cujos traços centrais foram:

1) Melhorar a qualidade do trabalho temporário;
2) Contribuir para o bom funcionamento do mercado de trabalho e para o emprego (artigo 2.°);
3) Consagrar o princípio da não discriminação, com referência a um trabalhador comparável da empresa utilizadora que execute o mesmo trabalho (artigo 5.°, n.° 1);
4) Eliminar as limitações e restrições ao trabalho temporário das legislações nacionais (artigo 4.°);
5) Facilitar o acesso a emprego permanente, nomeadamente na empresa utilizadora (artigo 6.°, n.° 1 e 2);
6) Conceder ao trabalhador o acesso aos serviços sociais da empresa utilizadora (artigo 6.°, n.° 4);
7) Contabilizar os trabalhadores temporários para efeitos de limiares mínimos para a constituição de representantes dos trabalhadores na empresa de trabalho temporário, bem como a possibilidade de contarem para a constituição de representantes na empresa utilizadora (artigo 7.°).

Como imediatamente se pode constatar, a legislação portuguesa cumpre, no essencial, as medidas preconizadas.

§ 2.º) SUBSIDIARIEDADE DO CÓDIGO DO TRABALHO

I. Deve ter-se presente o conteúdo do artigo 11.º do Código do Trabalho, segundo o qual "aos contratos de trabalho com regime especial aplicam-se as regras gerais deste Código que não sejam incompatíveis com a especificidade desses contratos". Deste preceito resultam os seguintes pontos:
1) Aplicação geral do Código do Trabalho a todo e qualquer contrato de trabalho;
2) Salvo se houver:
   a) Naturalmente, regulação particular;
   b) Incompatibilidade com a especificidade desses contratos, i.e., se o regime especial contiver soluções que não se coadunam com as regras constantes do Código.

Temos, então, como princípio geral a aplicação do Código a todo e qualquer contrato de trabalho.

É nesta lógica relacional que a regulação do trabalho temporário tem de ser perspectivada e analisada.

§ 3.º) TRAÇOS ESTRUTURANTES DA REFORMA

I. A alteração do diploma do trabalho temporário – cuja influência da lei espanhola é de salientar (Lei 14/1994, de 1 de Junho, alterada pela Lei 29/1999, de 16 de Julho; Real Decreto 4/1995, de 13 de Janeiro, que desenvolve a Lei 14/1994, e o Real Decreto 216/1999, de 5 de Fevereiro, que estabelece as disposições mínimas de segurança e saúde do trabalho no âmbito das empresas de trabalho temporário) – assenta basicamente nos seguintes vectores estruturantes:
   a) Harmonização do regime da actividade do trabalho temporário com o Código do Trabalho, em especial com o contrato de trabalho a termo;
   b) Dignificação do trabalho exercido em regime de trabalho temporário;
   c) Reforço da tutela do trabalhador temporário;
   d) Reforço do controlo e fiscalização da actividade do trabalho temporário;

e) Adequação do regime do trabalho temporário aos instrumentos comunitários, especialmente em matéria de melhoria da segurança e saúde dos trabalhadores;
f) Aplicação subsidiária do Código do Trabalho.

II. São estes vectores que explicam as principais novidades apresentadas na proposta actualmente em discussão sobre o regime do trabalho temporário, devendo salientar-se, muito sumariamente, as seguintes inovações:
1) Relativamente à empresa de trabalho temporário (ETT):
   a) Aditamento de novos requisitos para a emissão da licença de exercício de actividade da empresa de trabalho temporário:
      i) Obrigatoriedade de uma *estrutura organizativa adequada* – nomeadamente *tipos de procedimentos previstos para a formação e selecção dos trabalhadores temporários; existência de um responsável técnico com habilitações profissionais adequadas e experiência de gestão de recurso humanos; existência de instalações devidamente equipadas com condições adequadas ao exercício da actividade*;
      ii) *Inexistência de dívidas aos trabalhadores, à segurança social e de natureza fiscal*;
   b) Previsão do mecanismo da execução da caução (15 ou 30 dias, consoante se trate, respectivamente, de prestações pecuniárias devidas ao trabalhador ou demais encargos);
   c) Previsão do regime do rateio da caução, em caso de insuficiência face aos montantes em dívida (*critério: créditos retributivos relativos aos últimos 30 dias; outros créditos retributivos por ordem de pedido; indemnizações e compensações pela cessação do contrato de trabalho temporário; demais encargos com os trabalhadores*);
   d) Controlo da Direcção-Geral do Emprego e das Relações de Trabalho (DGERT) da verificação dos requisitos da emissão de licença, havendo necessidade de:
      i) A ETT fazer anualmente – até ao final do primeiro trimestre – prova da manutenção dos requisitos;
      ii) A ETT ter 5 trabalhadores, a tempo completo, até 500 trabalhadores temporários contratados no ano anterior;
      iii) A ETT ter 15 trabalhadores, a tempo completo, mais de 500 e até 2000 trabalhadores temporários contratados no ano anterior;

Considerações Gerais Sobre a Reforma da Lei do Trabalho Temporário 261

iv) A ETT ter 20 trabalhadores, a tempo completo, quando tiver mais de 2000 trabalhadores temporários contratados no ano anterior;

e) Parecer da Inspecção-Geral do Trabalho sobre a situação da empresa;

f) Suspensão da actividade da ETT, no caso de não manutenção dos requisitos de atribuição de licença e, mantendo-se por mais de 3 meses, cessação da mesma;

g) Expressa proibição de a ETT ceder trabalhador a outra ETT para que esta, por sua vez, ceda a terceiros;

h) Atribuição de responsabilidade subsidiária à empresa utilizadora nos casos de incumprimento da ETT de créditos do trabalhador temporário, bem como dos encargos sociais correspondentes no ano subsequente ao do início da prestação.

2) No que respeita ao contrato de utilização:

a) Admissibilidade de celebração e duração do contrato de utilização nos mesmos casos do contrato de trabalho a termo certo, com o limite de 3 anos, incluindo renovações;

b) Imposição de um limite temporal expresso para o contrato de utilização a termo incerto (3 anos);

c) Proibição de celebração de contrato de utilização para satisfação de necessidades que eram realizadas por trabalhadores da empresa (utilizadora) cujos contratos cessaram, nos 12 meses anteriores, por despedimento colectivo ou extinção de postos de trabalho.

3) Relativamente ao contrato de trabalho temporário:

a) Expressa possibilidade de o trabalhador temporário, com contrato de trabalho sem termo, poder prestar a sua actividade à ETT durante os períodos de inactividade de cedência temporária;

b) Admissibilidade do contrato de trabalho temporário a termo nas mesmas situações em que é possível celebrar o contrato de utilização.

c) A termo certo:

i) Duração máxima de 3 anos do contrato de trabalho temporário a termo certo;

ii) Possibilidade de celebração do contrato de trabalho temporário a termo certo por período inferior a 6 meses, independentemente da situação;

iii) Fixação de regras especiais para o aviso prévio de denúncia face a contratos com duração inferior a 6 meses.

d) No que respeita ao contrato de trabalho a termo incerto: possibilidade de celebração de contrato de trabalho temporário a termo incerto, com o limite temporal de 3 anos.

4) Em matéria de condições de trabalho:

a) Obrigatoriedade de o utilizador informar a ETT e o trabalhador sobre a necessidade de qualificação profissional adequada e de vigilância médica específica;

b) Obrigatoriedade de a ETT realizar formação profissional do trabalhador temporário contratado a termo sempre que a duração do contrato, inicial ou com renovações, exceda três meses ou sempre que, havendo sucessão de contratos de trabalho temporários a termo, a soma das respectivas durações exceda três meses num período de um ano civil;

c) Sem prejuízo do n.º 2 do artigo 137.º do Código do Trabalho e da obrigatoriedade de a ETT afectar, pelo menos, 1% do volume anual de negócios, a duração da formação profissional deve corresponder ao mínimo de oito horas anuais, sempre que a duração do contrato exceder 3 meses;

d) Consideração do trabalhador temporário quer relativamente à ETT, quer ao utilizador, em matéria de estruturas de representação colectiva dos trabalhadores, consoante as matérias.

6) Relativamente ao regime contra-ordenacional: aditamento de novas contra-ordenações e actualização do seu montante

III. Em conclusão, podemos afirmar que a Proposta apresentada aos parceiros sociais, que se insere na reforma laboral iniciada com a elaboração e aprovação do Código do Trabalho, visa conferir maior adequação à regulação do trabalho temporário, matéria de incomensurável relevância social, e, por outro lado, garantir um maior cumprimento das normas, pois, o desrespeito da lei num Estado de Direito, além dos problemas sociais e económicos que gera, é um perigo para as traves mestras do Estado.

DIA 5 DE NOVEMBRO DE 2004

16h 45m

SESSÃO SOLENE DE ENCERRAMENTO

Presidência
Juiz Conselheiro Dr. Nunes da Cruz
Vice-Presidente do Supremo Tribunal de Justiça

Mesa de Honra
Dr. Fernando Ribeiro Lopes
Director-Geral do Emprego e das Condições de Trabalho
Dr.ª Josefina Leitão
Presidente da Comissão para a Igualdade no Trabalho e no Emprego
Prof. Doutor Bernardo Xavier
Presidente da Academia Ibero-Americana de Direito do Trabalho
Prof. Doutor Pedro Romano Martinez
Faculdade de Direito das Universidades Clássica de Lisboa e Católica
Prof. Doutor António Moreira
Vice-Presidente do Conselho de Administração
da Fundação Minerva – Cultura – Ensino e Investigação Científica
Coordenador Geral do Congresso

PALAVRAS DO COORDENADOR

Após quinze horas efectivas de tratamento aprofundado de diversas questões do foro laboral, e em jeito de conclusão, apontaria as seguintes notas soltas que resultam das prelecções e considerações destes dois dias de trabalhos. E como notas avulsas reflectem pensamentos discrepantes, ideias não concludentes, visões de quem pensa livremente. O Coordenador limitou-se a apontá-las, a revisitá-las, com a convicção de que assim se poderão avivar as *Memórias* do Congresso.

I – Tema de Abertura

– O Direito do Trabalho, antropologicamente amigo dos trabalhadores, é instrumento fundamental de inclusão social.

– O Direito do Trabalho alargou os seus horizontes de actuação aos trabalhadores laborais da Administração Pública. É a mobilidade das suas fronteiras que está em causa.

– O Direito do Trabalho é dos empregados e não dos desempregados e é, ou deve ser, instrumento fundamental de desenvolvimento da actividade económica e de promoção social.

– Os novos horizontes do Direito do Trabalho são como os horizontes geográficos: a cada caminho percorrido corresponde um novo horizonte. A reforma é isso mesmo: marcações de horizontes e consequente descoberta de novos.

Tema I

– Estamos nos primórdios de profundas alterações do Direito do Trabalho postuladas pelos avanços científicos, nomeadamente ao nível do património genético.

– O Código do Trabalho tem um défice ao nível dos direitos de personalidade.

– Os direitos de personalidade, no Código, não são um ponto de chegada mas um ponto de partida. Há, aqui, um claro apelo à intervenção da jurisprudência.

– O Congresso é um espaço do exercício da cidadania. Daí a ausência da comunicação social.

– O Direito do Trabalho não é neutro. É parcial porque tem a ver com a dignidade da pessoa humana – o trabalhador.

– A *internet* no local de trabalho levanta problemas delicados de invasão da privacidade do trabalhador pelo empregador e colegas de trabalho. Há que estabelecer regras claras de utilização e regras diferentes consoante as circunstâncias.

– Uma das apostas do Código é a destruição da contratação colectiva.

– A conciliação nos Tribunais do Trabalho portugueses têm um papel fundamental. Muitos litígios ficam por aí. E a celeridade dos Tribunais do Trabalho de Lisboa é um dado indesmentível.

– Há que reconhecer a importância dos advogados especialistas, nomeadamente em Direito do Trabalho.

– As maiores novidades no regime jurídico das faltas surgem ao nível das que são dadas por motivo de doença. Nesta matéria o Código do Trabalho tem disciplina jurídica mais rigorosa. Todavia não diferencia situações que talvez merecessem ser ponderadas e em que as ausências, *v.g.*, interpoladas, imobilizam ou invializam o funcionamento das empresas.

– A esmagadora maioria das convenções colectivas de trabalho publicadas entre Janeiro e 15 de Outubro de 2004, de acordo com os elementos coligidos no B. T. E., procede apenas a reajustamentos quase sempre salariais. E as poucas que são novas não levam em conta as alterações do Código e, mesmo, alterações anteriores. É o caso da referência ao requerimento para isenção do horário de trabalho e, ainda, da existência de normas relativas à aprovação dos horários.

– A contratação colectiva continua na defensiva, com a inércia que a caracterizou ao longo dos últimos dois anos.

– No regime jurídico das férias há questões que não estão resolvidas no Código. É o caso , *inter alia*, da majoração e da contagem dos meios dias. O mesmo se passa com os impedimentos prolongados e quanto aos seus efeitos no vencimento e no gozo do direito a férias.

Palavras do Coordenador 267

– Face ao incumprimento da obrigação retributiva o Código continua a atribuir dois mecanismos ao trabalhador: a suspensão do contrato de trabalho; e a resolução do mesmo. São, basicamente, os mesmos que estavam previstos na L. 17/86. E os arts. 300.º a 315.º da L. 35/2004 reproduzem na sua essência as suas normas.

Em matéria de incumprimento o Código resolveu um problema, manteve um outro e criou um novo.

Tema III

– A problemática da igualdade e da não discriminação é estruturante do mundo do trabalho, factor de reunificação social.

– O trabalho à chamada e, especificamente, o art. 155.º do Código, levanta sérias dúvidas: o primeiro, de enquadramento normativo; o segundo, de adequada interpretação.

– O contrato de trabalho e a liberdade religiosa vão assumir papel fundamental numa sociedade aberta, plural, onde o preconceito deve ceder lugar à tolerância.

O trabalhador não perde a sua fé ou a ausência dela ao entrar no local de trabalho.

Salvo casos pontuais, a merecerem análise especial, o uso de símbolos religiosos não deve ser factor de discriminação.

– A orientação e a conduta sexuais não podem ser factor de discriminação. Só o comportamento pode ser relevante ao nível do acesso ao emprego e no decurso da relação do trabalho.

– A esperança média de vida é mais longa mas a discriminação em função da idade – faixa etária mais elevada – é uma realidade o que coloca problemas delicados também ao nível da sustentabilidade dos sistemas de segurança social.

– A idade produtiva é cada vez mais estreita – 25 a 40 anos.

Tema IV

– A efectivação do Direito do Trabalho pressupões parcerias com os múltiplos operadores nesta área jurídica: Tribunais, Ordem dos Advogados, Universidades.

– O Código do Trabalho implica a alteração do Código de Processo do Trabalho, sendo imperioso pôr termo às contravenções laborais.

– A impugnação do despedimento com base na invalidade do procedimento disciplinar pode suscitar a reapreciação ou reabertura do processo.

Que vícios são sanáveis? Qual o prazo? *De jure constituto* será até ao termo do prazo para contestar; *de jure constituendo* até à audiência de partes.

Há um claro desfasamento entre o direito substantivo e o direito adjectivo.

– A estabilidade da instância é hoje violada com a possibilidade de ser o réu a alterar os pressupostos do pedido e da causa de pedir. Isto implica adaptações do direito adjectivo e uma nova filosofia processual.

– Parece que o Governo tem um anteprojecto do Código de Processo do Trabalho onde se encontram soluções para alguns problemas. Resta saber se são as melhores.

– Quando pode ser suscitada a oposição à reintegração do art. 438.º-2 do Código do Trabalho? Antes da opção do trabalhador? Depois da opção, que é natural, pela reintegração? Depois da sentença? Parece que só é possível depois de apreciada a existência ou inexistência de justa causa. A oposição é um incidente, motivável autonomamente e com prova também autónoma.

– Em matéria de crimes laborais talvez os mais importantes sejam os relativos ao trabalho dos menores e as infracções às regras de segurança no trabalho.

– Um problema grave da organização da justiça laboral é o de poder *desembocar* na Secção Social do Supremo Tribunal de Justiça um magistrado judicial que ao longo da vida profissional nunca trabalhou com o Direito do Trabalho.

Tema V

– O reflexo da insolvência e respectivo Código no contrato de trabalho, tendo algumas novidades, carece de reflexão mais profunda.

– Nos contratos de trabalho a termo não renováveis parece que a compensação existe pela precariedade do vínculo. Também parece que não há necessidade de declaração de caducidade.

Palavras do Coordenador 269

– No contrato de trabalho a termo por conversão legal – reforma por velhice – resolveu-se um problema: não há compensação.

– Deve haver uma indagação prévia para saber quais são os trabalhadores dirigentes e os que não são. Segundo a doutrina italiana aqueles são o *alter ego* do empregador e têm responsabilidade pessoal agravada.

Tema VI

– O Direito Colectivo reveste uma enorme importância no seio das relações laborais.

– Há uma profunda revolução no Código quanto aos contratos de trabalho a termo. Os trabalhadores filiados em associações sindicais beneficiam de disciplina jurídica mais favorável de contratação colectiva; os não filiados têm a disciplina do Código. Parece, no entanto, que o simples facto dos trabalhadores não serem sindicalizados não pode implicar a retirada de direitos.

– Em Portugal havia, antes do Código, uma média de quatrocentos convenções colectivas de trabalho por ano. Agora o número é mais baixo para não dizer decepcionante. E isso não obstante a aposta do Governo.

Relativamente aos regulamentos de extensão só agora se começam a ver os primeiros avisos, o que significa que há uma *décalage* de um ano.

– A solução do anteprojecto era mais vantajosa quanto à contratação ao nível da empresa e da possível intervenção das comissões de trabalhadores.

– O Código consagra uma simplificação da estrutura formal de negociação o que não parece ser boa solução.

– Em 2003 havia 224.000 trabalhadores cedidos a utilizadores e 250 empresas de trabalho temporário, das quais 40 com alvará de 2003. Em 2004 havia 11 licenças pedidas.

Parece que o trabalho temporário irá ter um regime especial que não constará do Código. E algumas das linhas seriam as seguintes: harmonização do regime com o do contrato de trabalho a termo; reforço da tutela do trabalhador; reforço das empresas de trabalho temporário e, ainda, dos serviços de higiene e segurança no trabalho.

As propostas de alteração implicavam, também, novos requisitos para licenciamento, inspirados na lei espanhola, com a necessidade de, todos os anos, a DGERT controlar a manutenção dos requisitos.

– Há um novo horizonte aberto à negociação colectiva articulada.

E estas são algumas das ideias muito gerais que podem retirar-se deste VIII Congresso Nacional de Direito do Trabalho.

ÍNDICE

Patrocínio – Presidente da República 3

NOTA PRÉVIA 9

Comissão de Honra 11

Sessão Solene de Abertura 13

As Razões do Congresso – *António Moreira* 15

**TEMA DE ABERTURA – Os Novos Horizontes do Direito do Traba-
lho ou a Mobilidade das suas Fronteiras** 19
Os Novos Horizontes do Direito do Trabalho ou a Mobilidade das
suas Fronteiras (Algumas Reflexões Introdutórias) – *António Mon-
teiro Fernandes* 21

**TEMA I – Reserva da Intimidade da Vida Privada do Trabalhador,
Património Genético, Protecção de Dados Pessoais, a Internet no
Local de Trabalho e Direitos Fundamentais** 31
A Internet no Local de Trabalho – *Pedro Bettencourt* 33

**TEMA II – A Organização do Tempo de Trabalho, Faltas por Motivo
de Doença, Férias e Incumprimento da Obrigação Retributiva** 43
As Faltas ao Trabalho por Motivo de Doença (Não Profissional) do
Trabalhador – *Albino Mendes Baptista* 45
Breves Considerações Sobre Alguns Aspectos do Regime do Direito
de Férias – *Isabel Ribeiro Parreira* 79
O Incumprimento da Obrigação Retributiva e o Art. 364.º, N.º 2, do
Código do Trabalho – *João Leal Amado* 115

272 VIII Congresso Nacional de Direito do Trabalho

TEMA III – A discriminação em Função da Idade e da Orientação e Conduta Sexuais. Trabalho à Chamada ou em Regime de Prevenção e Contrato de Trabalho e Liberdade Religiosa 131

Tempo de Trabalho – quando o trabalhador permanece adstrito à realização da prestação, mas não está a desempenhar a actividade – *António Vilar* 133

Algumas Primeiras Reflexões Sobre a Liberdade Religiosa do Trabalhador Subordinado – *Júlio Gomes* 145

Discriminação pela Conduta e Orientação Sexuais do Trabalhador – *Teresa Coelho Moreira* 167

TEMA IV – Código do Trabalho e Justiça Laboral 191

Algumas Notas Sobre Crimes Laborais e de Promoção da Segurança – *João Soares Ribeiro* 193

TEMA V – Caducidade do Contrato de Trabalho, Código da Insolvência e Contrato de Trabalho e Estatuto Jurídico Laboral do Trabalhador Dirigente 213

Insolvência do Empregador, Destino da Empresa e Destino dos Contratos de Trabalho – *Joana Vasconcelos* 215

Algumas Notas Sobre o Trabalhador Dirigente – *Luís Miguel Monteiro* 233

TEMA VI – Negociação Colectiva, Lutas Laborais, Dever de Paz Social e Serviços Mínimos. Trabalho Temporário 251

Considerações Gerais Sobre a Reforma da Lei do Trabalho Temporário – *Luís Gonçalves da Silva* 253

Sessão Solene de Encerramento 263

Palavras do Coordenador – *António Moreira* 265